Betriebliche Gesundheit managen — ein Praxisleitfaden

Joachim Gutmann (Hrsg.)

Betriebliche Gesundheit managen – ein Praxisleitfaden

1. Auflage

Haufe Gruppe
Freiburg · München · Stuttgart

Bibliografische Information der Deutschen Nationalbibliothek

Die Deutsche Nationalbibliothek verzeichnet diese Publikation in der Deutschen Nationalbibliografie; detaillierte bibliografische Daten sind im Internet über http://dnb.dnb.de abrufbar.

Print: ISBN 978-3-648-07987-4 Bestell-Nr. 14021-0001
ePub: ISBN 978-3-648-07988-1 Bestell-Nr. 14021-0100
ePDF: ISBN 978-3-648-07989-8 Bestell-Nr. 14021-0150

Joachim Gutmann (Hrsg.)
Betriebliche Gesundheit managen — ein Praxisleitfaden
1. Auflage 2016

© 2016 Haufe-Lexware GmbH & Co. KG, Freiburg
www.haufe.de
info@haufe.de
Produktmanagement: Jürgen Fischer

Satz: Reemers Publishing Services GmbH, Krefeld
Umschlag: RED GmbH, Krailling
Druck: Beltz Bad Langensalza GmbH, Bad Langensalza

Inhaltverzeichnis

Vorwort des Herausgebers

Globalisierung und Strukturwandel der Wirtschaft in Richtung wissensintensive Dienstleistungen, demografischer Wandel, ein verändertes Krankheitspanorama und neue die Gesundheit gefährdende Organisationskrankheiten sowie die notwendige Stabilisierung der sozialen Sicherungssysteme sind die zentralen Herausforderungen unserer Zeit.

- Demografischer Wandel: Die Altersstruktur der Bevölkerung in der Bundesrepublik Deutschland verändert sich: Bis 2020 wird jeder dritte Beschäftigte 50 Jahre und älter sein. Für die Unternehmensleitung ergibt sich daraus Handlungsbedarf in Richtung gesunde Arbeit in gesunden Organisationen mit dem Ziel, die Arbeits- und Beschäftigungsfähigkeit der Mitarbeiter langfristig zu fördern und zu erhalten. Ältere Beschäftigte sind häufig zuverlässiger, qualitätsbewusster, sozial kompetenter und zudem wichtige Wissensträger. Alter erhöht nicht zwangsläufig das Krankheitsrisiko, sondern erst dann, wenn Investitionen in die Gesundheit der Mitarbeiter unterlassen werden. Auch die Mitarbeiter müssen ihren Beitrag leisten, um gesünder älter zu werden: durch eine gesunde Lebensweise und die aktive Mitgestaltung gesundheitsförderlicher Arbeitsbedingungen.
- Strukturwandel der Wirtschaft: Der Strukturwandel der Wirtschaft in Richtung wissensintensive Dienstleistungsberufe erzwingt eine Neubestimmung der für das Unternehmensergebnis bedeutsamen Größen. Nicht die physischen Produktionsfaktoren allein garantieren den Unternehmenserfolg, sondern so genannte »weiche« Faktoren wie Führung, Human- und Sozialkapital mit ihrem Einfluss auf Prozesse, Mitarbeiter und Kunden. Hier liegen beträchtliche Potenziale, die sich zu Standortvorteilen entwickeln lassen. Das Management der Mensch-Mensch-Schnittstelle erhält dadurch eine immer größere Bedeutung.
- Gesellschaftliche Verantwortung: Unternehmen, die Verantwortung gegenüber ihren Shareholdern und Kunden tragen, verhalten sich in der Regel auch gegenüber ihren Mitarbeitern sowie gegenüber dem gesellschaftlichen Umfeld verantwortungsvoll: in sozialer, ökologischer und volkswirtschaftlicher Hinsicht. Mit einem effizienten Betrieblichen Gesundheitsmanagement (BGM) werden die sozialen Sicherungssysteme entlastet: durch Vermeidung von Kosten, bedingt durch Behandlung, Unfälle und Frühverrentung. Eine dadurch bewirkte bessere Kontrolle der Lohnnebenkosten ist ebenfalls ein bedeutender Standortvorteil.
- Verbreitete Organisationskrankheiten: Globalisierung und Strukturwandel erhöhen in Verbindung mit Unternehmensverkäufen, Fusionen und permanenten Restrukturierungen Unsicherheit und Zeitdruck, die Komplexität der Aufgaben und Verantwortung wachsen. Anhaltender Stress und geringe

Sinnhaftigkeit der Arbeit erhöhen das Risiko für Qualitätsmängel, gesundheitliche Beeinträchtigungen sowie krankheitsbedingte Fehlzeiten und fördern die Entstehung chronischer Krankheiten. Aus arbeits- und gesundheitswissenschaftlicher Sicht wird insbesondere die Schaffung gesundheitsfördernder und -erhaltender Arbeitsbedingungen sowie die Verhütung und Bekämpfung gesundheitsschädigender Organisationskrankheiten wie Mobbing, Burn-out und innere Kündigung zu einer zentralen Herausforderung für die betriebliche Arbeits- und Gesundheitspolitik.

Zur Bewältigung dieser Herausforderungen kann das Betriebliche Gesundheitsmanagement einen wertvollen Beitrag leisten. Unternehmen, die hier stärker investieren, fördern nicht nur die Gesundheit und Motivation ihrer Mitarbeiter, sondern verbessern auch ihre Innovationskraft, Wettbewerbsfähigkeit sowie ihre Attraktivität als Arbeitgeber. Denn die traditionellen Erfolgskomponenten für Unternehmen wie moderne Technologie und gute Finanzausstattung reichen heutzutage nicht mehr aus, um einen nachhaltigen Wettbewerbsvorteil zu haben. Die Mitarbeiter sind ein wichtiger Erfolgsfaktor. Und um diesen Erfolgsfaktor nutzen zu können, ist es wichtig, dass die Mitarbeiter gesund sind und bleiben. Gesundheit und Wohlbefinden der Mitarbeiter sind wichtige Bestandteile des Humankapitals eines Unternehmens.

Oberstes Ziel des Betrieblichen Gesundheitsmanagements ist gesunde Arbeit in gesunden Organisationen und in Folge davon der Erhalt und die Förderung von Arbeitsleistung und hoher Qualität. Die betrieblichen Rahmenbedingungen, Strukturen und Prozesse müssen so entwickelt werden, dass die Mitarbeiter zu einem gesundheitsförderlichen Verhalten befähigt werden. Dabei wird die Gesundheit als strategischer Faktor auch in das Leitbild und die Führungskultur des Unternehmens einbezogen. BGM zielt auf die gesamte Organisation und kontinuierliche Verbesserungen vor allem in den folgenden vier Aktionsfeldern:

- Organisationskultur,
- Gesundheitsbewusstes Verhalten des Einzelnen,
- Führung und Zusammenarbeit (Schnittstelle Mensch-Mensch),
- Arbeitssysteme (Schnittstelle Mensch-Maschine)

Aktionsfeld Organisationskultur: Gemeinsame Überzeugungen, Werte und Regeln sind wichtige Quellen des betrieblichen Sozialkapitals. Sie stiften Sinn, reduzieren den Aufwand an Koordination, motivieren zu gemeinsamem Handeln, verpflichten auf gemeinsame Ziele und verbindliche Verhaltensstandards. Wichtige Merkmale einer Vertrauenskultur sind Transparenz unternehmerischer Entscheidungen und die Beteiligung der Beschäftigten.

Eine große Bedeutung hat in diesem Kontext auch die »Work-Life-Balance«: Belastende Arbeitsbedingungen begünstigen Stress in der Partnerschaft und der Familie, dies wiederum hat negative Rückwirkungen auf die Arbeit. Eine familienbewusste Arbeitsorganisation (zum Beispiel durch flexible und lebensphasenorientierte Arbeitszeiten, Sabbaticals und eine flexible Verteilung von Arbeitsaufträgen) hingegen erhöht Wohlbefinden, Arbeitszufriedenheit und Einsatzbereitschaft.

Aktionsfeld Gesundheitsbewusstes Verhalten: Jeder Beschäftigte ist für seine Gesundheit selbst verantwortlich. Doch Menschen können ihre eigenen Gesundheitspotenziale oft nur dann entwickeln, wenn sie dazu entsprechend motiviert und befähigt werden. Gesundheitsbewusstsein muss gepflegt und Gesundheit zum Kernbestandteil von Leitbild und Kultur eines Unternehmens werden. Bewegungsmangel, Fehlernährung und hoher Genussmittelkonsum bergen erhebliche Gesundheitsrisiken. Ohne Mitverantwortung und aktive Beteiligung der Beschäftigten lassen sich oft auch arbeits- und organisationsbedingte Risiken nicht frühzeitig erkennen.

Aktionsfeld Führung und Zusammenarbeit: Der Mensch ist ein soziales Wesen. Zwischenmenschliche Beziehungen sind von zentraler Bedeutung für Problemlösung und Gefühlsregulierung, für biologische Prozesse und Verhalten. Deshalb hängen Wohlbefinden, Gesundheit und Arbeitsverhalten der Mitarbeiter maßgeblich ab von der Qualität, Stabilität und vom Umfang ihrer sozialen Beziehungen. Wird die Zusammenarbeit im Unternehmen als vertrauensvoll und unterstützend erlebt, hat dies einen stark positiven Einfluss auf Denken, Fühlen und Handeln. Insgesamt werden hierdurch das Arbeitsverhalten und das berufliche Engagement verbessert. Auch die Führung eines Unternehmens wirkt sich positiv oder negativ auf die Gesundheit der Mitarbeiter aus: durch Einflussnahme auf Ziele, Strukturen und Prozesse einer Organisation und durch das tagtägliche Entscheidungs- und Kommunikationsverhalten des Führungspersonals. Ebenso gesundheitsrelevant ist das Kommunikations- und Konfliktverhalten von Führungskräften in Richtung Mitarbeiter.

Aktionsfeld Arbeitssysteme: Arbeitsbedingungen, Anforderungen und Arbeitsabläufe sind von weitreichender Bedeutung für die Gesundheit der Mitarbeiter. Zu Beginn des Arbeits- und Gesundheitsschutzes stand die Verhütung physischer Risiken und Schäden im Vordergrund, verursacht durch Mängel an der Mensch-Maschine-Schnittstelle. In der Arbeitswelt des 21. Jahrhunderts wird diese Aufgabe nach wie vor eine Rolle spielen. Arbeitssicherheit, Arbeitsschutz und optimale ergonomische Arbeitsbedingungen gehören selbstverständlich zum Betrieblichen Gesundheitsmanagement. Aber sie werden ergänzt werden müssen durch Bekämpfung psychischer Belastungen (Stress, Burn-out).

Diese vier Aktionsfelder des BGM sind die konzeptionelle Basis dieses Praxisratgebers »Betriebliche Gesundheit managen«. Aus ihnen generieren sich zugleich die inhaltliche Grobgliederung und die Leitfragen, auf die der Leser eine Antwort erwarten kann:

- Wie können die Kultur eines Unternehmens und die daraus abgeleitete Arbeitsorganisation (Strukturen und Prozesse) Wohlbefinden, Arbeitszufriedenheit und Einsatzbereitschaft der Beschäftigten erhöhen?
- Wie kann der einzelne Beschäftigte zu einer mitverantwortlichen und aktiven Arbeit an seiner Gesundheit motiviert werden?
- Wie beeinflussen Führungskräfte durch ihr Entscheidungs-, Konflikt- und Kommunikationsverhalten diese Struktur und wie können sie befähigt werden, gesundheitsrelevante Faktoren und Entwicklungen wahrzunehmen und positiv zu wenden?
- Welche Systeme/Programme können den Unternehmen und den Beschäftigten zur Verfügung gestellt werden (Arbeitssicherheit, Arbeitsschutz, Ergonomie, Psychologie), um die physische und psychische Gesundheit zu erhalten und zu fördern?

Die in diesen vier Aktionsfeldern anfallenden Themen werden im vorliegenden Praxisratgeber so behandelt, dass sie den Lesern einen echten Nutzwert für ihre betriebliche Praxis bieten. Dieser Nutzwert wird erzeugt durch

- Darstellung der aktuellen rechtlichen und gesetzlichen Rahmenbedingungen,
- Berichterstattung über Modelle (Konzepte und Methoden) des BGM,
- Erfahrungsberichte (best practices) aus Konzernen, Klein- und Mittelunternehmen sowie öffentlich-rechtlichen Institutionen sowie
- praktische Tipps (Checklisten, Arbeitshilfen) und Hinweise (Publikationen).

Die Autoren des Praxisratgebers kommen alle aus der Unternehmens- und Institutionenpraxis. Sie haben ihre Erfahrungen mit der Implementierung von BGM gemacht, berichten über ihre Erfolge und ebenso über Schwierigkeiten. Sie lassen den Leser teilhaben an einem der wichtigsten Prozesse unserer Zeit: Ob es gelingt, die Arbeitswelt der Zukunft gesund gestalten. Allen Autoren und meiner Lektorin Doreen Rinke gilt dafür mein ausdrücklicher Dank.

Hamburg, im November 2016

Joachim Gutmann

Arbeitssysteme

Funktion und Wirkung des Präventionsgesetzes

Oliver Walle, Deutsche Hochschule für Prävention und Gesundheitsmanagement/Health 4 Business GmbH, Saarbrücken

Die aktuellen Zahlen des Gesundheitswesens machen deutlich, dass einerseits die Sozialsysteme durch die Ausgaben, vorrangig für Krankheit, belastet werden, das Gesundheitswesen andererseits aber auch Verdienstpotenziale ermöglicht. Wie reagiert man nun auf steigende Ausgaben im Gesundheitswesen und Fehlzeiten in der Arbeitswelt? Das 2016 in Kraft getretene Gesetz zur Stärkung der Gesundheitsförderung und Prävention soll zumindest eine Teillösung bringen und die Notwendigkeit der Prävention stärker in den Blickpunkt rücken.

Gesundheitliche Situation und Herausforderungen in Deutschland

2015 erschien nach 1998 und 2006 der dritte bundesweite Gesundheitsbericht des Robert Koch Instituts (RKI) und des Statistischen Bundesamtes (Destatis). Dieser stellt neben der Gesundheitssituation und dem -verhalten der Bevölkerung auch die ökonomische Seite dar. Demnach belief sich das gesamte Finanzvolumen des Gesundheitswesens im Jahr 2013 auf 422,5 Milliarden Euro (RKI/Destatis, 2015). Die Gesundheitsausgaben im engeren Sinne aber, das heißt ausschließlich die laufenden Gesundheitsausgaben und Investitionen, betrugen in 2013 rund 314,9 Milliarden Euro. In Summe betrachtet gehören das Gesundheitswesen in Deutschland und die angrenzenden Bereiche zu den umsatzstärksten Wirtschaftsbereichen. Die Ausgaben von 11,2 Prozent des Bruttoinlandsproduktes machen deutlich, dass dieses auch einen wichtigen Beschäftigungsfaktor darstellt (RKI/Destatis, 2015). Die Zahlen belegen aber auch, dass einerseits zwar die Sozialsysteme durch die Ausgaben belastet werden, das Gesundheitswesen andererseits aber auch Verdienstpotenziale ermöglicht.

Wie steht es nun um die Gesundheit der Deutschen? Laut dem Gesundheitsbericht 2015 schätzen drei Viertel der Frauen und Männer ihre Gesundheit als sehr gut oder gut ein, die Lebenserwartung ist kontinuierlich gestiegen, die Neuerkrankungsrate bei Herz-Kreislauf-Erkrankungen ist in den letzten zwei Jahrzehnten gesunken und für die Heilung vieler Krebsarten sind Erfolge zu verzeichnen. Sorge, so der Gesundheitsbericht, macht der Anstieg von Diabetes mellitus, welcher nur zum Teil durch die demografische Alterung erklärt werden kann. Insgesamt hat aber der Faktor Alter, ebenso wie die soziale Lage, einen entscheidenden Einfluss auf die Gesundheit.

Hinsichtlich des Gesundheitsverhaltens spielen eine ungesunde Ernährung, mangelnde körperliche Aktivität sowie Alkohol- und Tabakkonsum eine Rolle. Zwar sind zwei Drittel der Erwachsenen in Deutschland sportlich aktiv, jedoch erreicht nur jeder Fünfte das empfohlene Aktivitätsniveau von 2,5 Stunden pro Woche. Die Folgen werden zunehmend sichtbar: der Anteil Übergewichtiger ist auf einem hohen Level, der Anteil Adipöser steigt. Auf Basis von Studiendaten schätzt man, dass rund ein Drittel aller Erwachsenen in Deutschland von Bluthochdruck betroffen sind (RKI/Destatis, 2015). Zu einer ähnlich negativen Bewertung des Aktivitätsverhaltens kommt der Report der Deutschen Krankenversicherung AG (DKV) »Wie gesund lebt Deutschland« 2016. Die bereits zum vierten Mal durchgeführte Studie weist das Fazit auf, dass viele sich für gesund halten, das Bewusstsein für ausgewogene Ernährung steigt, ein Trend zum Nichtrauchen festzustellen ist, dass die körperliche Aktivität jedoch sinkt (Froböse/Wallmann-Sperlich, 2016).

Aktuelle Zahlen des Gesundheitswesens in den Betrieben
Aus Sicht der Unternehmen spielen in diesem Zusammenhang die Krankmeldungen eine Rolle. Aufgrund der Lohnfortzahlung innerhalb der ersten sechs Wochen entstehen den Unternehmen hohe Kosten, zudem besteht bei besonders betroffenen Mitarbeitern das Risiko länger andauernder Ausfälle bis hin zur Erwerbsminderung und damit dem frühzeitigen Ausstieg aus dem Erwerbsleben. Hierbei können dem Unternehmen Kosten für Ersatzkräfte während der Erkrankungszeit entstehen, im Falle des Ausscheidens eines Kollegen auch für die Rekrutierung eines ähnlich qualifizierten Mitarbeiters. Mit jedem Ausscheidenden wächst auch vor dem Hintergrund des demografischen Wandels und des damit in bestimmten Branchen vorhandenen Fachkräftemangels das Risiko eines Wissensverlustes im Unternehmen.

Die Bundesanstalt für Arbeitsschutz und Arbeitsmedizin (BAuA) berechnet jährlich die volkswirtschaftlichen Produktionsausfallkosten durch Arbeitsunfähigkeit anhand der Lohnkosten und des Verlustes an Arbeitsproduktivität. Auf Basis des Arbeitsunfähigkeitsvolumens von rund 30 Millionen Krankenversicherten schätzt die BAuA die volkwirtschaftlichen Produktionsausfälle für das Jahr 2014 auf rund 54 Milliarden Euro, den Anteil an der Bruttowertschöpfung sogar auf 90 Milliarden (BAuA, 2016).

Seit 2006 zeigt sich nach langer Zeit des Rückgangs der Krankenstände in Deutschland wieder eine stetige Zunahme (Bundesministerium für Gesundheit [BMG], 2016a). Die Krankheitsursachen stellen die gesetzlichen Krankenkassen jedes Jahr in ihren Berichten dar. Demnach dominieren in den Arbeitsunfähigkeitsfällen oftmals die Atemwegserkrankungen, gefolgt von den Muskel-Skeletterkrankungen und Verletzungen bzw. Erkrankungen des Verdauungssystems. Bei den Arbeitsunfähigkeitstagen stehen die Muskel-Skeletterkrankungen an der Spitze, dahinter die psychischen Erkrankungen und Atemwegserkrankungen bzw. Verletzungen (Badura et al., 2015; Interessenverband der Betriebskrankenkassen [BKK], 2015; DAK-Gesundheit, 2016; Techniker Krankenkasse [TK], 2015). Ein Trend, der sich zudem in allen Gesundheitsreporten zeigt, ist die Zunahme der psychischen Erkrankungen. Welche Gründe sich allerdings für diesen Anstieg verantwortlich zeigen, ist bis dato noch nicht abschließend geklärt.

In der als Stressreport 2012 bekannten, sechsten Erhebungswelle der Bundesinstitut für Berufsbildung (BIBB/BAuA-Erwerbstätigenbefragung), bei der in regelmäßigen Abständen rund 20.000 Beschäftigte befragt werden, zeigten sich seit der Erhebung 2005/2006 kaum Veränderungen bei den Anforderungen und Ressourcen (BAuA, 2012). Im gleichen Zeitraum stiegen aber die psychischen Erkrankungen, weshalb die Frage nach den Ursachen nach wie vor diskutiert wird. Eine Studie der Vereinigung der Bayerischen Wirtschaft e.V. aus 2015, erstellt vom Max-Planck-Institut für Psychiatrie, zeigte auf, dass Arbeit keinen besonderen Risikofaktor für psychische Erkrankungen darstellt und eine Zunahme der psychischen Erkrankungen bei einer im Arbeitsleben stehenden Kohorte über den Zeitraum von zehn Jahren nicht festgestellt werden konnte. Dies würde sich auch mit anderen epidemiologischen Studien in Europa decken. Da dieses Ergebnis jedoch im Widerspruch zu den Statistiken der Krankenkassen und Rentenversicherung steht, ist vermutlich eine veränderte Bewertung psychischer Erkrankungen hierfür verantwortlich (Vereinigung der Bayerischen Wirtschaft [vbw], 2015). Es bleibt also die spannende Frage, welche weiteren Erkenntnisse zu den Ursachen des Anstiegs psychischer Erkrankungen gefunden werden. Zusammenfassend lässt sich feststellen:

- Trotz guter bis sehr guter Eigenbeurteilung der Bevölkerung zur Gesundheit steigen die Ausgaben für die Krankheitsbehandlung.
- Das Gesundheitsverhalten ist insbesondere durch Fehlernährung und Bewegungsmangel, aber auch durch Konsum von Alkohol und Tabak hauptverantwortlich für die Entstehung chronischer Erkrankungen.
- Steigende Krankenstände bei den Unternehmen führen zu hohen Ausfallkosten, der Erhalt der Arbeitsfähigkeit ihrer Beschäftigten bis zur Rente bereitet ihnen Sorgen.
- Muskel-Skelett-Erkrankungen stehen aufgrund der hohen Anzahl von Arbeitsunfähigkeitstagen und psychische Erkrankungen aufgrund der steigenden Fallzahlen im Fokus des Arbeitsunfähigkeitsgeschehens.

Gesetz zur Stärkung der Gesundheitsförderung und Prävention

Wie reagiert man nun auf steigende Gesundheitsausgaben im Gesundheitswesen und Fehlzeiten in der Arbeitswelt? Wie anhand der nachfolgenden Abbildung (siehe Abbildung 1) zu erkennen ist, sind die primären Kostentreiber bei den Leistungsausgaben der gesetzlichen Krankenversicherung (GKV) in 2014 die Krankenhäuser, gefolgt von den Arzneimitteln und Ärzten. Sie zusammen beanspruchen bereits rund 70 Prozent der Gesamtausgaben in Höhe von rund 193,6 Milliarden

Euro (Verband der Ersatzkassen [vdek], 2016). Für die Prävention wurden 1,8 Milliarden Euro in 2014 aufgewandt, was nur 0,9 Prozent der Gesamtausgaben entspricht. Dies verdeutlicht, dass trotz politischer Bekundungen zur Wichtigkeit der Prävention diese im Gesundheitswesen nur eine untergeordnete Rolle spielt, ihre Potenziale aber enorm sind. Vor dem Hintergrund des Anstiegs der chronischen Erkrankungen und der damit verbundenen hohen Kosten der Behandlung könnten durch Maßnahmen der Gesundheitsförderung und der Prävention das Entstehen von Erkrankungen vermieden bzw. deren Fortschreiten verhindert werden.

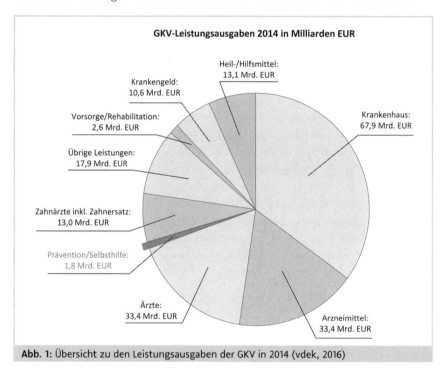

Abb. 1: Übersicht zu den Leistungsausgaben der GKV in 2014 (vdek, 2016)

Obwohl diese Erkenntnisse nicht neu sind, trat erst in 2016 das Gesetz zur Stärkung der Gesundheitsförderung und Prävention, kurz Präventionsgesetz (PrävG), in Kraft. Die Historie zu diesem Gesetz reicht bis in das Jahr 2004. Die damalige rot-grüne Regierung brachte 2005 auf Basis von Eckpunkten von Bund und Ländern einen Gesetzesentwurf ein (Deutscher Bundestag, 2005), welcher aber nach Differenzen in der Koalition und dem anschließenden Regierungswechsel bei der Bundestagswahl 2005 ad acta gelegt wurde. Die schwarz-rote Regierung unter Bundeskanzlerin Merkel startete 2014 einen neuen Vorstoß, und das Gesetz wurde schlussendlich am 17. Juli 2015 verabschiedet. Es trat zum 1. Januar 2016 in Kraft.

Das Präventionsgesetz (PrävG) wird in der öffentlichen Darstellung mit zahlreichen Zielen und Verbesserungen präsentiert, wobei das Gesetz selbst keine eigenen Leistungen beinhaltet. Es regelt vielmehr, welche Änderungen

- in den Sozialgesetzbüchern 5, 6, 7, 8, 11,
- im Infektionsschutzgesetz,
- im Jugendarbeitsschutzgesetz,
- in der Krankenversicherung der Landwirte,
- in der Risikoausgleichsverordnung,
- in der Bundesbeihilfeverordnung und der
- Bundespolizei-Heilfürsorgeverordnung

durchgeführt werden müssen.

Ansatzpunkte für die Prävention

Aus politischer Sicht wird mit dem Präventionsgesetz an die Bürger appelliert, über eine gesunde Lebensweise selbst für ihre Gesundheit zu sorgen. Der Appell richtet sich auch an alle diejenigen, die für die Gesundheit anderer mit Verantwortung tragen, zum Beispiel Arbeitgeber, Träger von Kitas, Schulen sowie Pflegeheime (BMG, 2015). Zu Erreichung dieser Ziele müssen viele Akteure an einem Strang ziehen, so zum Beispiel Krankenkassen, Pflegekassen, Unfallversicherungsträger, Bund, Länder und Kommunen, indem sie ihre Ressourcen bündeln und sich auf gemeinsame Ziele und Vorgehensweisen verständigen. Das Präventionsgesetz schafft hierzu die notwendigen Voraussetzungen (BMG, 2015). Als Ansatzpunkt für die Prävention gilt die in den Gesundheitswissenschaften und in der Praxis bereits bekannte Verhaltens- und Verhältnisprävention.

Wesentliche Inhalte des Präventionsgesetzes sind

- Die Zusammenarbeit der Akteure in der Prävention und Gesundheitsförderung. Neben der gesetzlichen Krankenversicherung werden auch die Renten-, Unfall-, Pflege- und private Krankenversicherung eingebunden. Eine neu eingerichtete nationale Präventionskonferenz soll Präventionsziele und festlegen und sich über ein gemeinsames Vorgehen verständigen.
- Die Soziale Pflegeversicherung erhält einen neuen Präventionsauftrag, um künftig auch Menschen in stationären Pflegeeinrichtungen mit gesundheitsfördernden Angeboten erreichen zu können.
- Das Impfwesen wird gefördert.
- Die Gesundheitsuntersuchungen werden ausgeweitet durch eine Weiterentwicklung der bestehenden Gesundheits- und Früherkennungsuntersuchungen für Kinder, Jugendliche und Erwachsene.
- Ärzte erhalten die Möglichkeit, Präventionsempfehlungen auszustellen und damit zum Erhalt und zur Verbesserung der Gesundheit ihrer Patienten beizutragen.

- Krankenkassen können mit Betriebsärzten Verträge über die Durchführung von Gesundheitsuntersuchungen (»Check-ups«) schließen.
- Betriebsärzte können, wie Vertragsärzte, allgemeine Schutzimpfungen durchführen und im Rahmen einer arbeitsmedizinischen Vorsorge eine Präventionsempfehlung abgeben, die von den Krankenkassen bei der Entscheidung über die Erbringung einer Präventionsleistung berücksichtigt werden muss.
- Die betriebliche Gesundheitsförderung, insbesondere für kleine und mittlere Betriebe (KMU), wird gestärkt.
- Es werden entsprechende finanzielle Ressourcen bereitgestellt, indem die Krankenkassen und Pflegekassen künftig mehr als 500 Millionen Euro in Gesundheitsförderung und Prävention investieren. Hier liegt der Schwerpunkt auf der Stärkung der Gesundheitsförderung und Prävention in Lebenswelten (Betrieb, Schule, Kita, Kommunen und Pflegeeinrichtungen) mit mindestens 300 Millionen Euro jährlich. Die finanzielle Unterstützung der gesundheitlichen Selbsthilfe wird durch das Präventionsgesetz um rund 30 Millionen Euro erhöht. (BMG, 2016b)

Strukturell sind hierbei insbesondere die Präventionskonferenz, das Präventionsforum, die nationale Präventionsstrategie und die Landesrahmenvereinbarungen bedeutsam (siehe Abbildung 2). Während das Präventionsforum nur eine beratende Funktion hat, werden in der Präventionskonferenz Bundesrahmenempfehlungen zu gemeinsamen Zielen, vorrangigen Handlungsfeldern und Zielgruppen, die zu beteiligenden Organisationen und Einrichtungen sowie die Dokumentations- und Berichtspflichten festgelegt. Hierbei sind die Ziele der Gemeinsamen Deutschen Arbeitsschutzstrategie (GDA) sowie die der ständigen Impfkommission zu berücksichtigen. In der ersten nationalen Präventionskonferenz am 19. Februar 2016 wurden für die Bundesrahmenempfehlungen die folgenden, am Lebenslauf orientierten Ziele festgelegt:
- Gesund aufwachsen
- Gesund leben und arbeiten
- Gesund im Alter

Die Umsetzung der Nationalen Präventionsstrategie und der damit verbundenen Bundesrahmenempfehlungen erfolgt auf Landesebene durch Landesrahmenvereinbarungen der Sozialsysteme (Landesverbände der Krankenkassen und Ersatzkassen (inkl. Pflegekassen), Renten- und Unfallversicherung) mit den in den Ländern zuständigen Stellen. Hierbei werden an der Vorbereitung die Bundesagentur für Arbeit, die für den Arbeitsschutz zuständigen obersten Landesbehörden und die kommunalen Spitzenverbände beteiligt (siehe Abbildung 2).

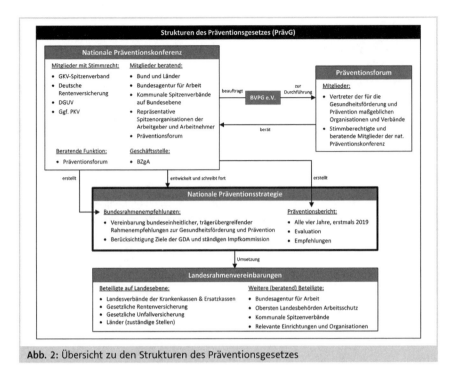

Abb. 2: Übersicht zu den Strukturen des Präventionsgesetzes

Umsetzung auf betrieblicher Ebene

Durch das Präventionsgesetz stehen nun für die betriebliche Gesundheitsförderung mehr Gelder zur Verfügung, und die Zusammenarbeit der betrieblichen Akteure der Gesundheitsförderung/Prävention und des Arbeits- und Gesundheitsschutzes wird nochmals durch die Aufforderung zur Zusammenarbeit an die übergeordneten Sozialsysteme verstärkt. Andere Leistungen des PrävG sind nur zum Teil neu, da Unternehmen auch bisher schon Regelungen mit Krankenkassen zur Durchführung von Impfungen und Check-ups getroffen hatten. Dies ist nun im Gesetz klar verankert. Der niederschwellige und unbürokratische Zugang zu Leistungen der Krankenkassen für kleine und mittlere Unternehmen (KMU) durch regionale Koordinierungsstellen ist dagegen neu und bis dato nur in wenigen Bundesländern umgesetzt.

Die Umsetzung erfolgt überwiegend durch die gesetzliche Krankenversicherung (GKV) und dort auch primär auf Basis der Paragrafen 20 Abs. 5 (verhaltensbezogene Prävention), § 20b (betriebliche Gesundheitsförderung) und 20c (Prävention arbeitsbedingter Gesundheitsgefahren). Für die Wahrnehmung dieser Aufgaben sind entsprechende Mittel bereitzustellen. Für das Jahr 2015 soll für jeden Versicherten ein Betrag in Höhe von 3,17 Euro und ab dem Jahr 2016 ein Betrag in Höhe von sieben Euro für die Prävention und Gesundheitsförderung gemäß § 20 bis 20c ausgegeben werden. Ab dem Jahr 2016 sind von diesem Betrag mindestens zwei Euro für die betriebliche Prävention und Gesundheitsförderung aufzuwenden (§ 20, Abs. 6 SGB V).

Leistungen zur verhaltensbezogenen Prävention

Diese Anforderung für verhaltensbezogene Prävention bezieht sich direkt auf den Versicherten, das heißt: eine Krankenkasse kann einen Präventionskurs, zum Beispiel eine Rückenschule oder Ernährungsberatung, anbieten, und der Versicherte kann kostenfrei daran teilnehmen bzw. erhält einen Zuschuss zur Kursgebühr, sofern der Kurs bei einem zugelassenen Anbieter besucht wurde. Wie oft eine solche Unterstützung in Anspruch genommen werden kann und wie hoch der Zuschuss ausfällt, kann jede Krankenkasse für sich regeln. In der Regel stimmen sich die gesetzlichen Krankenkassen im GKV-Spitzenverband ab, so dass den jeweiligen Versicherten annähernd vergleichbare Regelungen angeboten werden. Trotzdem stellen diese Regelungen auch ein Kundenbindungs- und Akquiseinstrument dar, weshalb die Kassen auch individuelle Regelungen anbieten.

Sofern Anbieter von Präventionskursen diese mit einer Refinanzierung durch die Krankenkassen für ihre Teilnehmer anbieten möchten, muss der Kurs von den Kassen hinsichtlich der Einhaltung von Qualitätskriterien geprüft werden. Diese Prüfung findet zentral für alle Anbieter bei der Zentralen Prüfstelle Prävention statt und ersetzt die in der Vergangenheit durchgeführte Prüfung einzelner Kassen. Das Ergebnis ist die Grundlage für die einzelnen Kassen, ihre Versicherten hinsichtlich der Bezuschussung des Kurses zu unterstützen.

Leistungen zur betrieblichen Gesundheitsförderung

In der betrieblichen Gesundheitsförderung nach § 20b SGB V werden nicht die jeweiligen Versicherten unterstützt, sondern Unternehmen. Krankenkassen können dabei in Form von Beratung, Projektmanagement, bei der Gesundheitsanalyse oder durch spezifische Präventionsprogramme im Unternehmen tätig werden. In den Genuss dieser Unterstützung kommen dann alle Mitarbeiter, unabhängig davon, ob sie bei genau der Kasse versichert sind, die das Unternehmen im Sinne dieses Paragrafen unterstützt.

Da die Ausführungen zur Unterstützung im Sozialgesetzbuch recht knapp gehalten sind, haben die Krankenkassen einen Leitfaden mit dem Titel »Leitfaden Prävention – Handlungsfelder und Kriterien des GKV-Spitzenverbandes zur Umsetzung der §§ 20 und 20a SGB V vom 21. Juni 2000 in der Fassung vom 10. Dezember 2014« (GKV-Spitzenverband, 2014) erstellt, der die Inhalte einer ganzheitlichen Sichtweise der betrieblichen Gesundheitsförderung (BGF) vorstellt und die notwendigen Kriterien einer qualitätsorientierten Durchführung benennt. Zielsetzung der BGF aus Sicht des Gesetzes und des Leitfadens ist »die Verbesserung der gesundheitlichen Situation und die Stärkung der gesundheitlicher Ressourcen und Fähigkeiten der berufstätigen Versicherten« (GKV-Spitzenverband, 2014). Es werden diverse Anforderungen an die Anbieter von Gesundheitsdienstleistungen (somit auch an die Kassen), aber auch an die Betriebe selbst beschrieben. Für die Gesundheitsförderung definiert der Leitfaden die folgenden drei Handlungsfelder (GKV-Spitzenverband, 2014):

- Beratung zur gesundheitsförderlichen Arbeitsgestaltung,
- Gesundheitsförderlicher Arbeits- und Lebensstil,
- Überbetriebliche Vernetzung und Beratung.

Innerhalb der jeweiligen Handlungsfelder existieren verschiedene Präventionsprinzipien (siehe Abbildung 3), die nur von entsprechend qualifizierten Personen angeboten werden dürfen. Die jeweiligen Kriterien zur inhaltlichen Gestaltung sowie zu den Anbieterqualifikationen sind ebenfalls im Leitfaden dargestellt. Krankenkassen können diese Leistungen mit eigenen personellen Ressourcen anbieten, sie können aber auch Dritte für die Durchführung (Berater, Trainer, Dienstleister etc.) beauftragen.

Abb. 3: Handlungsfelder und Präventionsprinzipien der BGF gemäß GKV-Leitfaden Prävention (GKV-Spitzenverband, 2014)

Prävention arbeitsbedingter Gesundheitsgefahren

Eine Erweiterung der betrieblichen Gesundheitsförderung gemäß §20b SGB ist der Folgeparagraf 20c. Dieser fordert die Krankenkassen zur Unterstützung der gesetzlichen Unfallversicherung bei ihren Aufgaben zur Verhütung arbeitsbedingter Gesundheitsgefahren auf. Sie sollen in Abstimmung mit den Trägern der gesetzlichen Unfallversicherung, also den Berufsgenossenschaften und Unfallkassen, Maßnahmen zur betrieblichen Gesundheitsförderung nach §20b erbringen und die Unfallversicherungsträger über Erkenntnisse zu Zusammenhängen zwischen Erkrankungen und Arbeitsbedingungen informieren, die sie bei ihrer Arbeit gewonnen haben (§20c Abs. 1 SGB V). Damit wird nochmals die im PrävG grundsätzlich erwünschte Vernetzung zum Arbeitsschutz deutlich. Diese wurde bereits im Leitfaden Prävention des GKV-Spitzenverbandes durch das Handlungsfeld »Überbetriebliche Vernetzung und Beratung« aufgegriffen, indem auch die Förderung der übergreifenden Zusammenarbeit von Sozialversicherungsträgern als Ziel definiert wurde. Das Handlungsfeld der überbetrieblichen Vernetzung und Beratung bezieht sich aber primär auf die Förderung der BGF in KMU durch Information und Vernetzung.

Status Quo und Ausblick

Das Präventionsgesetz wird insgesamt als Signal in die richtige Richtung verstanden, auch wenn einige Punkte noch nicht ausreichend geklärt und umgesetzt sind. Die finanzielle Ausstattung wird aus Sicht des Marktes als unzureichend betrachtet, da die Erhöhung auf 500 Millionen Euro für die Gesundheitsförderung und Prävention insgesamt bzw. 300 Millionen Euro in den Betrieben und den nicht-betrieblichen Settings wie Kindergarten, Schulen und Kommunen nur einen Tropfen auf den heißen Stein bedeutet. Die einleitend genannten Herausforderungen können damit nur bedingt angegangen werden können.

Die Vernetzung der Sozialsysteme und der auf der operativen Ebene handelnden Akteure birgt ein Potenzial zur Schaffung praxisbezogener Lösungen. Gleiches gilt für die neuen Möglichkeiten der Betriebsärzte, wobei hier noch Lösungen zur praktikablen Umsetzung gefunden werden müssen. Ob dieser erste Wurf des Präventionsgesetzes ein Erfolg ist, wird sich erst in 2019 anhand von Zahlen feststellen lassen, da erst dann ein erster Präventionsbericht vorliegen wird.

Literatur

Badura, B., et al. (Hrsg.), (2015): Fehlzeiten-Report 2015. Neue Wege für mehr Gesundheit – Qualitätsstandards für ein zielgruppenspezifisches Gesundheitsmanagement, Berlin: Springer.

BKK Bundesverband (2015): BKK Gesundheitsreport 2015. Zahlen, Daten, Fakten (Knieps, F. & Pfaff, H., Hrsg.), Berlin.

Bundesanstalt für Arbeitsschutz und Arbeitsmedizin (Hrsg.), (2012): Stressreport Deutschland 2012. Psychische Anforderungen, Ressourcen und Befinden. Dortmund: Bundesanstalt für Arbeitsschutz und Arbeitsmedizin.

Bundesanstalt für Arbeitsschutz und Arbeitsmedizin (2016): Volkswirtschaftliche Kosten durch Arbeitsunfähigkeit 2014 (Bundesanstalt für Arbeitsschutz und Arbeitsmedizin BAuA(Hrsg.). Zugriff am 25.04.2016. Verfügbar unter www.baua.de/de/Informationen-fuer-die-Praxis/Statistiken/Arbeitsunfaehigkeit/pdf/Kosten-2014.pdf;jsessionid=5D7920C2AC19EF7AA2A3AA38BAECA3A4.1_cid333?__blob=publicationFile&v=4

Bundesministerium für Gesundheit (2015): Das Präventionsgesetz. Die Verbesserungen im Überblick (Bundesministerium für Gesund-heit BMG(Hrsg.). Zugriff am 05.01.16. Verfügbar unter www.bundesgesundheitsministerium.de/fileadmin/dateien/Publikationen/Praevention/Flyer/Flyer_Das_Praeventionsgesetz_Die_Verbesserungen_im_Ueberblick.pdfBundesministerium für Gesundheit BMG (2016a): Arbeitsunfähigkeit. Monatlicher Krankenstand 1970 bis Oktober 2014. Zugriff am 02.02.2016. Verfügbar unter www.bmg.bund.de/fileadmin/dateien/Downloads/Statistiken/GKV/Mitglieder_Versicherte/Krankenstand_Okt_2014.pdf

Bundesministerium für Gesundheit BMG (2016b, 29. Februar): Präventionsgesetz (BMG), Hrsg.). Zugriff am 22.08.2016. Verfügbar unter www.bmg.bund.de/themen/praevention/praeventionsgesetz.html

DAK-Gesundheit (2016); Gesundheitsreport 2016. Analyse der Arbeitsunfähigkeitsdaten. Schwerpunkt: Gender und Gesundheit (Beiträge zur Gesundheitsökonomie und Versorgungsforschung, Bd. 13). Hamburg: DAK-Gesundheit. Zugriff am 24.03.2016. Verfügbar unter www.dak.de/dak/download/Gesundheitsreport_2016_-_Warum_Frauen_und_Maenner_anders_krank_sind-1782660.pdf

Deutscher Bundestag (2005, 15. Februar): Entwurf eines Gesetzes zur Stärkung der gesundheitlichen Prävention – Drucksache 15/4833 (Deutscher Bundestag Drucksache). Verfügbar unter http://dip21.bundestag.de/dip21/btd/15/048/1504833.pdf

Deutscher Industrieverband für Fitness und Gesundheit (Hrsg.), (2010): DIFG Expertise 2010. Düsseldorf.

Froböse, I./Wallmann-Sperlich, B (2016): Der DKV Report »Wie gesund lebt Deutschland?«. Düsseldorf: DKV Deutsche Krankenversicherung AG.

GKV-Spitzenverband (2014): Leitfaden Prävention. Handlungsfelder und Kriterien des GKV-Spitzenverbandes zur Umsetzung der §§ 20 und 20a SGB V vom 21. Juni 2000 in der Fassung vom 10. Dezember 2014, Berlin. Zugriff am 27.01.2015. Verfügbar unter www.gkv-spitzenver-band.de/media/dokumente/presse/publikationen/Leitfaden_ Praevention_2014_barrierefrei.pdf

GKV-Spitzenverband; Deutsche Gesetzliche Unfallversicherung; Sozialversicherung für Landwirtschaft, Forsten und Gartenbau; Deutsche Rentenversicherung Bund (2016, 19. Februar): Bundesrahmenempfehlungen der Nationalen Präventionskonferenz nach §20d Abs. 3 SGB V, o.O.

Robert Koch-Institut; Statistisches Bundesamt (2015): Gesundheit in Deutschland, Berlin. Zugriff am 22.12.2015. Verfügbar unter www.gbe-bund.de/pdf/GESBER2015.pdf

Techniker Krankenkasse (2015): Gesundheitsreport 2015. Gesundheit für Studierende Rheinland-Pfalz, Hamburg. Zugriff am 10.08.2015. Verfügbar unter www.tk.de/ centaurus/servlet/contentblob/12750/Datei/147433/Gesundheitsreport-Rheinland-Pfalz-2015.pdf

Verband der Ersatzkassen (2016): vdek-Basisdaten des Gesundheitswesens. 2015/2016 (20. Aufl.), Berlin. Zugriff am 06.07.2016. Verfügbar unter www.vdek.com/presse/ daten/_jcr_content/par/download_3/file.res/vdek_basisdaten_des_gesundheits-wesens_2015_2016.pdf

Vereinigung der Bayerischen Wirtschaft (2015): Der Einfluss von Arbeitsbedingungen auf die psychische Gesundheit, München.

DIN SPEC 91020 – Inhalte und Zukunftsperspektiven

Dr. Christian Weigl, Geschäftsführer IfG GmbH – Institut für Gesundheit und Management, Sulzbach-Rosenberg

Die aktive Auseinandersetzung mit dem Thema Gesundheit und Leistungsfähigkeit in Bezug auf betriebliche Prozesse, Strukturen und Bedingungen kann als weitreichender Nutzen für ein Unternehmen eingeschätzt werden. Wie jeder Standard sieht sich auch die Spezifikation zum Betrieblichen Gesundheitsmanagement dem Argument der Einengung ausgesetzt. Standards schaffen durch ihre Anforderungen Grenzen zur kreativen Entwicklung. Die Formulierung der DIN SPEC 91020 versucht daher lediglich, wesentliche Grundlagen an die Struktur und die Vorgehensweise vorzugeben.

Was ist Betriebliches Gesundheitsmanagement wirklich?
Betriebliches Gesundheitsmanagement (BGM) ist mehr als Bewegung am Arbeitsplatz und gesunde Kantinenernährung. Manchmal trägt eine verständnisvolle und unterstützende Führungskraft mehr zur Gesundheit der Beschäftigten bei, als die Salatbar in der Betriebskantine oder die Bewegungspause am Arbeitsplatz. Vielen Experten ist dies bekannt und sie folgen diesem Gedanken theoretisch. Trotzdem geht eine große Anzahl von Verantwortlichen für das Thema »Gesundheit in Organisationen« den leichteren Weg und bietet nur punktuelle Maßnahmen an wie zum Beispiel Gesundheitstage zum Thema Stress, einen Firmenlauf oder einen Gesundheits-Checkup für Führungskräfte. Gleichzeitig formulieren sie in ihrer Unternehmensdarstellung »Wir machen BGM!«.

Nach der Definition des Bundesverbandes Betriebliches Gesundheitsmanagement e.V. (BBGM) ist Betriebliches Gesundheitsmanagement die planvolle Organisation, Steuerung und Ausgestaltung betrieblicher Prozesse mit dem Ziel der Erhaltung und Förderung der Arbeitsbewältigungsfähigkeit (dies impliziert sowohl Anteile der Gesundheitsförderung, als auch der Krankheitsprävention) der Mitarbeitenden (vgl. Melms/Weinreich, 2012). Erkennbar ist diese Herangehensweise bei vielen Organisation, die angeben BGM zu machen, nicht. Noch eher erkennt man es in kleinen und mittelständischen Unternehmen, als in großen Organisationen. Doch so schwer ist BGM eigentlich gar nicht.

Das Rezept »BGM« zügig erläutert: die Zutaten
Zunächst gilt es das Umfeld der Organisation zu betrachten, um zu erkennen, in welchem Markt, mit welchen Potenzialen, aber auch Schwierigkeiten und Herausforderungen das Unternehmen agieren muss (Umfeld der Organisation). Anschließend gibt die Organisation eine Stellungnahme zum Thema Gesundheit ab. Die Geschäftsleitung leistet ein Bekenntnis, wie sie Gesundheit in ihrem Un-

ternehmen erhalten und fördern möchte (Führungsverhalten, betriebliche Gesundheitspolitik). Daraus leitet sie konkrete Ziele ab, die es zu erreichen gilt. Dabei sollte sie sich nicht nur an pathogenen Zielen orientieren, die in der Kausalkette von Einwirkung, Rück-, Aus- und Zielwirkung ganz am Ende zu finden sind (siehe Abbildung 1), sondern auch an salutogenen Zielen wie zum Beispiel Unterstützung, Sinnhaftigkeit und ausreichende Informationen (betriebliche Gesundheitsziele). Mit den definierten Zielen erfolgt eine Analyse bezüglich der Risiken, aber auch der Potenziale und Chancen für Gesundheit (Ermittlung und Bewertung von Gesundheitschancen und -risiken).

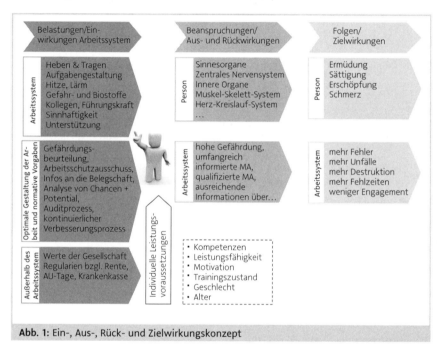

Abb. 1: Ein-, Aus-, Rück- und Zielwirkungskonzept

Aufgrund der Analyseergebnisse können passende Maßnahmen überlegt, entschieden und umgesetzt werden, die auch hinsichtlich ihrer Wirkung das Zielsystem verbessern können (siehe Abbildung 2). Notwendige Ressourcen, Kompetenzen und Qualifikationen unterstützen die Maßnahmen, die gesundheitsgerecht sein sollen. Gesundheitsgerecht bedeutet, dass der Arbeitgeber passende und zielkonforme Maßnahmen zur Verfügung stellt und die Arbeitnehmer dies annehmen sollen, um so die Gesundheit optimal zu verbessern. Beide Seiten sind aufgefordert, wohlwollend und gemeinsam für mehr Gesundheit in der Organisation aktiv zu werden.

Abb. 2: Klassische Vorgehensweise im Betrieblichen Gesundheitsmanagement

Um die Nachhaltigkeit sicherzustellen, müssen alle Prozesse (z.B. Analyseprozesse: Gefährdungsbeurteilung, Gefährdung von Potenzialen, Interviews mit Mitarbeitern oder Mitarbeiterbefragungen) definiert werden und die einzelnen Prozessschritte handelnden Personen zugeordnet werden. Alle Prozesse und auch die Zielerreichung werden regelmäßig auditiert und gegebenenfalls verbessert (Dokumentation, Evaluation der Leistung und Verbesserung).

Setzt man diese Vorgaben um, wird offensichtlich, dass BGM mehr ist als gesunde Kantinenernährung oder Yoga nach der Arbeit. BGM ist mehr als zusammenhangslose Maßnahmen. BGM ist ein Managementsystem, dessen wichtigste Inhaltskriterien nach DIN SPEC 91020 lauten:
1. Anwendungsbereich: Zielsetzung der Spezifikation
2. Normative Verweisungen: zitierte Dokumente
3. Begriffe: Definitionen zu verwendeten Begriffen
4. Umfeld der Organisation: Erläuterungen zu Interessierten Parteien und Anforderungen an das BGM-System
5. Führungsverhalten: Erläuterungen zur Führung und zu Verpflichtungen im BGM-System; Betriebliche Gesundheitspolitik
6. Planung: Erläuterungen zum analytischen Vorgehen und zur Zielformulierung im BGM; Ermittlung und Bewertung Gesundheitschancen und -risiken; betriebliche Gesundheitsziele
7. Unterstützung: Erläuterungen zu Unterstützungsprozessen des BGM-Systems; Ressourcen; Kompetenz und Qualifikation

8. Betrieb: Erläuterungen zu Maßnahmen und Prozessen; Mitarbeiterorientierung; Infrastruktur
9. Evaluation der Leistung: Erläuterungen zur Überprüfung der Wirksamkeit des BGM-Systems
10. Verbesserung: Erläuterungen zu Korrekturmaßnahmen im BGM-System

Die Entwicklung der DIN SPEC 91020

Diese Struktur wurde beim Arbeitskreis der DIN (Deutsches Institut für Normung) nach dem PAS-Verfahren (Publicly Available Specification) 2012 erarbeitet. Entgegen der DIN-Norm ist bei der Spezifikation (DIN SPEC) die Einbeziehung aller Interessengruppen nicht zwingend erforderlich. Jedoch haben Interessierte zu Beginn des Erarbeitungsprozesses die Möglichkeit, sich für die Beteiligung am Gremium zu bewerben. Beteiligt an der Schaffung waren unter anderem Vertreter von Trägern der Sozialversicherungen, eines Landesgesundheitsamtes, Hochschuleinrichtungen, Institute, Arbeitgebervertretungen, Zertifizierer sowie Dienstleister und übergeordnete Verbände aus dem Bereich BGM.

Ausgangspunkt zur Erstellung der DIN SPEC 91020 war der ISO Guide 83. Diese von der International Organization for Standardization (ISO) herausgegebene »High Level Structure« stellt eine übergeordnete Struktur für alle Managementsystem-Standards dar. Diese ist damit die Grundlage bei der Entwicklung künftiger Managementsysteme sowie bei der Überarbeitung bestehender Systeme. Der ISO Guide 83 beinhaltet dazu eine international abgestimmte Kernstruktur sowie Kerntexte für Managementsysteme. Somit kann sichergestellt werden, dass sich ein Betriebliches Gesundheitsmanagementsystem nach den Inhalten der DIN SPEC 91020 in bestehende Managementsysteme, beispielsweise zum Qualitätsmanagement nach ISO 9001, integrieren lässt. Sie ist zudem ist allgemein gehalten wie jede andere Managementspezifikation bzw. Norm (z.B. DIN EN ISO 9001), so dass diese an jede Organisation passend angeglichen werden kann.

Vor- und Nachteile der DIN SPEC 91020

Die Meinungen über Standards sind vielfältig und so muss sich die DIN SPEC 91020 ebenfalls mit einer Reihe von Argumenten und Gegenargumenten auseinandersetzen. Der größte Vorteil liegt in der Emanzipation des Themas »Gesundheit in Organisationen« und steht damit gleichwertig neben den Themen Qualität, Umwelt, Energie, Arbeitsschutz und weiteren. Ein wesentlicher Vorteil liegt weniger im Standard selbst als mehr im Inhalt der Spezifikation. So ist der Vorteil über das Vorhandensein eines BGM-Systems in einer Organisation nicht bestreitbar.

Zu den positiven Effekten zählt vorrangig die Verbesserung der allgemeinen Gesundheitslage im Unternehmen. Diese wird im Rahmen des BGM erreicht durch

- zielgerichtete gesundheitsbezogene und gesundheitsgerechte Maßnahmen,
- Anpassung von organisationsspezifischen Prozessen und Strukturen (Arbeitsbedingungen, Leistungsanforderungen, Führungsverhalten) sowie
- Befähigung zum eigenen Umgang mit der Thematik Gesundheit.

In der Folge können gesundheitsbezogene Ausfälle verringert werden, was eine unmittelbare Auswirkung auf die finanzielle Belastung der Organisation hat. So können Einbußen durch Lohnfortzahlungen, Produktionsverluste und Vertretungen eingegrenzt werden. Ein weiterer Einfluss des BGM besteht in der Erhöhung der Beschäftigtenzufriedenheit. Eine gesteigerte Zufriedenheit geht ebenfalls mit einer Verringerung von Fehlzeiten, einer Erhöhung der Leistungsfähigkeit und der emotionalen Bindung sowie gegebenenfalls dadurch mit Reduzierung der Fluktuationszahlen einher. Somit können Rekrutierungskosten eingespart und es kann Fachwissen im Unternehmen gehalten werden.

Der Vorteil der DIN SPEC 91020 gegenüber einer nicht standardisierten Vorgehensweise zur Schaffung eines BGM kann darin gesehen werden, dass Anforderungen an das Gesundheitsmanagement vollständig beschrieben sind. Mit der Schaffung der Spezifikation für Betriebliches Gesundheitsmanagement gelingt es, das Verständnis für die Thematik zu verbessern. So ist beobachtbar, das grundlegende Begrifflichkeiten wie Betriebliche Gesundheitsförderung und Betriebliches Gesundheitsmanagement synonym verwendet werden, diese in ihrer ursprünglichen Bedeutung jedoch unterschiedliche Vorgehensweisen in der mitarbeiterzentrierten versus organisationsorientierten Gesundheitsarbeit beschreiben.

Dieses Verständnisproblem setzt sich über die begrifflichen Grundlagen hinaus ebenfalls in der Vorgehensweise zum Aufbau von BGM-Systemen fort. Aus dem Verständnisproblem arbeits- und gesundheitswissenschaftlicher Konzepte erwachsen nicht selten planlose, punktuelle und ad-hoc-gestaltete Interventionen, deren Erfolg nicht selten sehr gering ausfällt. Hierbei bringt die DIN SPEC 91020 neben Verständlichkeit, auch Orientierung und Handlungssicherheit für die effektive Gestaltung des BGM.

BGM: Herausstellungsmerkmal und Wettbewerbsvorteil

Dies hebt ebenfalls die Qualität der gesundheitsförderlichen Entwicklung des Unternehmens sowie der Befähigung der Beschäftigten zur eigenen Gesunderhaltung, wie es das BGM im klassischen Sinne anstrebt. Die Ergebnisse eigener Untersuchungen zur Einschätzung des BGM und zur Umsetzung der DIN SPEC

91020 zeigen, dass Unternehmen das eigene Gesundheitsmanagement als verbesserungswürdig einstufen. Knapp die Hälfte der Unternehmen sieht zudem einen Bedarf für eine Norm zum einheitlichen Verständnis über Betriebliches Gesundheitsmanagement.

Nicht unerwähnt bleiben darf hierbei das Vorhandensein bereits bestehender Standardisierungsversuche durch eine Vielzahl von Awards (z.B. Corporate Health Award, GABEGS, Great Place to Work, Human Resources Award oder AOK-Leonardo). Die unterschiedlichen Herangehensweisen und Inhalte können jedoch dazu beitragen, dass eine Übersicht über bestehende Systeme für die Unternehmen eher erschwert wird, was eine Entscheidungsfindung weiter behindert. Dementsprechend werden zur Verleihung der damit einhergehenden Awards und Zertifikate häufig sehr unterschiedliche Kriterien herangezogen. Nicht zu bestreiten ist, dass diese Auszeichnungen für die Unternehmen wertvolle Bekundungen der Beschäftigtenfokussierung sind.

Speziell durch den sich entwickelnden Fachkräftemangel und den steigenden Konkurrenzdruck dienen diese als Herausstellungsmerkmal und Wettbewerbsvorteil. Eine Zertifizierung nach der vorliegenden Spezifikation gewährleistet jedoch neben der positiven Außenwirkung ebenfalls die eigentlich angestrebte gesundheitszentrierte Optimierung der Arbeitsbedingungen und -prozesse.

Anwendung der DIN SPEC 91020
In diesem Rahmen kann kritisiert werden, dass mit der Formulierung der DIN SPEC 91020 und deren Zertifizierungsmöglichkeit für Unternehmen, die Unübersichtlichkeit des Marktes weiter vorangetrieben wird. Dazu muss allerdings der Stellenwert und das Vertrauen in die DIN als normgebende Institution mit in die Betrachtung einbezogen werden. Wie jeder Standard sieht sich auch die Spezifikation zum Betrieblichen Gesundheitsmanagement dem Argument der Einengung ausgesetzt.

Standards schaffen durch ihre Anforderungen Grenzen zur eigengesteuerten, kreativen Entwicklung. Die Formulierung der DIN SPEC 91020 versucht daher lediglich wesentliche Grundlagen an die Struktur und die Vorgehensweise des BGM-System vorzugeben. Sie trifft zum Beispiel keine Aussagen über spezifische Maßnahmen des BGM, sondern wie diese bedarfsgerecht ermittelt werden können. Die Kreativität, die ein Betriebliches Gesundheitsmanagement zweifellos benötigt, da sich die Voraussetzungen in Unternehmen sehr stark unterscheiden, wird so nicht gefährdet. Bei der Erstellung der DIN SPEC 91020 wurde zudem ausdrücklicher Wert auf eine allgemeingültige Formulierung gelegt. Damit soll gewährleistet werden, dass die Anwendung unabhängig von Betriebsgrößen, -arten und geografischen, kulturellen und sozialen Bedingungen ist.

Häufiges Hindernis bei der Entscheidungsfindung für ein BGM allgemein ist der damit verbundene Aufwand für die Organisation. Hierbei besteht für die DIN SPEC 91020 keine Ausnahme. Die Einführung beziehungsweise Entwicklung des Gesundheitsmanagementsystems nach den Vorgaben der Spezifikation setzt die Bereitschaft zur Investition von Zeit, Arbeitskraft und finanziellen Mitteln voraus.

Einen direkten Nachteil für die Spezifikation können die zusätzlichen Kosten für die Zertifizierung darstellen. Ähnlich wie andere Awards und Zertifikate zur Bekundung des Unternehmens ist dies mit zusätzlichen Kosten verbunden. Aufgrund einer eigenen Untersuchung stellte sich heraus, dass hohe Kosten und fehlende zeitliche Ressourcen die bedeutendsten Barrieren für eine Zertifizierung sind. Die Integrationsmöglichkeit des BGM-Systems in bereits bestehende Managementsysteme kann dabei vorteilhaft wirken. Die Ausrichtung der Spezifikation am ISO Guide 83 stellt sicher, dass sich Anforderungen an die Managementsysteme entsprechen. Dies kann den Aufwand für das Unternehmen senken.

Wie sehen Unternehmen die Spezifikation DIN SPEC 91020

2012 und 2014 wurden 82 deutsche Unternehmen hinsichtlich der Erreichung des BGMs in Unternehmen und auch der Durchdringung der DIN SPEC 91020 befragt (vgl. Weigl, 2014). Wie die befragten Organisationen »ihr BGM« subjektiv einschätzen, erkennt man in der Abbildung 3. Tendenziell geben sie ihrem BGM sowohl 2012 als auch 2014 eine eher gute bis sehr gute Bewertung. Im Vergleich zu 2012 erkennt man eine leichte Verbesserung.

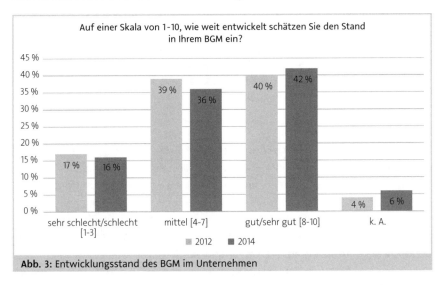

Abb. 3: Entwicklungsstand des BGM im Unternehmen

Die subjektive Bewertung wurde durch eine BGM-Kriterienabfrage validiert. Die berücksichtigten Kriterien waren:

- Durchführung von Analysen,
- definierte Ziele,
- Beziehung zwischen Analyseergebnissen und Maßnahmen,
- Integration der Beschäftigten,
- Verantwortung der Führungskräfte und
- regelmäßige Evaluationen.

Jene Befragten, die ihr BGM subjektiv gut bis sehr gut einschätzen, geben auch an, mindestens vier der insgesamt sechs BGM-Kriterien umgesetzt zu haben. Zusätzlich erfolgte eine qualitative Validierung, da zu der Frage der Umsetzung und Existenz der BGM-Kriterien auch konkrete Beispiele genannt wurden. Experten werteten die genannten Beispiele aus und konnten weitestgehend Passung feststellen.

Die Unternehmen, die sowohl mindestens vier der sechs BGM-Kriterien in ihrem BGM-System umgesetzt haben, als auch diejenigen, die ihr BGM subjektiv auf der Skala von eins bis zehn mit mindestens acht oder besser bewertet haben, interessieren uns später im Kreuzvergleich mit anderen Fragestellungen. Wir nennen diese Gruppe »Unternehmen mit gutem BGM«. Dies sind insgesamt 32 der 88 (36 Prozent) befragten Unternehmen. 51 Prozent aller befragten Teilnehmer haben bereits von der DIN SPEC 91020 gehört. Im Jahr 2012 gaben dies 48 Prozent an. Wir können also einen leichten Anstieg vermerken. 37 Prozent der befragten Unternehmen, welche von der DIN SPEC 91020 gehört haben, gaben auch an, dass sie die Inhalte der Spezifikation gut bzw. sehr gut kennen (siehe Abbildung 4).

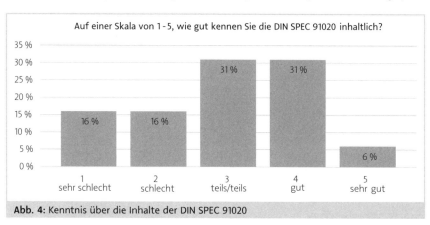

Abb. 4: Kenntnis über die Inhalte der DIN SPEC 91020

Aus der Gruppe »Unternehmen mit gutem BGM« geben 71 Prozent an, bereits von der DIN SPEC 91020 gehört zu haben, wobei nur 40 Prozent der Teilnehmer aus dieser Gruppe ihre Kenntnisse über die Inhalte der Spezifikation als gut oder sehr gut einstufen. 60 Prozent der Teilnehmer bewerten ihre Kenntnisse eher als sehr schlecht bis teils/teils.

Orientierung an der DIN SPEC 91020

Interessant für die weitere Existenz und die Weiterentwicklung der DIN SPEC 91020 ist sicherlich der deutliche Anstieg bei der Frage nach der Orientierung an der Spezifikation. Hier geben immerhin 50 Prozent der Befragten an, dass sie sich an der DIN SPEC 91020 orientieren, 2012 waren es lediglich 45 Prozent. Fast 70 Prozent der »Unternehmen mit gutem BGM« orientieren sich an der DIN SPEC 91020.

Die Gründe für die Ablehnung der DIN SPEC 91020 als Orientierung sind unterschiedlich:

- zu wenig Information (Inhalte nicht bekannt, keine ausreichende Auseinandersetzung, zu abstrakt, nicht besonders hilfreich für die praktische Umsetzung);
- zu hoher zeitlicher Aufwand (mehr Managementsysteme zu pflegen ist zu aufwendig; wenig zeitliche Ressourcen; eine »P« für BGM muss ausreichend sein; andere Maßnahmen sind notwendiger; nur Zeit für BGM-Aktivitäten);
- bereits gutes BGM vorhanden (eigenes Konzept deckt Inhaltsbereich ab; gute Angebote bereits vorhanden; DIN SPEC 91020 hilft uns bei unserem BGM nicht weiter; andere Bewertungsmaßstäbe liegen zu Grunde; unser BGM läuft und ist gut);
- fehlende finanzielle Ressourcen (eine Zertifizierung ist zu teuer; Aufbau von BGM-System nach DIN SPEC 91020 kostet Zeit und Geld; externe Beratung ist für uns nicht machbar).

Die Wahrscheinlichkeit sich nach DIN SPEC 91020 zertifizieren zu lassen, fällt sowohl in den Jahren 2012 als auch bei der jetzigen Befragung geringer aus. Dennoch ist der prozentuale Anteil von 20 Prozent auf 32 Prozent gestiegen. Die Hauptgründe für eine Nicht-Zertifizierung sind vor allem:

- kein ersichtlicher Mehrwert;
- ein Managementsystem ist schon vorhanden;
- das BGM hat keine hohe Priorität im Unternehmen;
- es wäre zu viel Aufbau zu leisten und es fehlen Ressourcen.

Auffällig ist, dass 37 Prozent der »Unternehmen mit gutem BGM« »Ja« zur Zertifizierung sagen. Zertifizierung und Orientierung an der DIN SPEC 91020 sind zwei unterschiedliche Thematiken. Dem Großteil der Unternehmen wird bewusst, dass BGM mehr ist als zusammenhanglose Gesundheitsaktivitäten mit wenig Anbindung an das Management und geringer Beteiligung der Betroffenen. Insofern ist das Motiv der Orientierung an der DIN SPEC 91020 sehr gut nachvollziehbar. Insbesondere bei der Gruppe »Unternehmen mit gutem BGM«, da die DIN SPEC 91020 die Vorgaben für ein gutes (Gesundheits-)Managementsystem liefert.

Möglicherweise schreckt jedoch die umfassende und aufwendige, aber notwendige Vorgehensweise der DIN SPEC 91020 Interessierte ab. Immerhin ist neben Zielbildung, umfassender Analyse und darauf aufbauenden Maßnahmen auch Evaluation, kontinuierliche Verbesserung, Einbindung der Beschäftigten und die Verantwortung von allen Führungskräften notwendig. Diese Aspekte müssen darüber hinaus in die Prozesse und Strukturen des Unternehmens eingebunden und dokumentiert werden.

Trotzdem geben, ähnlich wie im Jahre 2012, über die Hälfte (53 Prozent) der befragten Organisationen an, dass sie einen Bedarf für eine Spezifikation im Themenfeld BGM sehen. »Orientierung« und »Bedarf« bezüglich der DIN SPEC 91020 wird also von den Befragten ungefähr gleich gesehen (siehe Abbildung 5). Die »Unternehmen mit guten BGM« sehen jedoch den Bedarf für die Spezifikation eher geringer an, nur 42 Prozent sehen hier eine Notwendigkeit. Die Gründe dafür wurden bisher noch nicht geprüft. Wir vermuten jedoch, dass diese Organisationen im Bereich BGM soweit entwickelt sind, dass sie die Spezifikation DIN SPEC 91020 nicht brauchen, sie sich noch nicht so weit fühlen (mittelfristiger Bedarf) oder sich nicht messen lassen wollen (auch zukünftig kein Bedarf).

Die Zukunft der DIN SPEC 91020

Die DIN SPEC 91020 wird bei den Experten wahrgenommen, eine Orientierung an den Vorgaben der DIN SPEC 91020 erfolgt und eine Zertifizierung sehen nicht wenige als sinnvoll an. Das mittelständige Unternehmen Elsässer Filtertechnik wurde von der DEKRA schon 2013 nach DIN SPEC 91020 zertifiziert. Die Deutsche Akkreditierungsstelle (DAkkS) bietet für die DIN SPEC 91020 seit Dezember 2015 eine Akkreditierung an und einige Institutionen ermöglichen eine Ausbildung für Auditoren. Ansonsten ist es ruhig geworden um die DIN SPEC 91020. Es gab in den Jahren 2012, 2013 und 2014 einige kleinere und größere Publikationen zur DIN SPEC 91020. Im letzten Jahr und auch in 2016 findet man weniger Vorträge auf Kongressen, Bücher oder Artikel.

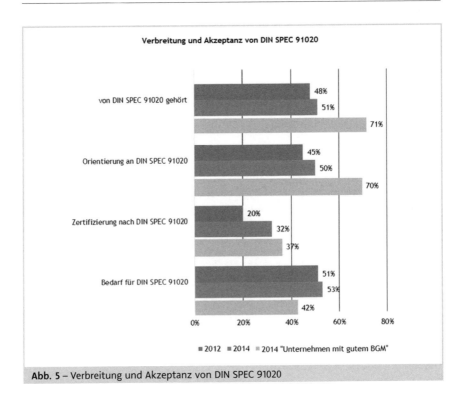

Abb. 5 – Verbreitung und Akzeptanz von DIN SPEC 91020

Über die weitere Entwicklung der DIN SPEC 91020 darf man also gespannt sein, vor allem vor dem Hintergrund der Überarbeitung des Arbeitsschutzmanagementsystems OHSAS in eine internationale Norm ISO 45001 und eine eventuell folgende Überführung in eine nationale Norm (vgl. Weigl, 2015). Hier besteht die derzeitige Möglichkeit, neben der defizitorientierten Sichtweise von Sicherheit und Gesundheit (Risiken, Pathogenese) auch den ressourcenstärkenden Aspekt von Gesundheit (Chancen, Salutogenese) zu berücksichtigen.

Literatur

DIN (2012): DIN SPEC 91020 Betriebliches Gesundheitsmanagement, Deutsches Institut für Normung, Berlin

Melms, R./Weinreich, I. (2012): Zentrale Begriffe und ihre Verwendung. Wetzlar: BBGM e.V., verfügbar unter: www.bgm-bv.de/fileadmin/dokumente/BBGM/120918_Paper_Begriffe_AG1.pdf, am 21.8.16

Weigl (2016): Aus BS OHSAS 18001 wird 2016 ISO 45001, Sicherheitsingeneur, Dr. Kurt Haefner-Verlag, Leinfelden-Echterdingen

Weigl, C. (2015): Wie sehen Unternehmen im Jahr 2014 die Spezifikation DIN SPEC 91020, ASU Arbeitsmedizin, Sozialmedizin, Umweltmedizin, Dr. Kurt Haefner-Verlag, Leinfelden-Echterdingen

Betriebliches Eingliederungsmanagement

Angela Huber, Rechtsanwältin, Fachanwältin für Sozialrecht, Mediatorin BM, Disability Manager CDMP, München

Durch das Betriebliche Eingliederungsmanagement können viele Mittel und Maßnahmen erkannt und umgesetzt werden, die die Arbeitsunfähigkeit überwinden, erneute Arbeitsunfähigkeit und eine Chronifizierung der Erkrankungen verhindern und den Arbeitsplatz erhalten. Es muss jedoch als Teil der besonderen Fürsorgepflicht und als Teil des ganzheitlichen Gesundheitsmanagements erkannt, kommuniziert und gelebt werden.

Einleitung

»Das Betriebliche Eingliederungsmanagement ist ein Bürokratiemonster und kostet viele Ressourcen« – hört man auf der einen Seite. »Das Betriebliche Eingliederungsmanagement bereitet krankheitsbedingte Kündigungen vor« hört man auf der anderen. Das am 1. Mai 2004 in §84 Abs. 2 SGB IX eingeführte Betriebliche Eingliederungsmanagement-(BEM)-Verfahren, das in den Unternehmen systematisch und regelhaft umgesetzt werden soll, ist jedoch weder das eine noch das andere. Vielmehr unterstützt es sowohl Arbeitgeber als auch Arbeitnehmer bei der zielgerichteten Suche nach Maßnahmen, um eine längere Arbeitsunfähigkeit von Beschäftigten zu überwinden, einer erneuten Arbeitsunfähigkeit vorzubeugen und das Arbeitsverhältnis und die Arbeitskraft der Mitarbeiter zu erhalten.

Die Arbeitskraft und das wertvolle Know-how der Mitarbeiter zu sichern, wird vor allem in Anbetracht der demografischen Entwicklung immer wichtiger. 2016 ist jeder dritte Beschäftigte in Deutschland älter als 50 Jahre. Die Möglichkeiten einer vorzeitigen Verrentung, sei es aus finanziellen Gründen oder aufgrund der Erhöhung der Altersgrenzen für die Rente, sind drastisch reduziert. Der Wandel der Arbeitswelt bringt darüber hinaus steigende psychische Belastungen und Beeinträchtigungen mit sich, die zu langen Arbeitsunfähigkeitszeiten führen können. Daraus resultieren ein immer knapper werdendes Arbeitskräfteangebot und ein steigender Ersatzbedarf in den Unternehmen.

Wichtig ist es, das BEM als Chance für beide Seiten – Arbeitnehmer/Arbeitgeber – wahrzunehmen und gemeinsam an dem Erhalt der Arbeitsfähigkeit zu arbeiten. Um jedoch den von der Rechtsprechung auferlegten Anforderungen an ein ordnungsgemäßes BEM-Verfahren gerecht zu werden, ist hierbei die Entwicklung einer strukturierten Verfahrensweise unerlässlich. Dieser Beitrag stellt diese Voraussetzungen anhand der aktuellen Rechtsprechung vor.

Ziel des Betrieblichen Eingliederungsmanagements und Anwendungsbereich

Zweck der Regelung ist, durch die gemeinsame Anstrengung aller in §84 Abs. 2 Sozial-gesetzbuch (SGB) IX genannten Beteiligten, mit dem BEM ein Verfahren zu schaffen, das durch geeignete Gesundheitsprävention das Arbeitsverhältnis möglichst dauer-haft sichert. Viele Abgänge in die Arbeitslosigkeit erfolgen aus Krankheitsgründen, und arbeitsplatzsichernde Hilfen der Integrationsämter wurden bis zur Einführung des BEM kaum in Anspruch genommen (BT-Drucksache 15/1783). Zeiten der Arbeits-unfähigkeit sind also seit Einführung des BEM nach §84 Abs. 2 SGB IX keine Phasen der Passivität, sondern dienen der Suche nach Möglichkeiten gesundheitsbedingte Störungen im Arbeitsverhältnis zu beseitigen (vgl. Gagel/Schian, 2004).

Mit Urteil vom 12.07.2007 – 2 AZR 716/06 stellte das Bundesarbeitsgericht klar, dass das BEM nicht nur für behinderte Menschen gilt, sondern für alle Arbeitnehmer, die innerhalb eines Jahres – bezogen auf die letzten zwölf Monate – länger als sechs Wochen ununterbrochen oder wiederholt arbeitsunfähig gewesen sind. Die einzige Ausnahme macht das Bundesarbeitsgericht (BAG) für Kleinbetriebe mit zehn und weniger Arbeitnehmern oder innerhalb der sechsmonatigen Warte-zeit. Erst bei Anwendbarkeit des Kündigungsschutzgesetzes ist das BEM nach §84 Abs. 2 SGB IX und das Präventionsverfahren nach §84 Abs. 1 SGB IX durchzuführen.

Es kommt allein auf den Umfang, nicht auf die Ursache der Arbeitsunfähigkeit an. Auch aus Krankheiten, die auf unterschiedlichen Grundleiden beruhen, kann sich – zumal, wenn sie auf eine generelle Krankheitsanfälligkeit des Arbeitneh-mers hindeuten – eine Gefährdung des Arbeitsverhältnisses ergeben, der das BEM entgegenwirken soll (BAG Urteil vom 20.11.2014 – 2 AZR 755/13).

Beteiligte im Betrieblichen Eingliederungsmanagement

An der Umsetzung des BEM im Unternehmen wirken eine Reihe von Akteuren mit. Ihre Aufgaben sind klar umschrieben:

a) Arbeitgeber: Der Arbeitgeber wird gesetzlich verpflichtet, das BEM zu initiie-ren (»klärt der Arbeitgeber«). In vielen Betrieben übernimmt ein fest instal-liertes BEM-Team die Klärung und die Maßnahmenentwicklung. Dieses BEM-Team besteht meist aus Mitgliedern der Personalabteilung, Mitgliedern des Betriebsrats und der Schwerbehindertenvertretung, ggf. der Führungskraft und dem Betriebsarzt. Soweit der betroffene Arbeitnehmer die Wahl hat, ob er – neben dem Arbeitgebervertreter beziehungsweise BEM-Manager – diese Beteiligten in seinem Team haben möchte, ist dieses Team aufgrund der ver-schiedenen Kompetenzen sehr sinnvoll.

Nach dem Beschluss des BAG vom 22.03.2016 — 1 ABR 14/14 ist jedoch zu be-achten, dass die Befugnisse des Integrationsteams nicht so weit reichen dür-fen, dass es auch die Aufgabe übertragen bekommt, das BEM zu initiieren oder gar Maßnahmen mit Entscheidungsbefugnis durchzusetzen. Denn §84

Abs. 2 SGB IX weist nur dem Arbeitgeber die Aufgabe und Verantwortlichkeit zu, da er allein die Organisation und Ausstattung des Betriebes bestimmt und zugleich Arbeitsvertragspartner der betroffenen Beschäftigten ist.

b) Die betroffenen BEM-berechtigten Beschäftigten: Die wichtigste Person ist der betroffene Mitarbeiter. Ohne seine Zustimmung sind weder der Beginn noch die weiteren Schritte möglich (BAG Urteil vom 12.07.2007 – 2 AZR 716/06). Damit ist gewährleistet, dass der Arbeitnehmer von Anfang an aktiv am Verfahren mitwirkt. Und nur so kann das BEM erfolgreich durchgeführt werden. Schließlich geht es darum, von Anfang an die Eigenverantwortung des Mitarbeiters zu stärken. Denn durch die Erkrankungen oder Schicksalsschläge befindet sich der Mitarbeiter oft in einer Ausnahmesituation, die für ihn unüberwindbar scheint. Durch das BEM wird ihm eine Hand gereicht, die ihn unterstützt, sich selber aus seiner Situation zu befreien. Dadurch gewinnt er wieder Zuversicht und das Selbstvertrauen, diese Situation zu meistern.

c) Betriebliche Interessenvertretung und Schwerbehindertenvertretung: Die betriebliche Interessensvertretung, das heißt der Betriebsrat oder der Personalrat, sowie die Schwerbehindertenvertretung sind zum BEM-Verfahren hinzuzuziehen, wenn die betroffene Person damit einverstanden ist. Das BEM ist auch bei der Auswahl der weiteren Personen freiwillig. Manchmal braucht der Mitarbeiter ein vertrauensvolles Vier-Augen-Gespräch, um sich öffnen zu können. Je mehr Personen von vornherein im BEM-Team sind, umso schwieriger kann es für die einzelne Person werden, sich zu öffnen. Der Mitarbeiter kann jedoch in jeder Lage des Verfahrens die Interessensvertretungen und Vertrauenspersonen der schwerbehinderten Menschen hinzuziehen und ihre wertvollen Kompetenzen nutzen.

Unabhängig vom anschließenden Klärungsprozess hat der Betriebs- bzw. Personalrat den Arbeitgeber zu überwachen, ob er seine gesetzliche Verpflichtung erfüllt. Der Betriebsrat kann daher verlangen, dass ihm der Arbeitgeber die Arbeitnehmer benennt, welche nach §84 Abs. 2 SGB IX die Voraussetzungen für die Durchführung des BEM erfüllen, auch wenn die Mitarbeiter der Weitergabe nicht zugestimmt haben. Dagegen kann die betriebliche Interessenvertretung nicht verlangen, dass der Arbeitgeber ihm die Antwortschreiben der Beschäftigten ohne deren Zustimmung zur Kenntnis bringt. Auch ohne Kenntnis aller Antwortschreiben erlangt der Personalrat hinreichende Gewissheit darüber, dass das BEM unter seiner Beteiligung in allen Fällen stattfindet, in denen der betroffene Beschäftigte dazu seine Zustimmung erteilt hat (BVerwG, Urteil vom 23.06.2010 — 6 P 8.09).

d) Werks- und Betriebsarzt: Das Gesetz sieht vor, dass, soweit erforderlich, der Werks- oder Betriebsarzt hinzugezogen wird. Aber auch das ist von der Zustimmung der betroffenen Person abhängig. Grundsätzlich darf kein Beschäftigter gezwungen werden, an einer arbeitsmedizinischen Untersuchung teilzunehmen, da es sich hierbei um persönliche Selbstbestimmungsrechte handelt. Weiter hat der Mitarbeiter eine freie Arztwahl. Sie können die erforderlichen Untersuchungen auch bei einem Arzt ihrer Wahl durchführen lassen. Voraussetzung ist allerdings, dass dieser Arzt über die jeweils erforderliche Eignung verfügt (vgl. Leitfaden für Betriebsärzte zu arbeitsmedizinischen Untersuchungen der DGUV).

e) Rechtsbeistand: Es besteht keine grundsätzliche Pflicht des Arbeitgebers zu Gesprächen im Rahmen des BEM einen Rechtsbeistand des Arbeitnehmers hinzuzuziehen (LAG Rheinland-Pfalz, Urteil vom 18.12.2014 – 5 Sa 518/14). Andernfalls würden die betroffenen Personen an das Verhalten des Arbeitgebers Anforderungen stellen, die über die gesetzlichen Vorgaben in § 84 Abs. 2 SGB IX hinausgehen. § 84 Abs. 2 SGB IX sieht gerade nicht vor, dass der Arbeitnehmer sich von einem Rechtsbeistand zum BEM-Gespräch begleiten lässt.

f) Örtliche gemeinsame Servicestellen (§ 22 SGB IX): Gerade im Hinblick darauf, dass neben Maßnahmen zur kurativen Behandlung oft Hilfen und Leistungen zur medizinischen und/oder beruflichen Rehabilitation benötigt werden, um die Ziele des BEM zu erreichen, sind die gemeinsamen Servicestellen eine wertvolle Hilfe und Unterstützung im BEM. Diese Stellen sind hinzuzuziehen, soweit die betroffene Person diesem zustimmt.

g) Integrationsämter: Die Integrationsämter unterstützen sowohl Arbeitgeber als auch schwerbehinderte und gleichgestellte Menschen bei der Suche nach geeigneten Maßnahmen, damit sie ihre Fähigkeiten und Kenntnisse voll verwerten und weiterentwickeln können. Der Arbeitgeber wird zum Beispiel finanziell unterstützt durch einen Minderleistungsausgleich oder eine Arbeitsassistenz oder durch einen finanziellen Zuschuss zur behindertengerechten Ausstattung des Arbeitsplatzes. Die begleitende Hilfe im Arbeitsleben umfasst auch die nach den Umständen des Einzelfalls notwendige psychosoziale Betreuung schwerbehinderter Menschen. Das Integrationsamt kann bei der Durchführung der begleitenden Hilfen im Arbeitsleben Integrationsfachdienste einschließlich psychosozialer Dienste freier gemeinnütziger Einrichtungen und Organisationen beteiligen, § 102 SGB IX.

Ablauf des Betrieblichen Eingliederungsmanagements

Die Durchführung eines BEM ist auf verschiedene Weisen möglich. § 84 Abs. 2 SGB IX schreibt weder konkrete Maßnahmen noch ein bestimmtes Verfahren vor. Die Rechtsprechung spricht von einem »rechtlich regulierten verlaufs- und ergebnisoffenen ›Suchprozess‹, der individuell angepasste Lösungen zur Vermeidung zukünftiger Arbeitsunfähigkeit ermitteln soll«. Allerdings lassen sich aus dem Gesetz gewisse Mindeststandards ableiten. Zu diesen gehört, die gesetzlich dafür vorgesehenen Stellen, Ämter und Personen zu beteiligen und zusammen mit ihnen eine an den Zielen des BEM orientierte Klärung ernsthaft zu versuchen.

Hierbei ist es sinnvoll eine strukturierte Verfahrensordnung zu entwickeln. Dies kann eine einfache Verfahrensordnung oder eine Betriebsvereinbarung sein. Damit haben sowohl die BEM-berechtigten Personen, als auch die BEM-Akteure eine gewisse Transparenz und Sicherheit, wann welche Schritte vorzunehmen sind. Unabhängig von einer bestehenden Betriebsvereinbarung/Verfahrensordnung haben sich folgende Schritte für die Durchführung eines BEM bewährt (siehe Abb. 1):

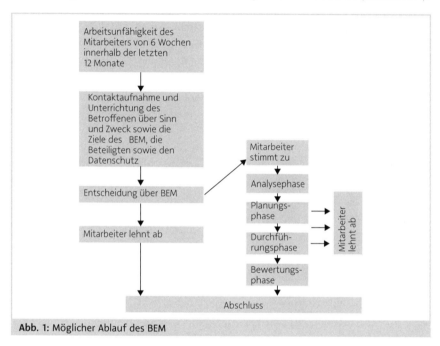

Abb. 1: Möglicher Ablauf des BEM

Auswertung der Arbeitsunfähigkeitszeiten

In die Berechnung der Sechs-Wochenfrist fließen alle Zeiten der Arbeitsunfähigkeit (AU) mit ein. Unabhängig davon, ob eine ärztliche Bescheinigung vorliegt oder der Arbeitnehmer lediglich den Arbeitgeber davon in Kenntnis setzt, dass er aufgrund von Krankheit nicht in die Arbeit kommen kann. Auch die Zeiten für Reha-Maßnahmen gelten als Arbeitsunfähigkeitszeiten. Um den betroffenen Arbeitnehmern rechtzeitig das Angebot des BEM zu unterbreiten, sollte die Auswertung mindestens einmal im Monat erfolgen. Nachdem die betroffenen Arbeitnehmer identifiziert wurden, ist der Betriebsrat/Personalrat und bei schwerbehinderten und den schwerbehindert gleichgestellten Menschen die Schwerbehindertenvertretung zu informieren.

Kontaktaufnahme und umfassende Aufklärungspflicht

Die Vorschrift knüpft an die Sechs-Wochenfrist an, nicht an die gesunde Rückkehr der betroffenen Person. BEM ist kein Krankenrückkehrgespräch. Insofern kann und sollte bereits während der Phase der Arbeitsunfähigkeit der Kontakt zu der betroffenen Person gesucht werden. Je nach Krankheitsbild ist dann das weitere Vorgehen abzustimmen. Leitet der Arbeitgeber das BEM nicht ein, können die Interessensvertretungen nach §84 Abs. 2 Satz 6 und 7 SGB IX Klärung verlangen.

Die Durchführung des BEM kann auch vom Arbeitnehmer eingefordert werden. Der Arbeitnehmer hat nach dem Urteil des LAG Hamm vom 13.11.2014 (15 Sa 979/14) gegen seinen Arbeitgeber einen Individualanspruch auf Durchführung eines Betrieblichen Eingliederungsmanagements nach §241 Abs. 2 BGB in Verbindung mit §84 Abs. 2 SGB IX. Die Einleitung des BEM beginnt mit der Kontaktaufnahme. Soweit ein Einladungsschreiben verfasst wird, sollte darauf geachtet werden, dass der Mitarbeiter umfassend aufgeklärt wird und in das Verfahren Vertrauen gewinnt.

Die betroffene Person ist dahingehend zu informieren, dass
- es beim BEM darum geht, gemeinsam Maßnahmen zu suchen und umzusetzen, um die bestehende Arbeitsunfähigkeit zu überwinden, eine erneute Arbeitsunfähigkeit zu verhindern und den Arbeitsplatz zu erhalten,
- das BEM freiwillig ist und von seiner Zustimmung abhängt,
- das Gespräch vertraulich behandelt wird und ohne ihre Zustimmung eine Weitergabe von Daten nicht erfolgt,
- nur solche Daten erhoben werden, deren Kenntnis erforderlich ist, um ein zielführendes, der Gesundung und Gesunderhaltung des Betroffenen dienendes BEM durchführen zu können,
- zur Unterstützung der Betriebs- beziehungsweise Personalrat, die Schwerbehindertenvertretung und sonstige Stellen hinzugezogen werden können, soweit der Betroffene dies wünscht.

Auch vor dem eigentlichen Klärungsverfahren sollte der Arbeitnehmer in einem sogenannten Informationsgespräch erneut über die vorgenannten Punkte aufgeklärt werden, um sicherzugehen, dass er alle relevanten Punkte verstanden hat. Wurde der Arbeitnehmer nicht zuvor auf die Ziele des BEM sowie auf Art und Umfang der hierfür erhobenen und verwendeten Daten hingewiesen, kann sich der Arbeitgeber in einem Kündigungsschutzprozess nicht auf die fehlende Zustimmung des Arbeitnehmers zum BEM berufen (BAG Urteil vom 20.11.2014 – 2 AZR 755/13).

Stimmt der Arbeitnehmer trotz ordnungsgemäßer Aufklärung dem BEM nicht zu, muss der Arbeitgeber ein BEM-Verfahren nicht durchführen. Die Folge ist, dass der Arbeitgeber in einem Kündigungsschutzprozess nicht den erhöhten Anforderungen an seine Darlegungs- und Beweislast unterliegt, und die betroffene Person sich nicht darauf berufen kann, der Arbeitgeber hätte kein BEM durchgeführt. Über die Konsequenzen der Ablehnung sollte der Arbeitgeber die betroffene Person ebenfalls hinweisen.

Lehnt die betroffene Person das BEM ab oder stimmt sie ihm zu, ist die Zustimmung oder Ablehnung zu Beweiszwecken als Schriftstück zu den Akten – sowohl in die Personalakte als auch in die BEM-Akte – zu geben.

Fallgespräch: Analyse des Arbeitsplatzes sowie des positiven und negativen Leistungsbilds des Mitarbeiters

Das Gesetz sieht in §84 Abs. 2 SGB IX weder konkrete inhaltliche Anforderungen noch bestimmte Verfahrensschritte für das BEM vor. In der Praxis hat sich jedoch bewährt, mit der betroffenen Person und dem vom Arbeitgeber benannten BEM-Manager ein vertrauliches Vier-Augen-Gespräch zu führen. Zu diesem Gespräch kann der Mitarbeiter die Interessensvertretung sowie die Schwerbehindertenvertretung oder auch die Führungskraft hinzuziehen. Da in diesem Gespräch oft auch Gesundheitsdaten offenbart werden, ist eine gesonderte Datenschutzerklärung des Arbeitnehmers erforderlich (BAG Urteil vom 20.11.2014 – 2 AZR 755/13) und zur BEM Akte zu legen.

In der Analysephase sollte gemeinsam mit der betroffenen Person ein Anforderungsprofil des Arbeitsplatzes und ein Fähigkeitsprofil der betroffenen Person erstellt werden. So kommen die Beteiligten schnell auf die einzelnen Punkte, bei denen Maßnahmen entwickelt werden können, um eine Arbeitsfähigkeit wieder herzustellen.

In diesem Gespräch sind nicht die Diagnosen das Entscheidende, sondern die Einschränkungen, die sich aus den Erkrankungen ergeben. Es ist daher nicht wichtig, im BEM-Gespräch zu erfahren, dass der Betroffene beispielsweise eine Schulteroperation hinter sich hat, sondern die daraus resultierenden Einschränkungen, wieviel Kilogramm er noch heben und tragen kann und ob diese Einschränkungen von Dauer oder nur vorübergehender Natur sind. Dieses positive und negative Leistungsbild ergibt sich neben der Selbstdarstellung der betroffenen Person zum Beispiel aus ärztlichen Attesten, aus der Untersuchung beim Betriebsarzt oder aus dem Reha-Entlassungsbericht.

Auf dieses positive und negative Leistungsbild ist das Anforderungsprofil des Arbeitsplatzes zu legen, um zu ermitteln, woraus sich die Arbeitsunfähigkeit ergibt und mit welchen Maßnahmen diese Arbeitsunfähigkeit überwunden und eine erneute Arbeitsunfähigkeit verhindert werden kann. Das Anforderungsprofil kann durch die Stellenbeschreibung, einer Arbeitsplatzbegehung und/oder durch Informationen von der Führungskraft ergänzt werden.

Darüber hinaus sind bei Bedarf in die Fallanalyse Erkenntnisse aus der physischen oder psychischen Gefährdungsbeurteilung nach §5 Arbeitsschutzgesetz einzubeziehen.

Oft ergibt sich in den Gesprächen, dass die Arbeitsunfähigkeit ihre Ursache im privaten Bereich hat. Jedoch ist auch hier der Arbeitgeber seiner Verpflichtung nicht enthoben, eine zielgerichtete Unterstützung anzubieten.

Planung der Maßnahmen, die zu einer Arbeitsfähigkeit führen und eine erneute Arbeitsunfähigkeit verhindern können

Maßnahmen können gemeinsam mit dem Mitarbeiter nach dem T-O-P-Prinzip (technische, organisatorische oder persönliche Maßnahmen) ermittelt werden.

- Technische Maßnahmen können zum Beispiel Änderungen der Betriebsanlagen, Maschinen und Geräte als auch eine mögliche Umgestaltung der Arbeitsplätze und des Arbeitsumfeldes sein. Beispielhaft seien genannt: orthopädisch höhenverstellbarer oder ergonomischer Schreibtisch, ein orthopädischer oder ergonomischer Stuhl, Maßnahmen zur Reduzierung/Verbesserung von Lärm, Luft oder Licht, sämtliche arbeitssicherheitstechnische Maßnahmen, spezielle Sicherheitsschuhe, orthopädische Einlagen, Optimierung von Parkplätzen, Einrichtung von »stillen Räumen«, Hebebühnen, Hebehilfen, Umbauten von Gabelstaplern, etc.
- Organisatorische Maßnahmen können alle möglichen Änderungen des Arbeitsumfeldes, der Arbeitsorganisation und der Arbeitszeit sein. Hierzu zählen eine Aufgabenänderung oder auch die Beschäftigung an einem anderen Arbeitsplatz mit einer anderen Tätigkeit.

Die betroffene Person hat jedoch keinen Anspruch darauf, nach ihren Wünschen und Neigungen beschäftigt zu werden. Verfügt der Arbeitgeber über einen näher konkretisierten leidensgerechten Arbeitsplatz, ist er verpflichtet, dem (schwerbehinderten) Arbeitnehmer diesen Arbeitsplatz zuzuweisen. Er ist aber nicht dazu verpflichtet, eine zusätzliche Stelle zu schaffen, um einen (schwerbehinderten) Arbeitnehmer auch weiterhin zu beschäftigen. Soweit jedoch eine Änderung der Arbeitsaufgabe dem Arbeitgeber möglich ist, ist diese auch umzusetzen (LAG Schleswig-Holstein, Urteil vom 7.6.2005 – 5 Sa 68/05).

Wenn die Arbeitsplätze durch Leiharbeitnehmer besetzt sind, ist ein Freimachen zumutbar, auch wenn der Bedarf zur Besetzung dauerhaft ist (BAG, Urteil vom 15.12.2011 – 2 AZR 42/10). Scheidet eine Umsetzungsmöglichkeit aus, kann sich im Rahmen der Verhältnismäßigkeitsprüfung auch eine Änderungskündigung – und sei es mit dem Ziel einer Weiterbeschäftigung zu schlechteren Arbeitsbedingungen – als vorrangig erweisen (BAG, Urteil vom

23.04.2008 – 2 AZR 1012/06). Zu einer ›Freikündigung‹ eines von einem anderen Arbeitnehmer besetzten Arbeitsplatzes ist der Arbeitgeber jedoch nicht verpflichtet. Auch nicht bei schwerbehinderten oder gleichgestellten Menschen (BAG, Urteil vom 29.01.1997 – 2 AZR 9/96).

Maßnahmen zur Änderung der Arbeitszeit können die Vereinbarung einer (befristeten) Teilzeitarbeit, die tageweise Einbringung von Urlaub oder die stufenweise Wiedereingliederung sein. Die stufenweise Wiedereingliederung, auch »Hamburger Modell« genannt, soll arbeitsunfähige Arbeitnehmer nach längerer, schwerer Krankheit schrittweise, das heißt zeitlich gestaffelt, unter ärztlicher Aufsicht kontinuierlich an die volle Arbeitsbelastung heranführen und so den Wiedereinstieg in den alten Beruf erleichtern. Zu beachten ist, dass während der stufenweisen Wiedereingliederung der Arbeitnehmer noch als arbeitsunfähig erkrankt gilt.

Eine weitere Maßnahme im Rahmen des BEM könnte auch die Befreiung von der (Nacht-)Schichtarbeit sein. Oft stellt diese Maßnahme jedoch das Unternehmen vor organisatorische Herausforderungen. Dennoch ist zu beachten, dass wenn die betroffene Person aus gesundheitlichen Gründen keine Nachtschichten mehr leisten kann, sie deshalb nicht arbeitsunfähig/krank ist. Sie hat Anspruch auf Beschäftigung, ohne für Nachtschichten eingeteilt zu werden (BAG, Urteil vom 9.4.2014, 10 AZR 637/13).

- Persönliche Maßnahmen sind alle Maßnahmen, welche die Person zum Erhalt ihrer Gesundheit meist selber einleiten kann und welche die Person selber betreffen, zum Beispiel medizinische oder berufliche Rehabilitationsmaßnahmen, Therapien, Suchtberatung, Schuldnerberatung, Schulungen, Weiterbildungen, Coaching, Mediationsgespräche und Gesundheitsförderungsmaßnahmen, bei denen der Arbeitgeber den Arbeitnehmer unterstützen kann. Denkbares Ergebnis eines BEM kann es damit sein, den Arbeitnehmer auf eine Maßnahme der Rehabilitation zu verweisen. Dem steht nicht entgegen, dass deren Durchführung von seiner Mitwirkung abhängt und nicht in der alleinigen Macht des Arbeitgebers steht (BAG, Urteil vom 20.11.2014 – 2 AZR 755/13).

Weitere Erfolgsfaktoren

Das BEM ist somit nicht auf Veränderung der Arbeitsplatzvorgaben beschränkt. Vielmehr kommen auch Leistungen und Hilfen ganz anderer Art in Betracht, die mit dem Arbeitsplatz selbst nicht unbedingt etwas zu tun haben, wie die Vermittlung von Sucht- oder Schuldnerberatungsstellen, Vermittlung des psychologischen Beratungsdienstes und Unterstützung bei präventiven Gesundheitsförderungsmaßnahmen. Das Wichtigste ist dabei, dass der Mitarbeiter die Maßnahmen (mit-)entwickelt. Denn er ist der Experte für seine Erkrankungen, er arbeitet an diesem Arbeitsplatz mit seinen gesundheitlichen Einschränkungen, er ist in ärztlicher Behandlung – damit weiß auch er am besten, welche Maßnahmen sinnvoll sind, um eine Arbeitsunfähigkeit zu überwinden und eine erneute zu vermeiden.

Ein weiterer Erfolgsfaktor ist, die Führungskraft zeitnah in die Maßnahmenentwicklung einzubeziehen. Denn diese arbeitet nah mit dem Mitarbeiter zusammen und kann entsprechend auf Veränderungen reagieren. Darüber hinaus muss die Führungskraft insbesondere bei organisatorischen Maßnahmen mit ins Boot geholt werden, da diese die Maßnahmen auch umsetzen muss.

Durchführung der Maßnahmen und Zumutbarkeit für den Arbeitgeber
Hat ein BEM stattgefunden und zu einem positiven Ergebnis geführt, ist der Arbeitgeber grundsätzlich verpflichtet, die betreffende Empfehlung umzusetzen. Kündigt er das Arbeitsverhältnis, ohne dies zumindest versucht zu haben, muss er von sich aus darlegen, warum die Maßnahme entweder undurchführbar war oder selbst bei einer Umsetzung nicht zu einer Reduzierung der Ausfallzeiten geführt hätte (BAG, Urteil vom 10.12.2009 – 2 AZR 400/08).

Sind die Maßnahmen geplant und mit dem Mitarbeiter abgesprochen, werden – soweit erforderlich – nach Zustimmung der betroffenen Person die entsprechenden Stellen und Ämter, wie die Deutsche Rentenversicherung, die Krankenkasse, die Berufsgenossenschaft, die Bundesagentur für Arbeit, die gemeinsamen Servicestellen oder die Integrationsämter hinzugezogen, um die Maßnahmen umsetzen zu können.

Maßnahme	Verantwortlich	Bis wann	Erledigt?
Technische Maßnahme: Höhenverstellbarer Schreibtisch, orthopädischer Stuhl	Mitarbeiter, Führungskraft, gemeinsame Servicestelle, Betriebsarzt	Einholung von med. Unterlagen (KW 49 durch AN), Einverständnis und Maße für Schreibtisch (FK) Beantragung durch gem. Servicestelle (MA)	
Organisatorische Maßnahme: Einbringung von Resturlaub	Führungskraft, Personalabteilung, Mitarbeiter	Ab KW 49 – jeden Mittwoch bis KW 15 in 2016	
Personelle Maßnahme: Medizinische Rehabilitation	Mitarbeiter, gemeinsame Servicestelle	Beantragung in der KW 50	

Abb. 2: Maßnahmenplan

Überprüfung der Maßnahmen und Abschluss des Einzelfallmanagements

Ob ein BEM beendet werden kann, ist in einem Abschlussgespräch zu klären. An dem Abschlussgespräch nehmen die betroffene Person, der zuständige BEM-Manager und gegebenenfalls die von dem Beschäftigten benannte Vertrauensperson teil. Die Beteiligten stellen eine erfolgreiche oder erfolglose Umsetzung der Maßnahmen fest und prüfen im Falle von Unzulänglichkeiten weitere Optionen. Soweit die Eingliederungsziele nicht erreicht werden können, sollte eine Revision der Maßnahmen erfolgen und erneut in die Analysephase eingetreten werden. Anhand der Ergebnisse dieses Gesprächs können entweder die Maßnahmen angepasst oder das BEM beendet werden.

Das BEM ist dann beendet, wenn die Maßnahmen – gegebenenfalls auch mit Unterstützung durch Externe – zum gewünschten Erfolg geführt haben. Das BEM ist aber auch dann beendet, wenn alle zumutbaren Maßnahmen umgesetzt wurden und weitere Maßnahmen nicht Erfolg versprechend sind, die Arbeitsunfähigkeit zu überwinden und eine erneute Arbeitsunfähigkeit zu verhindern. Tritt ein solcher Fall ein, muss man sich auch über die Auflösung des Arbeitsverhältnisses Gedanken machen.

Dokumentation und Datenschutz

Die Mitarbeiter haben oft am meisten Angst davor, dass ihre Krankheit öffentlich gemacht wird und sie bei Kollegen und Vorgesetzten nicht mehr als leistungsfähig gelten. Daher ist es besonders wichtig, den Datenschutz zu wahren. Nach §3a Bundesdatenschutzgesetz (BDSG) gilt der Grundsatz, dass möglichst »keine oder nur so wenig personenbezogene Daten wie möglich« erhoben, verarbeitet oder genutzt werden (Prinzip der Datenvermeidung). Nach §4 Bundesdatenschutzgesetz (Zulässigkeit der Datenerhebung, -verarbeitung und -nutzung) bedarf es der Einwilligung der Beschäftigten zur Datenerhebung. Es empfiehlt sich, dies schriftlich mithilfe einer Datenschutzerklärung (Einwilligungserklärung zur Erhebung von Daten) vorzunehmen.

Um den Datenschutz gewährleisten zu können, sollten weitere Akteure im BEM, wie zum Beispiel die Personalsachbearbeiter und/oder die Führungskraft, in Form einer Schulung oder Unterweisung auf die Einhaltung des Datenschutzes und auf die (arbeitsrechtlichen) Konsequenzen bei Zuwiderhandlung hingewiesen werden. Da insbesondere der BEM-Manager und die Personen, die die betroffene Person in den BEM-Kreis wählt, mit personenbezogenen Daten konfrontiert werden, sollte vor Beginn der Fallarbeit von jedem Teammitglied als Mindeststandard eine Verschwiegenheitsvereinbarung gegenüber dem Arbeitgeber vorliegen.

Die BEM-Akte ist getrennt von der Personalakte zu führen. Empfehlenswert ist die Erhebung und Archivierung von Daten in Papierform. Die Aufbewahrung der BEM-Akte muss in einem der Sensibilität der Daten und der möglichen Konsequenzen für das Arbeitsverhältnis angemessenen Verschlusszustand erfolgen. Zugriff auf diese Akte hat ausschließlich der Fallmanager und im Vertretungsfall eine weitere zuvor zu benennende Person.

Das Einladungsschreiben und die Rückantwort sollten in beide Akten aufgenommen werden (das Original in der Personalakte, die Kopie in der BEM-Akte); ebenso wie der Vermerk, wann das BEM beendet oder abgebrochen wurde. Die Gesprächsprotokolle, ebenso wie Diagnosen oder ärztliche Unterlagen und Rehabilitationsberichte, der Maßnahmenplan und die Schweigepflichtsentbindungen werden Inhalt der BEM-Akte. Kann das BEM abgeschlossen werden, ist die Abschlussdokumentation ebenfalls in der BEM-Akte aufzunehmen. Für die BEM-Akte gibt es keine gesetzlichen Aufbewahrungspflichten. Jedoch empfiehlt es sich, die Akte drei Jahre aufzubewahren.

Literatur

Deutscher Bundestag (2003): BT-Drucksache 15/1783, Entwurf eines Gesetzes zur Förderung der Ausbildung und Beschäftigung schwerbehinderter Menschen, Heenemann: Berlin, S. 16.

DGUV (Hrsg.)/Arbeitskreis 4.1 des Ausschusses »Arbeitsmedizin« (2010): Leitfaden für Betriebsärzte zu arbeitsmedizinischen Untersuchungen der Deutschen Gesetzlichen Unfallversicherung e. V. (DGUV), Berlin.

Gagel, A./Schian H.-M. (2004): Eingliederungsmanagement auf der Basis der Novelle zum SGB IX und der Gemeinsamen Empfehlungen nach § 13 Abs. 2 Nr. 8 und 9 SGB IX. IQPR-Forum B Info 2/2004, Institut für Qualitätssicherung in Prävention und Rehabilitation GmbH, Köln.

Die Rolle des Betriebsarztes im Betrieblichen Gesundheitsmanagement

Dr. med. Olaf Tscharnezki, Arbeitsmediziner, Hamburg

Dreh- und Angelpunkt jedes glaubwürdigen Betrieblichen Gesundheitsmanagements muss das Wohlbefinden und die Gesundheit der Beschäftigten sein. Ein qualifiziertes, auf betriebliche Arbeitsbedingungen und Organisationsverhätnisse ausgerichtetes Betriebliches Gesundheitsmanagement ist ein wesentlicher Baustein für den Erhalt und die Förderung der Beschäftigungsfähigkeit, Stärkung von Gesundheitspotenzialen und Verbesserung des Arbeitsklimas. Bei seiner Umsetzung spielen Betriebsärzte eine wichtige Rolle. Sie können die notwendigen Gesundheitsprozesse aufgrund ihrer zentralen Position an der Schnittstelle zwischen Individuum und Betrieb am besten initiieren, umsetzen und begleiten.

Betriebliche Gesundheitspolitik

Das Krankheitsgeschehen unserer Gesellschaft wird im Wesentlichen geprägt von einer Handvoll chronisch degenerativer Krankheitsbilder:

1. Muskel-Skelett-Krankheiten,
2. Herz-Kreislauf-Krankheiten,
3. Stoffwechsel-Erkrankungen im Sinne eines metabolischen Syndroms mit Übergewicht, Typ2-Diabetes, Bluthochdruck und Fettstoffwechselstörung,
4. bösartige Neubildungen sowie
5. psychische Störungen.

Angesichts der Auflösung traditioneller Bindung und zerbrechlicher sozialer Beziehung gewinnt die Arbeit nicht nur für das physische sondern auch für das psychische Wohlbefinden, für Selbstvertrauen und soziale Einbindung mehr und mehr an Gewicht. Dabei ist Gesundheit sowohl die Voraussetzung als auch das Ergebnis einer kontinuierlichen Auseinandersetzung des Menschen mit den Bedingungen und Herausforderungen in Familie, Arbeitswelt und Freizeit. Sie ist nicht nur abhängig von vorhandenen Belastungen, sondern auch von der Art des Umgangs mit diesen Belastungen.

Nur eine nachhaltige und damit dauerhaft wirksame betriebliche Arbeitsschutz- und Gesundheitspolitik im Betrieb schützt und fördert die Gesundheit der Mitarbeiter, erhält deren Beschäftigungsfähigkeit und sorgt für eine höhere Leistungsfähigkeit und Leistungsbereitschaft. Durch eine gesunde Organisation soll kurz- und langfristig der Unternehmenserfolg unterstützt werden, indem gute Arbeitsbedingungen geschaffen, die persönlichen Ressourcen gestärkt werden und ein hohes Leistungspotenzial der Mitarbeiter in allen Altersgruppen angestrebt wird.

Betriebliches Gesundheitsmanagement (BGM) wird dabei verstanden als ein ganzheitlicher und nachhaltiger Prozess, welcher eingebunden ist in ein Gesamtkonzept, das sowohl die Arbeitsverhältnisse als auch das Gesundheitsverhalten mit einbezieht. BGM bildet den Schirm über:
1. Arbeits- und Gesundheitsschutz,
2. Betriebliche Gesundheitsförderung,
3. Betriebliches Eingliederungsmanagement,
4. Betriebliche Managementstrategien der Human Resources (Personalstrategie, Personalentwicklung, Organisationsentwicklung).

BGM kann auch als Antwort auf die Herausforderung des Wandels verstanden werden. Digitalisierung, Deregulierung und Globalisierung verändern die Arbeitswelt. Diese Entwicklung trifft auf eine Bevölkerung, die sich ebenfalls im Umbruch befindet.

Grundlagen der betrieblichen Gesundheitsförderung
Bereits das Arbeitssicherheitsgesetz vom Dezember 1973 hat im §3 eine Vielzahl von Aufgaben für Betriebsärzte definiert, die durchaus schon etwas mit Betrieblicher Gesundheitsförderung (BGF) und Betrieblichem Gesundheitsmanagement (BGM) zu tun hatten. Es folgten die IG-Rahmenrichtlinie Arbeitsschutz (89/391/EWG), die Ottawa-Charta von 1986, die Luxemburger Deklaration von 1997, die Umgestaltung der Gesetzbücher mit Betonung auf Prävention und letztendlich das Präventionsgesetz.

Der Betriebsarzt kennt die beruflichen Anforderungen einerseits und den Gesundheitsstatus, die Leistungsfähigkeit und Leistungseinschränkungen der Mitarbeiter andererseits, er ist die Schnittstelle zu behandelnden Ärzten, Rehabilitationseinrichtungen und zu Trägern der Sozialversicherungen. Mit seiner fachlichen Kompetenz kann er in Kooperation zum Beispiel mit der Arbeitnehmervertretung und externen Partnern wie Unfallversicherungsträger, Sozialversicherung, Krankenkassen und gegebenenfalls Leistungsanbietern für BGF Lösungen für Gesundheitsprobleme suchen. Betriebsärztliche Vorsorge und Beratung wird häufig von Menschen genutzt, die sonst keinen niedergelassenen Arzt extra aufsuchen würden. Es ist vor allem die Zielgruppe der 20- bis 50-Jährigen, die meistens gesund sind oder sich zumindest gesund fühlen und deswegen sehr häufig gar keinen Hausarzt haben.

Gestaltungselemente eines modernen betrieblichen Gesundheitskonzepts
Bis zur Verabschiedung des Arbeitsschutzgesetzes von 1996 war der Arbeitsschutz stark auf technische, chemische und physikalische Risiken beschränkt. Kompensatorisch zum Arbeitsschutz entwickelte sich der Ansatz der betrieblichen Gesundheitsförderung. Die Verpflichtung zur menschengerechten Gestaltung der Arbeit,

das im Arbeitsschutzgesetz vorgesehene Verfahren der Gefährdungsbeurteilung und die stärkere Einbindung der Beschäftigten in den Arbeitsschutz haben Arbeitsschutz und betriebliche Gesundheitsförderung in eine enge Beziehung gebracht. Arbeitsmediziner stellen Gesundheit und Sicherheit am Arbeitsplatz für die ihnen anvertrauten Mitarbeiter in den Mittelpunkt all ihrer Bemühungen.

Ein modernes Konzept des betrieblichen Gesundheitsschutzes integriert folgende Elemente:

1. Gesundheitsschutz am Arbeitsplatz (Verhütung von Arbeitsunfällen, Berufskrankheiten, arbeitsbedingten Erkrankungen und Gesundheitsstörungen);
2. Betriebliche Gesundheitsförderung: Förderung der Gesundheit der Mitarbeiter;
3. Rehabilitation (betriebliche Wiedereingliederung: Integration von Beschäftigten mit chronischen, längeren oder schweren Erkrankungen, mit Behinderung und Leistungsbeschränkungen sowie nach Unfällen).

Wie kann der Betriebsarzt beim BGM mitwirken?

Der Arbeitgeber ist nach §5 Arbeitsschutzgesetz (ArbSchG) verpflichtet, für alle Arbeitsplätze eine Gefährdungsbeurteilung durchzuführen, unabhängig von der Beschäftigtenzahl. Diese Gefährdungsbeurteilung ist eine wesentliche Grundlage für ein systematisches und erfolgreiches Sicherheits- und Gesundheitsmanagement. Betriebsärztliches Mitwirken bietet sich in allen Phasen der Planung, Durchführung und im ständigen Verbesserungsprozess der Gefährdungsbeurteilung an. Besonders ist arbeitsmedizinischer Fachverstand gefordert bei

- biologischen Arbeitsstoffen,
- Gefahrstoffen,
- haut- und atemwegsgefährdenden Tätigkeiten,
- Lärm und Vibration,
- manueller Lastenhandhabung,
- psychischen Belastungen,
- Auswahl und Tragen persönlicher Schutzausrüstung,
- Arbeitsaufenthalt im Ausland sowie
- Beurteilung der Gefährdung für besonders schutzbedürftige Personen (Jugendliche, Schwangere, leistungsgewandelte Mitarbeiter).

Begehungen der Arbeitsplätze dienen gerade zu Beginn einer betriebsärztlichen Betreuung dazu, die Arbeitsplätze kennenzulernen. Der Betriebsarzt ist beim Mitarbeiter, dem Experten für seinen Arbeitsplatz, vor Ort im Einsatz und so der erste Ansprechpartner. Vor allem so kann der Unternehmer bei der Gefährdungsbeurteilung und der Ableitung effektiver Schutzmaßnahmen gut unterstützt werden. Eine arbeitsmedizinische Vorsorge ohne Kenntnisse des Betriebes ist suboptimal.

Begehungen bieten die Möglichkeit, mit den Mitarbeitern konkrete Ursachen für besondere Anforderungen und Belastungen durch ihre Arbeit zu erkennen, zu beurteilen und Verbesserungsmöglichkeiten gemeinsam zu beraten – vor Ort. Diese Vorort-Begehungen kombiniert mit dem persönlichen Gespräch mit den Mitarbeitern schafft für den Betriebsarzt ein tieferes Verständnis für die konkreten Anforderungen des Arbeitsplatzes und stärkt zudem das Vertrauen zwischen Mitarbeitern und Betriebsarzt.

Für die Unterweisung der Beschäftigten sind fundierte Kenntnisse der Arbeitsplätze unabdingbar. Für einige Unterweisungen der Beschäftigten ist die Einbeziehung des arbeitsmedizinischen Sachverstandes des Betriebsarztes ausdrücklich gefordert (Gefahrstoffverordnung, Biostoffverordnung, Lärm- und Vibrations-Arbeitsschutzverordnung §11). Auch bei der Organisation der Ersten Hilfe, Fragen zu Ergonomie und rückengerechtem Verhalten, Tätigkeiten mit Hautgefährdungen und Tätigkeiten an Bildschirmarbeitsplätzen sowie in der Vergangenheit und wahrscheinlich in der Zukunft zunehmend bei psychischen Belastungen und Beanspruchungsreaktionen kommt dem Betriebsarzt eine wesentliche beratende Funktion zu. Der Suchtmittelkonsum ist und bleibt ein Dauerthema.

Betriebsarzt und Vorsorge für die Beschäftigten

Die arbeitsmedizinische Vorsorge ist entsprechend der Verordnung für arbeitsmedizinische Vorsorge (ArbmedVV) geregelt. Sie ist unterteilt in Pflicht, Angebots- und Wunschvorsorge. Andere Rechtsgrundlagen einer Vorsorge bilden beispielsweise

- die Röntgenverordnung,
- die Strahlenschutzverordnung,
- die Druckluftverordnung und
- die Gesundheitsschutz-Bergverordnung.

Die arbeitsmedizinische Vorsorge dient der Beurteilung der individuellen Wechselwirkung von Arbeit und physischer sowie psychischer Gesundheit, der Früherkennung arbeitsbedingter Gesundheitsstörungen und der Feststellung, ob bei Ausübung einer bestimmten Tätigkeit eine erhöhte gesundheitliche Gefährdung besteht. Die Basis dieser Vorsorge ist das intensive ärztliche Beratungsgespräch mit Anamnese. Ob weitere körperliche oder klinische Untersuchungen erfolgen sollten, ist dabei zu klären. Der Beschäftigte muss einwilligen. Das Ergebnis ist eine Empfehlung zur individuellen Prävention, die sich aus den Erkenntnissen über den Gesundheitszustand und die Gefährdungen bei der Arbeit ergeben.

Die Beurteilung der Eignung (Eignungsuntersuchung) ist formal kein Bestandteil der arbeitsmedizinischen Vorsorge, sondern gründet sich auf das Arbeitsrecht. Eignungsuntersuchungen sollen insbesondere die Eignung für bestimmte

Tätigkeiten prüfen und Fremdgefährdungen verhindern. Um den Aufwand für Unternehmen, Beschäftigte und Betriebsarzt zu optimieren, werden dennoch beide Anlässe zur Vorstellung beim Betriebsarzt oft in einem gemeinsamen Termin verfolgt. In diesem Fall soll der Betriebsarzt die Beschäftigten über den unterschiedlichen Zweck und Rahmen aufklären. Im Rahmen des Betrieblichen Eingliederungsmanagements (BEM) soll der Arbeitgeber den Betriebsarzt (bei Erfordernis) hinzuziehen. Außerdem sollte der Betriebsarzt in die Planung und Begleitung der stufenweisen Wiedereingliederung nach langer Krankheit und beim Einsatz leistungsgewandelter Beschäftigter einbezogen werden.

Bei Angeboten zur Verhaltensprävention im Rahmen der Gesundheitsförderung bei spezifischen Vorsorgeprogrammen für Volkskrankheiten mit Bezug zur Beschäftigungsfähigkeit bietet sich ebenfalls die Nutzung des arbeitsmedizinischen Sachverstandes an. Das sind im Besonderen

- Gesundheitschecks und Früherkennungsuntersuchungen während Gesundheitstagen,
- Grippeschutzimpfungen und
- reisemedizinische Beratungen.

Betriebsarzt und Betriebliches Gesundheitsmanagement

Das Betriebliche Gesundheitsmanagement (BGM) verknüpft den klassischen Arbeits- und Gesundheitsschutz mit ggf. bestehenden Arbeitsschutzmanagementsystemen, bildet den Rahmen für die betriebliche Gesundheitsförderung und fördert das Betriebliche Eingliederungsmanagement. Zentrale Aufgabe ist die systematische Koordination und gezielte Weiterentwicklung betrieblicher Rahmenbedingungen sowie die Schaffung von Angeboten für Beschäftigte und Führungskräfte zur Förderung von Verantwortung, Gesundheit, Leistungsfähigkeit und Zufriedenheit.

Der Betriebsarzt ist meist der einzige Mensch im Unternehmen mit medizinischer Fachkompetenz. Gleichzeitig haben moderne Betriebsärzte das Thema Salutogenese genauso in ihr Expertenwissen integriert wie die Pathogenese. Sie wissen also, was zu Krankheit führen kann – und was gesund hält. Ein Betriebliches Gesundheitsmanagement ohne betriebsärztliche Beteiligung bleibt unvollständig. Dieses Wissen sollte folgende Themen beinhalten:

1. Kosten-Nutzen-Daten beim Thema Gesundheitsmanagement – welche Maßnahmen sind wirklich wirksam?
2. Beratung bei der Planung und Ausgestaltung der Strukturen und Inhalte des Gesundheitsmanagements.
3. Teilnahme am Steuerkreis Gesundheit, gegebenenfalls Moderation von Gesundheitszirkeln.

4. Mitwirkung bei der Auswertung von Gesundheitsberichten der Krankenkassen.
5. Motivierende Gesprächsführung bei jedem persönlichen Kontakt zur Teilnahme an Gesundheitsmaßnahmen.
6. Initiierung und Begleitung von Gesundheitstagen, betrieblicher Kommunikation zum Thema Gesundheit zum Beispiel durch Info-Blätter, Betriebszeitungen und Intranet.
7. Beurteilung und ggf. Zusammenarbeit mit externen Anbietern von Maßnahmen der Gesundheitsförderung in den Bereichen Bewegung, Ernährung, Entspannung, Raucherentwöhnung.
8. Unterstützung und Mitgestaltung einer regelmäßigen Evaluation der durchgeführten Maßnahmen und entsprechende Berichterstattung.

Betriebsarzt und Betriebliches Eingliederungsmanagement
Wenn Beschäftigte innerhalb eines Jahres länger als sechs Wochen ununterbrochen oder wiederholt arbeitsunfähig sind, hat der Arbeitgeber gemäß Sozialgesetzbuch (SGB) IX §84(2) zu prüfen, wie die Arbeitsunfähigkeit überwunden und mit welchen Leistungen und Hilfen erneuter Arbeitsunfähigkeit vorgebeugt und der Arbeitsplatz erhalten werden kann. Leider fordert das Gesetz nur, dass der Betriebsarzt hinzugezogen werden kann. Meines Erachtens ist dies überall, wo es einen Betriebsarzt gibt, ein Muss. Gerade beim Betrieblichen Eingliederungsmanagement macht die Beteiligung des Betriebsarztes Sinn und schafft Nutzen.

Nur der Betriebsarzt kann unter Wahrung der ärztlichen Schweigepflicht Kontakt aufnehmen zu Haus- und Fachärzten, Rehabilitationsträgern und Integrationsämtern sowie Integrationsfachdiensten. Ein Betriebsarzt kann zur Therapieoptimierung oder auch zur Beibehaltung einer erfolgreichen Therapie beitragen, frühzeitig Rehabilitationsbedarf erkennen. Optimal laufen die Prozesse, wenn Mitarbeiter mit längeren Erkrankungen sich frühzeitig an den Betriebsarzt und auch an die Führungskraft wenden und so dafür sorgen, dass ein erfolgversprechender Wiedereingliederungsplan bei Beginn einer stufenweisen Wiedereingliederung vorliegt. So ist es normalerweise möglich, dass Arbeitszeit, Arbeitsschwere und Arbeitsinhalte dem Leistungsvermögen des Mitarbeiters kontinuierlich angepasst werden mit dem Ziel, zunächst wieder voller Arbeitsfähigkeit und in Zukunft wieder volle Leistungsfähigkeit zu erreichen.

Betriebsarzt und Gremien des Unternehmens
Der Arbeitsschutzausschuss (ASA) ist ein zentrales, betriebliches Gremium, das sich gemäß §11 ASIG in allen Betrieben mit mehr 20 Beschäftigten mindestens vierteljährlich trifft. Dieser ASA stellt auch eine wichtige Schnittstelle zum Betrieblichen Gesundheitsmanagement dar. Weitere wichtige innerbetriebliche Gremien, in denen sich der Betriebsarzt einbringen sollte, sind

- Arbeitskreise Gesundheit und Arbeitssicherheit,
- Gesundheitszirkel,
- Integrationsteams im Betrieblichen Eingliederungsmanagement,
- Arbeitskreise für Schwerbehinderte,
- Arbeitskreise für Suchterkrankungen,
- temporäre Arbeitskreise mit den Themen Hautschutz, Gestaltung von Arbeitsplätzen, Pausen- und Sozialraumgestaltung, Kleiderkommission,
- Gremien zur Gestaltung von Betriebsvereinbarungen, die Themen der Gesundheit der Beschäftigten berühren.

Nutzen betriebsärztlichen Handelns

Betriebsärztliche Betreuung ist nicht allein eine durch gesetzliche Regelungen begründete Verpflichtung. Gesundheit und Arbeitsfähigkeit sowie Leistungsfähigkeit der Beschäftigten sind wichtige Voraussetzungen für den Unternehmenserfolg. Betriebsärzte leisten gleichzeitig einen Beitrag für die Primär- und Sekundärprävention eines wesentlichen Teiles der Bevölkerung. Gerade die Altersklasse der 20- bis 49-jährigen hat häufig keinen Hausarzt und somit keinen kompetenten Ansprechpartner zum Thema Gesundheit und Krankheit. Häufig ist der Betriebsarzt die einzige Person im Betrieb, die bei psychomentalen und psychosozialen Belastungen kenntnisreich unterstützen und vermitteln kann.

Es hat sich gezeigt, dass ein Betriebsarzt, dessen neutrale Rolle im Betrieb durch das Gesetz garantiert ist, in der Vermittlung zwischen Führungskräften und Mitarbeitern bei Konflikten eine sehr segensreiche Rolle spielen kann. Nicht selten kommt es vor, dass Führungskraft und Mitarbeiter nur einmal respektvoll miteinander reden müssen, um viele – wenn nicht gar die meisten – Probleme am Arbeitsplatz aus dem Weg räumen und zumindest eine gute Arbeitsbeziehung erreichen zu können. Dabei ist es im ersten Schritt gelegentlich nützlich, dass weder der Personalbereich noch der Betriebsrat beteiligt sind.

Aufgrund des demografischen Wandels und der dazu geschaffenen Rahmenbedingungen gewinnen Erhaltung und Wiederherstellung der Arbeitsfähigkeit älterer Beschäftigter für die Unternehmen eine immer größere Bedeutung. Gezielte Unterstützungsangebote wie Trainingsmaßnahmen und altersorientierte Angebote zur Gesundheitsförderung sollten frühzeitig beginnen, bevor erhebliche Einschränkungen der Produktivität und Lebensqualität eintreten. Dafür sind konkrete Maßnahmen erforderlich:

1. Beteiligung bei der Bewertung von betrieblichen Altersstrukturanalysen.
2. Altersbezogene Auswertung und Interpretation des Krankheitsgeschehens.
3. Beratung der Unternehmen zum Einsatz älterer Beschäftigter.
4. Beratung und Information zur besseren Bewältigung aller Beschäftigten.

Fürsorgepflicht des Arbeitgebers im Betrieblichen Gesundheitsmanagement

Claudia Kardys, Senior Projekt- und Produktmanagerin, TÜV Rheinland AG, Köln
Dominique Bialasinski, Senior Projekt- und Produktmanagerin, TÜV Rheinland AG, Köln

In einer immer komplexer werdenden Arbeitswelt und vor dem Hintergrund der demografischen Entwicklung sowie des Strukturwandels der Wirtschaft wird die Erhaltung der Gesundheit und Leistungsfähigkeit der Arbeitnehmer weiterhin an Bedeutung gewinnen. Eine Vielzahl von Erkrankungen und Arbeitsunfähigkeitstagen sind zu einem hohen Anteil arbeitsbedingt und verursachen jährlich einen unternehmerischen und volkswirtschaftlichen Schaden in Milliardenhöhe. Die Pflege der Humanressourcen eingebettet in ein ganzheitliches Betriebliches Gesundheitsmanagement ist eine besonders zukunftsträchtige Einflussgröße und ein langfristiges Erfolgskriterium.

Rechtlicher Bezugsrahmen

Der Beruf ist für einen großen Teil der Erwerbstätigen ein wichtiger Lebensinhalt und begleitet sie über Jahrzehnte. Aber wie steht es um den »Faktor Mensch« in Unternehmen? Was sind die Pflichten des Arbeitgebers, was die des Arbeitnehmers? Arbeitgeber müssen ihren Mitarbeitern einen sicheren, gesunden und fair bezahlten Arbeitsplatz anbieten. Die Grundlage für die Fürsorgepflicht des Arbeitgebers für Leben und Gesundheit der Beschäftigten bilden die §§617–619 des Bürgerlichen Gesetzbuches (BGB). Den Rahmen für die Gestaltung der Arbeitsbedingungen setzen verschiedene einschlägige Rechtsvorschriften, unter anderem

- das Arbeitssicherheitsgesetz (ASiG),
- das Arbeitsschutzgesetz (ArbSchG),
- die Regelungen zum Betrieblichen Eingliederungsmanagement (BEM) (Artikel 2, §84, SGB IX).
- die Arbeitsstättenverordnung (ArbStättV),
- die Arbeitsmedizinische Vorsorgeverordnung (ArbMedVV) und
- die Betriebssicherheitsverordnung (BetrSichV).

Aber auch die Regulierungen der deutschen gesetzlichen Unfallversicherungsvorschrift 2 (DGUV Vorschrift 2, Unfallverhütungsvorschrift für Betriebsärzte und Fachkräfte für Arbeitssicherheit) sind aufgrund der Konkretisierung des ASiG eine wichtige Handlungsbasis, die neben der erforderlichen Fachkunde die Aufgaben der betriebsärztlichen und sicherheitstechnischen Betreuung sowie verschiedene Betreuungsmodelle beschreiben. Der Kern dieser Gesetze und Vorschriften zielt insbesondere auf die Vermeidung von Belastungen und

Gefährdungen ab, jedoch mit unterschiedlichen Ausrichtungen und Strategien (siehe Abb. 1 und 2).

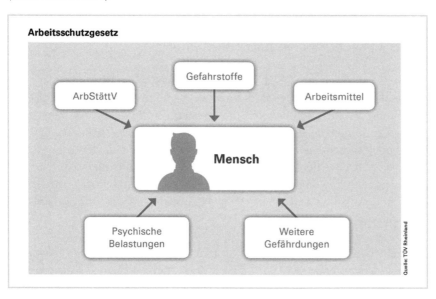

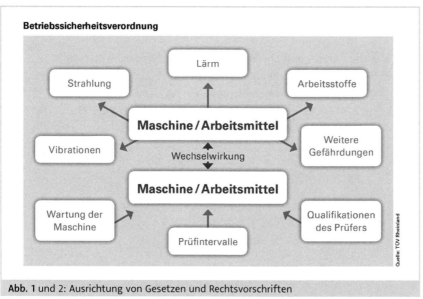

Abb. 1 und 2: Ausrichtung von Gesetzen und Rechtsvorschriften

Das klassische Modell der defizitären Betrachtung rückt die Risikominimierung in den Vordergrund. Die stetig wachsende Komplexität in der Arbeitswelt verlangt jedoch neue Ansätze, Konzepte und Instrumente – ohne Bewährtes aus den Augen zu verlieren. Die Luxemburger Deklaration zur betrieblichen Gesundheitsförderung, verabschiedet von den Mitgliedern des Europäischen Netzwerks für Betriebliche Gesundheitsförderung (ENWHP) im Jahr 1997 und zuletzt aktualisiert im Jahr 2014, beispielsweise verweist auf die verstärkte Ressourcenfokussierung (was im Unternehmen hält die Mitarbeiter gesund?), sodass Gesundheitsfaktoren einen wichtigen Stellenwert erhalten.

In den vergangenen Jahren gab es zudem einige Veränderungen durch den Gesetzgeber: Anstatt jedes Detail vorzuschreiben und behördlich zu kontrollieren, werden die Verantwortlichen im Unternehmen verpflichtet, für Arbeitsbedingungen zu sorgen, die dem aktuellen Stand von Wissenschaft und Technik entsprechen. Insgesamt zeichnet sich eine ganzheitliche und präventive Herangehensweise ab, die einen kooperativen und beteiligungsorientierten Ablauf und ein erweitertes Verständnis von Arbeits- und Gesundheitsschutz anstrebt. Ziel dabei ist unter anderem die menschengerechte Arbeitsgestaltung unter Beachtung der Alterung der Gesellschaft.

Auch das Gesetz zur Stärkung der Gesundheitsförderung und der Prävention (Präventionsgesetz – PrävG) betont diese Ausrichtung und die Relevanz von gesundheitsförderlichen Maßnahmen im Lebensbereich Arbeit. Das PrävG bildet zudem die Grundlage für eine stärkere Zusammenarbeit verschiedener Akteure in den Bereichen Prävention und Gesundheitsförderung.

Relevanz der Fürsorgepflicht in einer sich wandelnden Arbeitswelt
In einer immer komplexer werdenden Arbeitswelt und vor dem Hintergrund der demografischen Entwicklung sowie des Strukturwandels der Wirtschaft in Richtung wissensintensive Dienstleistungen wird die Erhaltung der Gesundheit und Leistungsfähigkeit der Arbeitnehmer weiterhin an Bedeutung gewinnen. Eine Vielzahl von Erkrankungen und Arbeitsunfähigkeitstagen sind zu einem hohen Anteil arbeitsbedingt und verursachen jährlich einen unternehmerischen und volkswirtschaftlichen Schaden in Milliardenhöhe: Allein die Krankheitskosten der psychischen Erkrankungen betragen knapp 16,5 Milliarden Euro pro Jahr (BMAS & BAuA, 2014).

Seit einigen Jahren ist ein verändertes Krankheitspanorama in den Betrieben vorzufinden. Auf Platz eins der »Organisationskrankheiten« stehen zwar nach wie vor die Muskel-Skelett-Erkrankungen (insbesondere Rückenleiden), die einen Anteil von 22,7 Prozent der gesamten AU-Tage ausmachen. Ihnen folgen auf Platz zwei die psychischen Störungen: Sie haben einen Anteil von 16,6 Prozent am Gesamtkrankenstand, gehören jedoch laut aktuellen Studien zu den häufigsten und auch kostenintensivsten Erkrankungen überhaupt (DAK Gesundheitsreport, 2016; TK Gesundheitsreport, 2016).

Seit Jahren ist die Zahl der Fehltage (Arbeitsunfähigkeitstage) aufgrund psychischer Erkrankungen deutlich angestiegen: in den vergangenen elf Jahren um mehr als 97 Prozent (BMAS & BAuA, 2014). Die Relevanz im Hinblick auf die Vorbeugung verdeutlicht der Blick auf die durchschnittliche Krankheitsdauer: Sie waren bei psychisch bedingten Krankheitsfällen mit 39,1 Tagen im Jahr 2014 dreimal so hoch wie bei anderen Erkrankungen, die im selben Zeitraum auf durchschnittlich 13,3 Tage kamen (BKK Gesundheitsreport, 2015).

Arbeitsanforderungen und -belastungen

Einen wichtigen Auslöser für den Anstieg der psychischen Erkrankungen sehen Experten darin, dass Mitarbeiter im Arbeitsalltag immer größerem Stress und Arbeitsdruck ausgesetzt sind. Im Stressreport Deutschland (2012) der Bundesanstalt für Arbeitsschutz und Arbeitsmedizin gaben 43 Prozent der Erwerbstätigen (Führungskräfte und Mitarbeiter) einen Anstieg von Stress und Arbeitsdruck an. Einen Grund dafür stellt das veränderte Belastungs-/Beanspruchungsspektrum der modernen Arbeitswelt dar (siehe Abb.3). Interessant sind hierbei vor allem die Beanspruchungen (= subjektive empfundene Arbeitsbelastungen) am Arbeitsplatz: Angeführt wird die Statistik mit 34 Prozent von starkem Termin- und Leistungsdruck. Ebenfalls als störend empfunden werden Arbeitsunterbrechungen (26 Prozent) sowie die Multitasking-Fähigkeit (18 Prozent). Auch die Vereinbarkeit von Beruf und Privatleben wird aufgrund der permanenten Erreichbarkeit und neuerer Arbeits(zeit)modelle kritisch gesehen (Stressreport Deutschland, 2012).

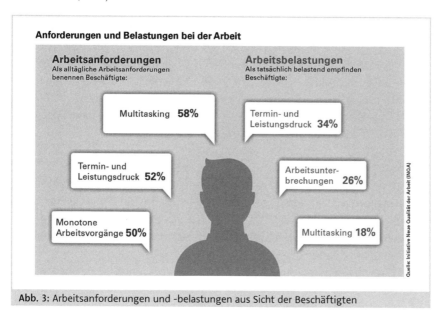

Abb. 3: Arbeitsanforderungen und -belastungen aus Sicht der Beschäftigten

Ein weiterer, nicht zu unterschätzender Punkt für die Unternehmen ist die Arbeitszufriedenheit ihrer Angestellten. Seit mehr als zehn Jahren wird jährlich der Gallup Engagement Index ermittelt: Er beurteilt die Arbeitsplatzqualität anhand der emotionalen Bindung an den Betrieb sowie des Engagements und der Motivation der Arbeitnehmer.

Der Trend zeigt durchgehend eine sehr geringe Identifikation mit der eigenen Arbeit. Im Jahr 2015 werden 16 Prozent der Beschäftigten in Deutschland von Gallup als »unengagiert« bezeichnet beziehungsweise haben schon »innerlich gekündigt« und gehen gegenüber ihrem Unternehmen auf Distanz. Aber auch die große Mehrheit (68 Prozent) der Erwerbstätigen macht lediglich Dienst nach Vorschrift (Gallup, 2016). Die Hauptgründe liegen häufig in der Zusammenarbeit mit dem Vorgesetzten. Viele Mitarbeiter haben das Gefühl, dass ihre zentralen Bedürfnisse und Erwartungen nicht wahrgenommen oder ignoriert werden. Finanzielle Folgen aufgrund von Fehltagen, Fluktuation und schlechter Leistungsfähigkeit sind die Konsequenz für Unternehmen.

An dieser Stelle wird nochmals deutlich, dass die Pflege der Humanressourcen eingebettet in ein ganzheitliches Betriebliches Gesundheitsmanagement – auch im Hinblick auf die Wettbewerbsfähigkeit – als eine besonders zukunftsträchtige Einflussgröße und ein langfristiges Erfolgskriterium zu betrachten ist.

Betriebliches Gesundheitsmanagement als Lösung

Für die Einführung eines Betrieblichen Gesundheitsmanagements (BGM) in Unternehmen gibt es derzeit keine direkte gesetzliche Verpflichtung. Dennoch bieten die genannten Rechtsvorschriften und -verordnungen eine wichtige Orientierung und stellen einen wesentlichen Ausgangspunkt zur Fürsorge des Arbeitgebers dar: Die Pflicht zur Durchführung einer schriftlich dokumentierten Gefährdungsbeurteilung. Diese ist ein notwendiges Instrument im BGM, um Gefahrenquellen zu analysieren, entsprechende Gegenmaßnahmen einzuleiten und deren Wirksamkeit zu überprüfen (§3 Abs. 1 ArbSchG).

Die Fürsorgepflicht greift nicht nur bei physischen Gefährdungen, wie zum Beispiel Lärm, Gefahrstoffen, Hitzearbeit, sondern auch bei psychischen (Fehl-) Belastungen. Seit September 2013 muss jeder Arbeitgeber – vom Kleinstunternehmer bis hin zum Konzern – im Rahmen der Gefährdungsbeurteilung auch die psychischen Belastungen analysieren, bewerten und Maßnahmen ableiten. Diese neue Auseinandersetzung mit dem Arbeitsplatz geht über die Identifizierung von Defiziten hinaus und bietet die Chance zur Formulierung und Entwicklung von gesundheitsförderlichen Potenzialen in einem modernen Arbeits- und Gesundheitsschutz. Als zentrales Tool stellt sie eine wichtige schnittstellenübergreifende Planungsgrundlage für die Sicherheit, den Gesundheitsschutz und die Gesundheitsförderung der gesamten Belegschaft dar.

In der Regel beraten Fachkräfte für Arbeitssicherheit und Fachärzte für Arbeitsmedizin Unternehmen im Hinblick auf den Gesundheitsschutz und die Arbeitssicherheit und wirken bei der Erstellung der Gefährdungsbeurteilung ebenso mit wie bei der Ableitung von Maßnahmen und deren Evaluation. Doch die Praxis zeigt hier noch große Lücken auf: Trotz ansteigender Arbeitsanforderungen, psychischer Belastungen und Erkrankungen kommt das verpflichtende Instrument der Gefährdungsbeurteilung nur eingeschränkt bis gar nicht zur Anwendung. Die Bundesanstalt für Arbeitsschutz und Arbeitsmedizin gab an, dass mehr als 90 Prozent der Betriebe keine psychischen Gefährdungen erfasst haben. Das Bewusstsein für die Wahrnehmung der Verantwortung im Arbeits- und Gesundheitsschutz nimmt zwar allmählich zu, aber von einer systematischen sowie nachhaltigen Schaffung und Gestaltung von gesundheitsförderlichen Strukturen und Prozessen einschließlich der Befähigung zu einem eigenverantwortlichen, gesundheitsbewussten Verhalten (Definition BGM laut DIN Spec 91020) sind die meisten Unternehmen noch weit entfernt.

Positives und wertschätzendes Führungsverhalten
Es entwickelt sich eher ein Aktionismus für die freiwilligen Leistungen der Betrieblichen Gesundheitsförderung (BGF), unter denen »alle gemeinsamen Maßnahmen von Arbeitgebern, Arbeitnehmern und Gesellschaft zur Verbesserung von Gesundheit und Wohlbefinden am Arbeitsplatz« verstanden werden (Luxemburger Deklaration zur Betrieblichen Gesundheitsförderung). Darunter fallen beispielsweise Betriebssport oder Gesundheitstage. Das Ziel dieses Aktionismus ist meist eine Reduktion und Vermeidung von Gesundheitsrisiken mit der Hoffnung, kurzfristig Effekte wie beispielsweise eine geringere Krankenquote und höhere Mitarbeiterzufriedenheit zu erreichen. Krankenquote und Mitarbeiterzufriedenheit können jedoch nicht die einzigen Indikatoren für die Leistungsfähigkeit der der Belegschaft im Unternehmen sein.

Nicht selten wird die Etablierung eines BGM – auch in Form von Zielvereinbarungen – an die Führungskräfte delegiert. Dadurch werden unkoordinierte und nicht gezielte gesundheitsförderliche Einzelmaßnahmen durchgeführt, die keinen nachhaltigen Nutzen bringen. Zudem fehlt es an fachlichen Kenntnissen für die wirksame Umsetzung im Arbeitsalltag. Darüber hinaus spielt die Unternehmenskultur eine erhebliche Rolle bei der Integration eines BGM in die betrieblichen Prozesse und Abläufe. Einen maßgeblichen Beitrag leisten dabei die Führungskräfte, da positives und wertschätzendes Führungsverhalten die Mitarbeitergesundheit positiv beeinflusst: Mitarbeiter, die im Arbeitsalltag häufig durch ihre Vorgesetzten unterstützt werden, berichten nur zu 17 Prozent von häufig auftretenden gesundheitlichen Beschwerden wie Herz-Kreislauf-Erkrankungen (Stressreport Deutschland, 2012). In Anbetracht dieses Einflussfaktors sollten Schulungen zum Thema »gesundes Führen« ein essentieller Bestandteil der Fortbildungsmaßnahmen für Führungskräfte sein.

In diesem Zusammenhang geht es auch immer darum, Führungskräfte als Vorbilder und Multiplikatoren für ein gesundheitsbewusstes Verhalten am Arbeitsplatz zu motivieren und diese Einstellung klar zu kommunizieren. Denn präventive und gesundheitsförderliche Interventionen sind keine Selbstläufer. Nur die aktive Einbindung der Beschäftigten durch eine zielgruppengerechte Ansprache und Informationsweitergabe kann zum gewünschten Erfolg führen.

Verantwortung des Arbeitnehmers bei Arbeitsschutz und Gesundheitsmanagement

Der Arbeits- und Gesundheitsschutz liegt nicht nur auf den Schultern der Arbeitgeber. Aufgaben und Mitwirkungspflichten bestehen auch seitens der Mitarbeiter. Beschäftigte müssen den Arbeitgeber in seinem Bemühen um Sicherheit und Gesundheit bei der Arbeit unterstützen (siehe Infokasten). Ihre Pflichten sind vor allem im Arbeitsschutzgesetz festgeschrieben.

! **Pflichten der Arbeitnehmer laut Arbeitsschutzgesetz**

§15 Pflichten der Beschäftigten

1. Die Beschäftigten sind verpflichtet, nach ihren Möglichkeiten sowie gemäß der Unterweisung und Weisung des Arbeitgebers für ihre Sicherheit und Gesundheit bei der Arbeit Sorge zu tragen. Entsprechend Satz 1 haben die Beschäftigten auch für die Sicherheit und Gesundheit der Personen zu sorgen, die von ihren Handlungen oder Unterlassungen bei der Arbeit betroffen sind.
2. Im Rahmen des Absatzes 1 haben die Beschäftigten insbesondere Maschinen, Geräte, Werkzeuge, Arbeitsstoffe, Transportmittel und sonstige Arbeitsmittel sowie Schutzvorrichtungen und die ihnen zur Verfügung gestellte persönliche Schutzausrüstung bestimmungsgemäß zu verwenden.

§16 Besondere Unterstützungspflichten

1. Die Beschäftigten haben dem Arbeitgeber oder dem zuständigen Vorgesetzten jede von ihnen festgestellte unmittelbare erhebliche Gefahr für die Sicherheit und Gesundheit sowie jeden an den Schutzsystemen festgestellten Defekt unverzüglich zu melden.
2. Die Beschäftigten haben gemeinsam mit dem Betriebsarzt und der Fachkraft für Arbeitssicherheit den Arbeitgeber darin zu unterstützen, die Sicherheit und den Gesundheitsschutz der Beschäftigten bei der Arbeit zu gewährleisten und seine Pflichten entsprechend den behördlichen Auflagen zu erfüllen. Unbeschadet ihrer Pflicht nach Absatz 1 sollen die Beschäftigten von ihnen festgestellte Gefahren für Sicherheit und Gesundheit und Mängel an den Schutzsystemen auch der Fachkraft für Arbeitssicherheit, dem Betriebsarzt oder dem Sicherheitsbeauftragten nach §22 des siebten Buches Sozialgesetzbuch mitteilen.

Auch in der der Unfallverhütungsvorschrift »Allgemeine Vorschriften« (§§ 14–17) und dem Unfallversicherungs-Einordnungsgesetz SGB VII (§ 21(3)) sind Pflichten der Beschäftigten geregelt.

Kooperation mit externen Partnern

Neben den Berufsgenossenschaften mit ihrer Aufsichts- und Kontrollpflicht sowie den Krankenkassen mit ihren unterstützenden Leistungen in der Betrieblichen Gesundheitsförderung stehen weitere Fachexperten als wichtige Dienstleister für die Konzeptionierung und Umsetzung eines BGM zur Verfügung. Sowohl für den Mittelstand als auch für Großkonzerne können Kooperationen im Arbeits- und Gesundheitsschutz sinnvoll sein. Sie kompensieren fehlende personelle Kapazitäten und/oder nur eingeschränkt vorhandenes Fachwissen.

Um diese Vorteile ausspielen zu können, sollten die externen Partner für die Beratung und Betreuung über spezialisierte, interdisziplinäre Präventionsteams verfügen. Diese sollten sich aus Arbeitsmedizinern, Fachkräften für Arbeitssicherheit, Gesundheitsmanagern, Arbeits-, Betriebs- und Organisationspsychologen (ABO-Psychologe) und Assistenzpersonal zusammensetzen. Bei Bedarf sollten die Teams weitere Fachexperten, wie beispielsweise Physiotherapeuten, Ökotrophologen oder klinische Psychologen, hinzuziehen können. Synergieeffekte können nämlich nur entstehen, wo Spezialisten aus verschiedenen Bereichen alle relevanten Maßnahmen bündeln und ein erprobtes Angebot für eine gemeinsam festgelegte Zielsetzung schaffen (Kardys, Bialasinski, 2016). Darüber hinaus geben die Experten wertvolle Impulse und streben aktiv eine Verzahnung aller bedeutsamen betrieblichen Personen und überbetrieblichen Akteure aus der Gesundheitswirtschaft an (siehe Abb. 4 und 5).

Gemeinsam für die systematische Gestaltung der Nachhaltigkeit der betrieblichen Gesundheit.

BGM-Anbieter · Betriebsarzt · Geschäftsführung · Gesundheitsdienstleister · Krankenkasse · Betriebsrat · Physiotherapeut

Quelle: TÜV Rheinland

Zusammenwirken aller (über-)betrieblichen Akteure im modernen Arbeits- und Gesundheitsschutz – angepasst an den individuellen Bedarf des Unternehmens.

Quelle: TÜV Rheinland

Abb. 4 und **5:** Betriebliche und überbetriebliche Akteure im betrieblichen Gesundheitswesen

Ein wesentlicher Baustein für die Realisierung eines effizienten BGM ist eine gute Kenntnis über die individuellen betrieblichen Rahmenbedingungen, Betriebsstrukturen und Prozesse sowie deren Umfeld. Bedarfsgerecht werden dabei qualitative Instrumente, beispielsweise Gefährdungsbeurteilung, Gesundheitszirkel, technische Ergonomieüberprüfungen, und quantitative Instrumente (unter anderem Mitarbeiterbefragung, Gesundheitsberichte) eingesetzt. Eine mögliche multiprofessionelle und systematische Umsetzung könnte folgendermaßen skizziert werden (Kardys, Bialasinski, 2016):

1. Ableitung medizinisch sinnvoller Gesundheitsmaßnahmen: Als Grundlage dienen die Gefährdungsbeurteilung inklusive der Betrachtung psychischer Belastungen sowie Arbeitsplatzbegehungen, betriebsspezifische Kennzahlen (harte und weiche Faktoren, wie zum Beispiel Fehlzeiten, Unfälle, Gesundheitsberichte der Krankenkassen, Arbeitszufriedenheit und -motivation);

2. Abstimmung und Auswahl der gesundheitsfördernden Aktionen mit allen Beteiligten wie zum Beispiel Unternehmen, Betriebsarzt, Gesundheitsmanager und Mitarbeitervertretung, Einbindung von Krankenkassen und gegebenenfalls auch weiterer relevanter Akteuren (zum Beispiel BGF-Anbieter);

3. Finanzierung und Projektplanung: Wer macht was? Wer bezahlt welche Aktion? Wird beziehungsweise kann das arbeitsmedizinische Budget des Anbieters für die Arbeits- und Gesundheitsschutzdienstleistungen genutzt werden? Festhalten der Ergebnisse und der ausgewählten Maßnahmen in einem Jahresarbeitsplan;

4. Zentrale Auswertung und Evaluation.

Literatur

Bialasinski D., Kardys C. (2016): Was kann die Gesundheitswirtschaft vom TÜV Rheinland lernen? In: Neuvermessung der Gesundheitswirtschaft, Springer-Gabler Verlag (in press).

Bundesministerium für Arbeit und Soziales (BMAS)/Bundesanstalt für Arbeitsschutz und Arbeitsmedizin (BAuA) (Hrsg.): Sicherheit und Gesundheit bei der Arbeit 2014. Unfallverhütungsbericht Arbeit. Dortmund, Berlin, Dresden: Bundesanstalt für Arbeitsschutz und Arbeitsmedizin (BAuA).

Knieps, F./Pfaff, H. (Hrsg.): BKK Gesundheitsreport 2015. Langzeiterkrankungen. Zahlen, Daten, Fakten mit Gastbeiträgen aus Wissenschaft, Politik und Praxis. BKK: Berlin.

Lohmann-Haislah, A. (2012): Stressreport Deutschland 2012. Psychische Anforderungen, Ressourcen und Befinden, 1. Auflage. Dortmund: Bundesanstalt für Arbeitsschutz und Arbeitsmedizin (BAuA).

Marchall, J./Hildebrandt, S./Sydow, H./Nolting, H.-D. (2016): DAK Gesundheit. Gesundheitsreport 2016. In: Rebscher, H.: Beiträge zur Gesundheitsökonomie und Versorgungsmanagement, Band 13. Medhochzwei: Heidelberg.

Techniker Krankenkasse (2016) (Hrsg.): Gesundheitsreport 2016. Schwerpunktthema: Gesundheit zwischen Beruf und Familie. TK: Hamburg.

Internetlinks

Bundesanstalt für Arbeitsschutz und Arbeitsmedizin: www.baua.de

Deutsche Gesetzliche Unfallversicherung: www.dguv.de

Gemeinsame Arbeitsschutzstrategie – GDA: www.gda-portal.de

IGA- Initiative Gesundheit und Arbeit: www.iga-info.de

Literatur

Badura, Bernhard/Ducki, Antje et al.: Fehlzeiten-Report 2016: Unternehmenskultur und Gesundheit – Herausforderungen und Chancen, 512 Seiten, 54,99 Euro, Verlag Springer, 2016, ISBN: 978-3-662494127

Der Fehlzeiten-Report informiert umfassend über die Kranken-standsentwicklung in der deutschen Wirtschaft und beleuchtet dabei detailliert einzelne Branchen. Schwerpunkt des Fehlzeiten-Reports 2016 ist der Zusammenhang zwischen Unternehmenskultur und Gesundheit. Es werden Herausforderungen und Chancen von Unternehmenskultur für die Gesundheit und Leistungsfähigkeit der Mitarbeiter diskutiert und die verschiedenen Facetten von Unternehmenskultur aufgezeigt. Neben den Fachbeiträgen zum Schwerpunktthema machen umfassende Daten den Fehlzeiten-Report zu einem wertvollen Ratgeber für alle, die Verantwortung für den Arbeits- und Gesundheitsschutz in Unternehmen tragen.

Badura, Bernhard/Walter, Uta /Hehlmann, Thomas: Betriebliche Gesundheitspolitik. Der Weg zur gesunden Organisation, 468 Seiten, 69,99 Euro, Verlag Springer, 2. Auflage 2010, ISBN: 978-3-642043369

Gesundheit ist eine der zentralen Voraussetzungen für hohe Leistungsfähigkeit und Leistungsbereitschaft. Daher formulieren immer mehr Unternehmen eine betriebliche Gesundheitspolitik. Der Band liefert in überarbeiteten Auflage einen Überblick über den aktuellen Forschungsstand zur arbeitsweltbezogenen Prävention und Gesundheitsförderung. Im Mittelpunkt stehen Arbeits- und Organisationsbedingungen, ihre Diagnose und gesundheitsförderliche Gestaltung. Zentrale Konzepte sind u. a. Führung, Sozialkapital sowie Mitarbeiterorientierung.

Bamberg, Eva et al. (Hrsg.): Gesundheitsförderung und Gesundheitsmanagement in der Arbeitswelt: Ein Handbuch, 847 Seiten, 59,95 Euro, Hogrefe Verlag, 2011, ISBN: 978-3-801723712

Das vorliegende Werk liefert eine Fülle von Informationen, die sowohl die berufspraktische als auch die wissenschaftliche Tätigkeit in diesem Bereich unterstützen. Dieses Buch stellt grundlegende Modelle zu Arbeit und Gesundheit vor. Handlungsbedingungen von Gesundheitsförderung und Gesundheitsmanagement, Konzepte, Prozessverläufe sowie Methoden und Verfahren werden wissenschaftlich fundiert und praxisnah beschrieben. Weitere Beiträge dieses Bandes stellen Maßnahmen vor, die sich auf spezifische Themen (z.B. Sucht, Mobbing), Zielgruppen, Branchen und Berufsgruppen beziehen. Dabei werden auch neuere Entwicklungen der Arbeitswelt berücksichtigt, wie z.B. die Flexibilisierung der Arbeit, Leiharbeit, Arbeit auf Abruf oder die Arbeit in Call-Centern. Der Band richtet sich an (potenzielle) Akteure in der Gesundheitsförderung und im Gesundheitsmanagement, in der Personalentwicklung, der Organisationsentwicklung, der Arbeitsmedizin und der Arbeitssicherheit.

Becker, Eckhard et al.: Betriebliches Gesundheitsmanagement nach DIN SPEC 91020, 126 Seiten, 38,00 Euro, Beuth 2014, ISBN 978-3-410-23890-4

Seit Juli 2012 gibt es mit der Spezifikation DIN SPEC 91020 einen allgemein akzeptierten Standard für »Betriebliches Gesundheitsmanagement«. Sie legt die Anforderungen an ein Betriebliches Gesundheitsmanagement fest und gibt Organisationen jeglicher Art, Branche und Größe Hilfestellung bei Planung, Aufbau, Einführung und Organisation eines solchen zertifizierungsfähigen Betrieblichen Gesundheitsmanagementsystems. Dabei wird auch die Eingliederung in ein eventuell bereits bestehendes Managementsystem unterstützt. Dieser Kommentar bietet neben den Anforderungen der Spezifikation im Originaltext anschauliche Erläuterungen und Umsetzungshilfen, Hinweise auf relevante Dokumente, geeignete Kennzahlen sowie relevante Gesetze, Verordnungen und Vorschriften.

Britschgi, Sigrid: Betriebliches Eingliederungsmanagement, 148 Seiten, 19,90 Euro, Bund-Verlag 2014, ISBN 978-3-7663-6295-7

Arbeitgeber sind gesetzlich verpflichtet, für Beschäftigte ein Betriebliches Eingliederungsmanagement (BEM) durchzuführen, wenn diese innerhalb eines Jahres länger als sechs Wochen arbeitsunfähig sind. Bei der krankheitsbedingten Kündigung muss das vorherige Durchführen eines Eingliederungsmanagements im Rahmen der Verhältnismäßigkeit sogar grundsätzlich berücksichtigt werden. Ein sinnvolles BEM sollte durch eine Betriebsvereinbarung unterstützt werden.

DGFP e. V. (Hrsg.): Integriertes Gesundheitsmanagement,
173 Seiten, 29,90 Euro, W. Bertelsmann Verlag 2013,
ISBN 978-3-7639-5376-9

Mehr Arbeit, ältere Belegschaft und Wertewandel: Unternehmen
müssen sich heute stärker als noch vor einigen Jahren mit dem
Thema Gesundheitsmanagement befassen, um ihre Mitarbeiter
zu binden und international wettbewerbsfähig zu bleiben. Das Kernstück des
Bandes bilden Informationen über den Aufbau eines Maßnahmenportfolios für
das integrierte Gesundheitsmanagement, die Umsetzung der Maßnahmen sowie Controlling, Kommunikation und Marketing. Beispiele aus den Unternehmen
REWE AG, MAN Truck & BuS AG Werk Salzgitter und Deutsche Bahn AG verdeutlichen die Umsetzung des Konzeptes in die Praxis. Im Anhang liefern Fragebögen,
Checklisten zur Budgetplanung und Betriebsvereinbarungen Informationen zur
Umsetzung in die Praxis.

**Esslinger, Adelheid Susanne et al. (Hrsg.): Betriebliches
Gesundheitsmanagement: Mit gesunden Mitarbeitern zu
unternehmerischem Erfolg**, 292 Seiten, 56,99 Euro,
Gabler Verlag, 2010, ISBN: 978-3-834920898

Das Betriebliche Gesundheitsmanagement (BGM) ist aufgrund
gesellschaftlicher und insbesondere demografischer Veränderungen ein viel diskutiertes Thema. Dieses Buch veranschaulicht anhand von
Best Practices mögliche Handlungsfelder, Bewertungsoptionen und die nachhaltigen Vorteile eines funktionierenden BGM in Unternehmen. Personalverantwortliche erhalten wertvolle Tipps für den Auf- und Ausbau eines BGM-Systems
im eigenen Unternehmen.

**Ghadiri, Argang et al. (Hrsg.): Trends im Betrieblichen
Gesundheitsmanagement: Ansätze aus Forschung und Praxis**,
284 Seiten, 39,99 Euro, Verlag Springer Gabler, 2016,
ISBN: 978-3-658079772

Dieser Herausgeberband schafft einen Überblick darüber, wie Betriebliches Gesundheitsmanagement neue Trends aus der Unternehmenspraxis und Forschung aufgreift und erfolgreich umsetzen kann. Experten
aus Theorie und Praxis liefern dazu Grundlagen sowie bisher selten berücksichtigte
Instrumente der Forschung im Betrieblichen Gesundheitsmanagement. Sie geben
praxisnahe Anregungen sowie Anleitungen, die Unternehmen leicht umsetzen können. Zielgruppen sind Unternehmen, Manager, aber auch Berater, Auditoren und
alle, die an dem Thema Gesundheit in Unternehmen interessiert sind.

Gronwald, Stephan/Melchart, Dieter: Gesundheitsförderung für kleine Unternehmen: Fakten und Praxistipps aus der Lebensstilforschung, 9,99 Euro, 72 Seiten, Verlag Springer, 2015, ISBN: 978-3-658117429

Dieses Buch bietet einen Einblick in die gesundheitliche Situation – physisch wie psychisch – am Arbeitsplatz, deren Betrachtung inzwischen nach dem Arbeitsschutzgesetz auch für die kleinen Betriebe zur Verpflichtung geworden ist. Die Autoren zeigen die neue Sichtweise auf die Gesundheit, aus der sich gerade für kleine und mittelständische Unternehmen viele Möglichkeiten ergeben, gesundheitsfördernde Rahmenbedingungen in ihrem Betrieb zu schaffen. Der Zugang zu dieser betrieblichen Gesundheitsarbeit führt künftig über das Wissen darüber, welchen Einfluss der Lebens- und Arbeitsstil auf den physischen und psychischen Zustand haben können. Die Unterstützung durch die Sozialversicherungen ist ebenfalls an die Beachtung dieser Leitprinzipien gekoppelt.

Hahnzog, Simon: Betriebliche Gesundheitsförderung, 341 Seiten, 44,99 Euro, Springer Gabler 2014, ISBN 978-3-658-02962-3

Gesunde Mitarbeiter in gesunden Unternehmen sparen ihrem Arbeitgeber nicht nur enorme krankheitsbedingte Kosten ein, sondern sind zudem motiviert, leistungsfähig und produktiv. Für Führungskräfte, Personalverantwortliche und Entscheider in klein- und mittelständischen Unternehmen ist es daher heute unerlässlich, sich der Herausforderung Betriebliche Gesundheitsförderung zu stellen oder bestehende Maßnahmen durch neuen Input zu verbessern. 24 Experten aus unterschiedlichsten Arbeitsschwerpunkten repräsentieren die Vielfalt der Handlungsfelder, in denen sich Betriebliche Gesundheitsförderung gestalten lässt.

Kaminski, Martin: Betriebliches Gesundheitsmanagement für die Praxis, 146 Seiten, 34,99 Euro, Springer Gabler 2013, ISBN 978-3-658-01274-8

Unternehmen investieren viele Ressourcen in Gesundheitsförderungsmaßnahmen, jedoch meist ohne eine systematische Analyse und Nachhaltigkeit. Das Buch bietet einen Leitfaden bei der konsequenten Einführung und Optimierung eines Betrieblichen Gesundheitsmanagement für interne wie externe Akteure einer Organisation unabhängig von deren Branche oder Größe. Es beschreibt, wie ein BGM gemäß den Anforderungen der DIN SPEC 91020 in einem Unternehmen eingeführt, betrieben und verbessert werden kann.

Marschall, Jörg et al. (Hrsg.): Gesundheitsreport 2016. Beiträge zur Gesundheitsökonomie und Versorgungs-forschung, 190 Seiten, 19,99 Euro, medhochzwei Verlag, 2016, ISBN: 978-3-862162857

Der Report bietet einen verlässlichen Überblick über das Krankheitsgeschehen in der Arbeitswelt. Der Gesundheitsreport setzt damit Impulse für ein effektives betriebliches Gesundheitsmanagement. Gender und Gesundheit: Die Autoren sind verschiedenen Thesen zum Zusammenhang von Arbeitsunfähigkeit und Geschlecht auf den Grund gegangen. Dazu wurden neben den Daten zur Arbeitsunfähigkeit auch die ambulanten Behandlungs-, sowie die Arzneiverordnungsdaten aller berufstätigen Versicherten analysiert. Eine umfangreiche Befragung der Beschäftigten zu aktuellen Einstellungen und Praktiken bei der Krankmeldung sowie eine Expertenbefragung ergänzen die Untersuchung.

Rebscher, Herbert et al. (Hrsg.): DAK Gesundheitsreport 2014: Analyse der Arbeitsunfähigkeitsdaten. Die Rushhour des Lebens: Gesundheit im Spannungsfeld zwischen Job, Karriere und Versorgungsforschung, 200 Seiten, 19,99 Euro, medhochzwei Verlag, 2014, ISBN: 978-3-862161447

Der jährlich erscheinende Gesundheitsreport analysiert die Daten zur Arbeitsunfähigkeit aller bei der DAK-Gesundheit versicherten Berufstätigen. Er bietet damit einen verlässlichen Überblick über das Krankheitsgeschehen in der Arbeitswelt. Die gesundheitliche Situation der 25- bis 39-Jährigen bildet den besonderen thematischen Schwerpunkt dieser Report-Ausgabe. Die jungen Berufstätigen befinden sich in der sogenannten »Rushhour« des Lebens, einer Phase, in der sich gleichzeitig auftretende Anforderungen und Wünsche aus Familie und Beruf ballen. Nicht zuletzt die Diskussion um den Fachkräftemangel, die erhöhte Erwerbsbeteiligung von Frauen sowie veränderte Erwartungen der Beschäftigten setzt viele Unternehmen unter verstärkten Zugzwang; sich familienfreundlicher zu zeigen.

Rössler, Wulf/Keller, Holm/Moock, Jörn (Hrsg.): Betriebliches Gesundheitsmanagement: Herausforderung und Chance, 128 Seiten, 32,00 Euro, Verlag Kohlhammer, 2.Auflage 2016, ISBN: 978-3-170313262

Der Arbeitsmarkt steht vor großen Herausforderungen: Die Anforderungen an die Mitarbeiter steigen stetig, die Zahl der Fachkräfte nimmt ab, während es immer mehr ältere Arbeitnehmer gibt. Wie kann es

Unternehmen und Institutionen gelingen, ihre Arbeitnehmer zu stärken und als Arbeitgeber attraktiv zu bleiben? Der Band geht in seiner zweiten Auflage unter anderem den Fragen nach, wer für die Folgekosten von psychischen Erkrankungen verantwortlich ist und inwieweit Betriebliches Gesundheitsmanagement maßgeblich zur Steigerung der betrieblichen Produktivität und Arbeitgeberattraktivität beiträgt.

Stein, Jürgen vom/Rothe, Isabel/Schlegel, Rainer (Hrsg.):
Gesundheitsmanagement und Krankheit im Arbeitsverhältnis, 871 Seiten, 109,00 Euro, Verlag C. H. Beck, 2015,
ISBN: 978-3-406662621

Der demografische Wandel führt zu alternden Belegschaften. Für den Erhalt der Arbeitsfähigkeit müssen die Unternehmen mehr und mehr präventiven Gesundheitsschutz aufbauen und erkrankten Mitarbeitern erweiterte Hilfen anbieten. Dabei wird auch eine deutlich höhere Berücksichtigung psychischer Belastungen erforderlich werden. Schließlich haben auch die Fälle krankheitsbedingter Beendigung von Arbeitsverhältnissen zugenommen. Die daraus resultierenden Maßnahmen werfen umfangreiche juristische Fragen für Unternehmen und deren Berater auf. Das Werk hilft beim rechtssicheren Aufbau präventiver Angebote in allen Bereichen des Gesundheitsschutzes, bei der Gestaltung von Eingliederungsmaßnahmen bis hin zur Kündigung langfristig erkrankter Arbeitnehmer.

Stierle, Jürgen / Vera, Antonio (Hrsg.): Handbuch Betriebliches
Gesundheitsmanagement, 400 Seiten, 69,95 Euro,
Schäffer-Poeschel Verlag 2013, ISBN 978-3-7910-3208-5

Das interdisziplinäre Handbuch erläutert die Grundlagen des Gesundheitsmanagements und stellt Konzepte sowie Instrumente für ein professionelles Gesundheitscontrolling vor, darunter: systematische Risikoanalyse und -steuerung, Aufbau eines Frühwarnsystems und Kosten-Nutzen-Überlegungen. Wie können Organisationen ein System für Gesundheitscontrolling aufbauen? Mit einem Schritt für Schritt-Leitfaden, einer branchenspezifischen Analyse und einem internationalen Vergleich von betrieblichen Gesundheitskonzepten.

Stumpf, Sebastian: Gesundheitsmanagement durch Netzwerke, 104 Seiten, 38,00 Euro, Diplomica Verlag 2012, ISBN 978-3-8428-7356-8

Betriebliches Gesundheitsmanagement (BGM) ist in den letzten Jahren verstärkt in den Fokus öffentlicher, politischer und vor allem wirtschaftlicher Debatten gerückt und entwickelte sich schnell zu einem wichtigen Teil erfolgreicher Unternehmenskultur. In dieser Arbeit wird das BGM aus Sicht der KMU betrachtet werden. Anhand eines Literaturüberblicks und anschließender Auswertung werden Probleme und Hindernisse aufgezeigt, die in KMU im Umgang mit BGM auftauchen können. Danach werden speziell für diese Chancen und Möglichkeiten dargestellt und ein angepasstes Vorgehen unter diesen Umständen empfohlen.

Treier, Michael/Uhle, Thorsten: Einmaleins des betrieblichen Gesundheitsmanagements: Eine Kurzreise in acht Etappen zur gesunden Organisation, 60 Seiten, 9,99 Euro, Verlag Springer, 2016, ISBN: 978-3-658120467

Michael Treier und Thorsten Uhle machen sich in diesem Wanderführer zum Betrieblichen Gesundheitsmanagement auf den Weg, um zu einer gesunden Arbeitswelt zu gelangen. Das nötige Rüstzeug und die Vorbereitungen für eine solche Wanderung werden ebenso beschrieben wie mögliche Hindernisse. In acht Abschnitten erfährt der Leser auf anschauliche Weise, wie man wichtige Etappen wie Einführung, Kommunikation, Umsetzung und Evaluation eines Betrieblichen Gesundheitsmanagements meistert und die Reise zur gesunden Organisation erfolgreich zum Abschluss bringt.

Uhle, Thorsten/Treier, Michael: Betriebliches Gesundheitsmanagement: Gesundheitsförderung in der Arbeitswelt – Mitarbeiter einbinden, Prozesse gestalten, Erfolge messen, 529 Seiten, 44,99 Euro, Verlag Springer, 3. Auflage 2015, ISBN: 978-3-662467237

Dieses Werk der betrieblichen Gesundheitsförderung zeigt Kernprozesse und neue Wege im Gesundheitsmanagement auf und erweitert durch eine psychologische Sichtweise die Handlungsmöglichkeiten. Das praxisnahe Werk enthält Handlungsempfehlungen zu individuellen und organisatorischen Maßnahmen, ein praktisches Gesamtkonzept für das Gesundheitsmanagement, Instrumente, mit denen Problemlagen identifiziert und Erfolge gemessen werden können, Fallbeispiele, Experteninterviews, Werkzeuge, Weblinks ein Glossar u.v.m. Eine Begleitwebsite bietet umfangreiche Arbeits- und Informationsmaterialien zum Download. Ein Buch für Personalleiter, Gesundheitsverantwortliche, Geschäftsführer, Berater und Coaches sowie Wissenschaftler und Studierende im Bereich Personal- und Gesundheitsmanagement. Die 3. Auflage wurde umfassend aktualisiert und erweitert.

Ulich, Eberhard/Wülser, Marc: Gesundheitsmanagement in Unternehmen: Arbeitspsychologische Perspektiven, 522 Seiten, 54,99 Euro, Verlag Springer Gabler, 6. Auflage 2014, ISBN: 978-3-658044848

Das Betriebliche Gesundheitsmanagement wird – nicht zuletzt wegen der hohen Kosten, die es zu vermeiden gilt – zunehmend zu einem wichtigen Wettbewerbsfaktor in Unternehmen. Die Autoren beschreiben in diesem erfolgreichen Standardwerk zunächst die durch Fehlbeanspruchungen und Krankheiten entstehenden Kosten und zeigen danach die wesentlichen Bestimmungsmerkmale des Betrieblichen Gesundheitsmanagements auf. Gesundheitsfördernde und -gefährdende Aspekte der Arbeit werden anhand verschiedener arbeitswissenschaftlicher Modelle dargestellt, geeignete Instrumente und Methoden zur langfristigen Einbettung des Themas Gesundheit in den betrieblichen Alltag werden vorgestellt. Beispiele guter Praxis helfen bei der Umsetzung.

Vaupel, Benjamin: Betriebliches Gesundheitsmanagement: Theoretische Grundlagen und Konzepterstellung für ein mittelständisches Industrieunternehmen, 100 Seiten, 44,99 Euro, Igel Verlag, 2014, ISBN: 978-3-954850044

Auch in der Arbeitswelt rückt die Gesundheit der Mitarbeiter immer stärker in den Fokus. Auf der einen Seite erzeugt der demografische Wandel alternde Belegschaften, auf der anderen Seite wächst der Druck auf Mitarbeiter und Unternehmen durch Globalisierung und technischen Fortschritt immer weiter. Die Gesundheit der Mitarbeiter ist jedoch in den allermeisten Betrieben dem Mitarbeiter selbst überlassen. Ein erhöhter Krankenstand erzeugt unnötige Kosten, nicht nur die Lohnfortzahlung sondern auch der Produktionsausfall führt zu zusätzlichen Belastungen. Dieses Fachbuch soll Einblicke in wichtige theoretische Bausteine und Grundlagen eines BGM bieten. Danach wird ein Konzept für die Osborn International GmbH, einem mittelständisches Unternehmen der verarbeitenden Industrie, dargestellt, wobei zuerst die Verhältnisse im Betrieb analysiert und dann Lösungsansätze für den Betrieb ausgearbeitet wurden.

Arbeitshilfen: Links, Checklisten, Übungen

Betriebliches Eingliederungsmanagement

Das Betriebliche Eingliederungsmanagement (BEM) ist ein wichtiges Instrument, um längerfristig oder wiederholt erkrankte Beschäftigte im Unternehmen zu halten. Es ist gesetzlich vorgeschrieben, damit der Arbeitgeber sich bemüht, Erkrankungen am Arbeitsplatz vorzubeugen beziehungsweise erkrankte Beschäftigte nach erfolgreicher Rehabilitation wieder im Unternehmen einzugliedern.

Das Gesetz verpflichtet den Arbeitgeber, eine bestimmte Abfolge der Maßnahmen einzuhalten und mit den Interessenvertretungen (Betriebs- oder Personalrat beziehungsweise Schwerbehindertenvertretung) sowie sonstigen Akteuren des Betrieblichen Gesundheitsmanagements zusammenzuarbeiten. Ziel sollte dabei in der Regel eine Betriebs- beziehungsweise Dienstvereinbarung sein.

Zahlreiche Broschüren, Leitfäden und Videos helfen Arbeitgebern dabei, ein BEM aufzusetzen:

- Iga-Report 24 zum BEM:
  www.iga-info.de/fileadmin/redakteur/Veroeffentlichungen/iga_Reporte/
  Dokumente/iga-Report_24_Betriebliches_Eingliederungsmanagement.pdf
- Publikation: Neue Wege im BEM:
  www.neue-wege-im-bem.de
- Broschüre: »Gesunde Mitarbeiter – gesunde Unternehmen« der Initiative Neue Qualität der Arbeit:
  www.inqa.de/DE/Angebote/Publikationen/psyga-gesunde-mitarbeiter-gesundes-unternehmen.html;jsessionid=5958E3F6BDCBA919121572391590166D
- Broschüre »Schritt für Schritt zurück in den Job«:
  www.bmas.de/DE/Service/Medien/Publikationen/a748-betriebliche-eingliederung.html
- Leitfaden »Betriebliches Gesundheitsmanagement – in 6 Schritten zum Erfolg«:
  www.uk-bund.de/downloads/Fachinfornationen%20AP/Leitfaden_BGM1_pdf_Datei.pdf
- Handlungsleitfaden für ein BEM:
  www.boeckler.de/pdf/p_arbp_199.pdf
- Praxishilfen zur Implementierung eines BEM:
  https://www.bmas.de/SharedDocs/Downloads/DE/PDF-Publikationen/f372-forschungsbericht-eibe-manual.pdf?__blob=publicationFile
- Projektbericht zum Projekt »Entwicklung und Integration eines Betrieblichen Eingliederungsmanagements«:
  www.bmas.de/SharedDocs/Downloads/DE/PDF-Publikationen/f372-forschungsbericht-eibe.pdf?__blob=publicationFile

- Projektbericht zur Weiterführung des Projektes »Entwicklung und Integration eines Betrieblichen Eingliederungsmanagements«:
  www.neue-wege-im-bem.de/sites/neue-wege-im-bem.de/dateien/download/Kaiser_-_EIBE_II-Projektbericht.pdf
- Erklärvideo zum BEM:
  https://www.youtube.com/watch?v=EPxXgZC5yzo

Gesundheitsförderlicher Büroarbeitsplatz

Arbeitsplätze müssen sowohl körperlich als auch psychisch angemessen und leistungsfördernd gestaltet sein. Die Qualität des Arbeitsplatzes beeinflusst maßgeblich die Leistungsbereitschaft und das Arbeitsergebnis der Mitarbeiter. Sind Arbeitsplätze zu eng, schlecht gepflegt oder unzureichend beleuchtet, können Beschäftigte nicht sorgfältig arbeiten. Arbeitsplätze sollten so eingerichtet sein, dass die Mitarbeiter jederzeit effektiv, sicher und mit hoher Qualität arbeiten können. Mehr Freude und Wohlbefinden bei der Büroarbeit sind die unmittelbare Folge. Denn die Arbeit im Büro ist körperlich belastender als viele denken: Das ständige Sitzen sowie einseitige und verkrampfte Haltungen können zu Muskelverspannungen, Haltungsschäden und Schmerzen führen. Ein ergonomisch eingerichteter Arbeitsplatz wirkt dem entgegen.

Mit dieser Checkliste können Sie überprüfen, ob Ihr Büroarbeitsplatz Ihrer Gesundheit förderlich ist.

Checkliste: Gesundheitsförderlicher Arbeitsplatz	Stimmt	Stimmt nicht
Ergonomische Büroeinrichtung		
Der Bürostuhl ist individuell einstellbar und optimal an Ihre Körpergröße angepasst.		
Sie können dank variabler Sitzflächenneigung öfter die Sitzposition auf dem Stuhl wechseln (die Rückenlehne sollte sich mitbewegen, sodass sie mal zurückgelehnter und mal aufrechter sitzen können).		
Ihr Schreibtisch ist höhenverstellbar und bietet ausreichend Platz für Ihre Arbeitsgeräte (Arbeitsfläche Schreibtisch mindestens 1,60 × 0,80 Meter).		
Unter dem Schreibtisch ist Ihre Beinfreiheit nicht eingeengt (im Idealfall ermöglicht Ihr Schreibtisch, dass Sie sowohl im Sitzen als auch im Stehen arbeiten können).		
Der Bürostuhl hat ein Prüfsiegel, zum Beispiel »Ergonomie geprüft« des TÜV Rheinland oder Gütesiegel der AGR (Aktion gesunder Rücken).		

Checkliste: Gesundheitsförderlicher Arbeitsplatz		
	Stimmt	Stimmt nicht
Die Aufbewahrungsmöbel sind funktionell und gut bedienbar (Container, Hängeregistraturen, Schränke etc.).		
Es ist ausreichend Abstellfläche für alle technischen Geräte vorhanden.		
Im Kabelmanagement sind alle benötigen Kabel verstaut, es gibt keine Stolperfallen.		
Computer, Maus und Tastatur		
Der Bildschirm blendet nicht, ist reflex- und flimmerfrei und entspricht den aktuellen Normen (GS-Zeichen für geprüfte Sicherheit). Er ist ausreichend groß und in Höhe und Neigung verstellbar.		
Der ganze Bildschirm ist ohne Kopfverdrehen ersichtlich.		
Die Bildschirmgröße beträgt mindestens 15 Zoll = 38 cm Bildschirmdiagonale; Bildschirmhöhe: oberste Zeile leicht unter Augenhöhe.		
Der Abstand der Augen zum Bildschirm beträgt 50 bis 80 cm.		
Eine ergonomische Tastatur und Maus und eventuell Spezialgeräte für lange Eingabezeiten wie Unterarmstützen und Handballenauflagen sind vorhanden.		
Ein Laptophalter oder ein externer Monitor sowie eine externe Tastatur und eine externe Maus sind vorhanden, wenn ein Laptop stationär verwendet wird.		
Zur Eingabe von Texten sind Dokumentenhalter vorhanden.		
Die Tastatur ist hand- und fingergerecht geformt und hat das GS-Zeichen für geprüfte Sicherheit.		
Die Software entspricht ergonomischen Kriterien.		
Arbeitsorganisation		
Sie unterbrechen Ihre Arbeit am Computer durch regelmäßige, kurze Pausen (Faustregel: Je Arbeitsstunde sollten Sie fünf Minuten Bildschirmpause machen).		
Sie essen nicht am Arbeitsplatz, sondern gehen dazu an einen gesonderten Ort.		
Sie machen aktiv Bewegungspausen (indem zum Beispiel das Telefon auf einem Stehpult platziert wird oder sich der Drucker in einem anderen Raum befindet).		

Checkliste: Gesundheitsförderlicher Arbeitsplatz

	Stimmt	Stimmt nicht
Beleuchtung		
Es gibt in Ihrem Büro eine harmonische, flimmerfreie und blendfreie Grundbeleuchtung (500 Lux).		
Zwischen der hellsten und dunkelsten Fläche im unmittelbaren Arbeitsbereich beträgt das Verhältnis 3 : 1; zwischen Arbeitsplatz und der weiteren Umgebung nicht mehr als 10 : 1.		
Es gibt eine individuell regulierbare Beleuchtung am Arbeitsplatz.		
Es gibt einen möglichst hohen Anteil an Tageslicht, der jedoch durch Jalousien regulierbar ist.		
Die Computerbildschirme sind so aufgestellt, dass es möglichst wenig Lichtreflexionen gibt.		
Lärm		
Laute Geräte wie viele Drucker stehen unter einer Schallschutzhaube oder in einen Nebenraum.		
Zwischen den Arbeitsplätzen sind Schallschutzwände aufgestellt.		
Raumgröße und -klima		
Die Arbeitsräume sind mindestens acht Quadratmeter groß und weisen eine Raumhöhe von 2,50 Meter auf.		
Die Büroräume werden mehrmals am Tag gelüftet (kurzes Stoßlüften ist für die Luftaustausch am effektivsten).		
Die Luftfeuchtigkeit sollte zwischen 40 und 60 Prozent liegen und die Temperatur bei etwa 21 Grad Celsius.		
Treppen müssen ab einer bestimmten Stufenzahl mit einem Handlauf ausgerüstet sein. Ausschlaggebend sind die Bestimmungen der jeweiligen Landesbauordnung.		
Arbeits-, Pausen- und andere Aufenthaltsräume haben eine Sichtverbindung nach Außen (zum Beispiel Fenster).		
Es gibt Grünpflanzen im Büro (sie verbessern das Raumklima erheblich, erhöhen die Luftfeuchtigkeit und können Luftschadstoffe abbauen).		

Gezieltes Gesundheitsmanagement

Die gesundheitliche Betreuung der Mitarbeiter durch den Arbeitgeber sollte durch eine ständige und systematische Förderung der Gesundheitskompetenz begleitet werden. Überwiegend wird dies durch gezielte Maßnahmen der Verhaltensprävention und des gesundheitlichen Verhaltens bei akuten Gesundheitsproblemen erreicht. Gesundheitskompetenz kann aber auch losgelöst von konkreten Maßnahmen durch allgemeine Informationen zu Gesundheitsfragen in Veranstaltungen oder gedruckten Medien verbessert werden.

Ausgehend von diesen Ansatzpunkten ergeben sich die Elemente für ein systematisches Gesundheitsmanagement. Wichtig ist, dass:

- alle wesentlichen Belegschaftsgruppen für Gesundheitsfragen, Prävention und Lösung akuter gesundheitlicher Probleme sensibilisiert sind,
- kompetente betriebliche Akteure (Führungskräfte, Mitarbeiter und Fachpersonal) eingesetzt werden und so geeignete Strukturen (Richtlinien, Organisationsabläufe) geschaffen werden,
- die Qualität und der Erfolg des Gesundheitsmanagements ständig überprüft werden (Controlling).

Die nachfolgende Checkliste enthält Faktoren, die Ihnen die Konzeption und Einführung eines funktionierenden Gesundheitsmanagements erleichtert. Je mehr Fragen Sie mit Ja beantworten können, umso wahrscheinlicher ist der Erfolg der Implementierung.

Checkliste: Einführung eines Gesundheitsmanagementsystems	
Wurde die Entscheidung über die Einführung eines Gesundheitsmanagements auf Führungsebene beschlossen?	
Wird die Implementierung systematisch vorbereitet und geplant?	
Werden die Akteure (Vorgesetze, Mitarbeiter, Betriebsrat, Fachkräfte etc.) bei der Konzeption des Gesundheitsmanagements eingebunden?	
Verfügen alle Akteure über die notwendigen fachlichen, methodischen und persönlichen Kompetenzen?	
Werden mögliche Vorbehalte einzelner Akteure angemessen berücksichtigt?	
Gibt es Anhaltspunkte in der Unternehmenskultur, an denen das Gesundheitsmanagement ansetzen kann?	
Sind die Ergebnisse des Gesundheitsmanagements in einem geeigneten Anfangsprojekt messbar?	
Erhält jeder neue Mitarbeiter eine gründliche Einarbeitung – auch in Sachen Sicherheit und Gesundheit am Arbeitsplatz?	
Werden Unterweisungen durchgeführt und auch kontrolliert?	
Werden regelmäßig arbeitsmedizinische Untersuchungen durchgeführt?	
Gilt in allen Fragen des Gesundheitsmanagements der Grundsatz der wechselseitigen, offenen Information, Kommunikation und Unterstützung?	

Betriebsvereinbarung zum Gesundheitsmanagement

Eine Betriebsvereinbarung ist ein innerbetrieblicher Vertrag zwischen Arbeitgeber und Betriebsrat. Sie wird von beiden Seiten gemeinsam beschlossen, schriftlich verfasst und unterzeichnet. Die Betriebsvereinbarung gilt unmittelbar und zwingend für alle Mitarbeiter. Eine Betriebsvereinbarung kann auch aufgrund eines Spruchs der Einigungsstelle zustande kommen.

In den Fällen, in denen das Gesetz eine gleichberechtigte Mitbestimmung des Betriebsrats vorsieht, gibt es in der Regel auch eine Betriebsvereinbarung. Das betrifft vor allem die Mitbestimmung nach §87 BetrVG (soziale Angelegenheiten). Hier kann der Betriebsrat eine Betriebsvereinbarung erzwingen. Darüber hinaus können freiwillige Betriebsvereinbarungen abgeschlossen werden. Freiwillig bedeutet, dass eine Betriebsvereinbarung nicht von einer Seite erzwungen werden kann. Fast alles kann in einer Betriebsvereinbarung geregelt werden, so auch die Einführung eines Betrieblichen Gesundheitsmanagements.

Die folgende Checkliste zeigt Ihnen, ob Sie dabei wichtige Punkte beachtet haben.

Checkliste: Betriebsvereinbarung zum Gesundheitsmanagement	Ja	Nein
Ist der rechtsverbindliche Charakter der Betriebsvereinbarung klar und eindeutig zu erkennen?		
Ist der Zweck der Betriebsvereinbarung klar definiert?		
Umfasst der Geltungsbereich alle Mitarbeiter (und Unternehmensteile)?		
Werden in der Betriebsvereinbarung alle gesetzlich festgelegten Regelungen zum Gesundheits- und Sicherheitsschutz der Arbeitnehmer berücksichtigt?		
Bekennt sich die Unternehmensleitung zur Gesamtverantwortung für die Gesundheit und Sicherheit der Beschäftigten?		
Ist der Passus zu finden, dass die Vereinbarung und die Ergebnisse der beschlossenen Maßnahmen zur Gleichbehandlung allen Mitarbeitern im Unternehmen in schriftlicher Form und allen relevanten Sprachen bekannt gemacht werden?		
Wurden das Datum des Inkrafttretens und die Laufzeit der Betriebsvereinbarung in das Dokument aufgenommen?		

Übung: Gesundheitsmanagement im Unternehmen einführen

Der Personalleiter eines mittelständischen metallverarbeitenden Betriebs mit knapp 60 Mitarbeitern wurde vom Geschäftsführer damit beauftragt, Vorschläge für die Implementierung eines gezielten Gesundheitsmanagements im Unternehmen auszuarbeiten. Bisher wurden sämtliche Maßnahmen, etwa Weiterbildungsprogramme für Mitarbeiter und Schichtleiter, eher sporadisch angeboten. Die Idee zur Implementierung des Gesundheitsmanagements wurde während des letzten Meetings des Arbeitsausschusses geboren. Dort hatte man festgestellt, dass bisherige Maßnahmen, etwa Mitarbeiterschulungen, zu uneffektiv sind und zu schnell verpuffen. Der Personalleiter soll die Ergebnisse beim nächsten Meeting in drei Monaten präsentieren.

Die Aufgaben für den Personalleiter lauten:
1. Erstellung einer Ist-Analyse,
2. Festlegung von Prioritäten,
3. Vorschlag von Maßnahmen.

Bitte versuchen Sie, diese Aufgaben mit den im Praxisratgeber enthaltenen Informationen anzugehen. Anschließend vergleichen Sie bitte Ihre Lösung mit dem folgenden Vorschlag zur Vorgehensweise.

Vorschlag zur Vorgehensweise
1. Erstellung einer Ist-Analyse
   Um einen genauen Überblick über die Situation des Arbeitsschutzes und der Gesundheit im Betrieb zu erhalten, empfiehlt es sich, dass der Personalleiter wie folgt vorgeht:
   – Erstellung eines betrieblichen Gesundheitsberichts auf Grundlage von anonym ausgewerteten Arbeitsunfähigkeitsdaten und gegebenenfalls auch Arzneimitteldaten der Krankenkassen sowie Belastungsdaten des Betriebs,
   – Organisation einer Mitarbeiterbefragung,
   – Interviews mit wichtigen betriebsinternen Akteuren (Mitglieder des Arbeitsausschusses),
   – Betriebsbegehung (mit dem Betriebsarzt und anderen Fachkräften) und teilnehmende Beobachtung der Arbeitsabläufe.
2. Festlegung von Prioritäten
   Die Ergebnisse der Ist-Analyse erlauben eine Einschätzung darüber, welche Gesundheitsfragen im Betrieb relevant sind. Um zu entscheiden, welche Probleme vorrangig bearbeitet und gelöst werden müssen, bildet er in Absprache mit dem Geschäftsführer und dem Betriebsrat einen Arbeitskreis »Gesundheit im Betrieb«. Ihm gehören alle wichtigen Entscheidungsträger, Interessenvertreter und Experten an.
   Auf Grundlage der präsentierten Ergebnisse werden nun gemeinsam die Prioritäten festgelegt und schriftliche Gesundheitsleitlinien ausgearbeitet.
3. Vorschlag von Maßnahmen
   Die festgelegten Prioritäten erlauben es dem Personalleiter, ein mittel- und langfristiges betriebliches Gesundheitsförderprogramm auszuarbeiten.

Dazu formuliert er konkrete Ziele und unter Einbindung der Betriebskrankenkasse und der Berufsgenossenschaft einen Maßnahmenkatalog sowie einen detaillierten Zeitplan.

Den Maßnahmenkatalog, den er dem Arbeitssicherheitsausschuss vorstellt, umfasst:

- die Einrichtung von Gesundheitszirkeln bestehend aus Mitarbeitern, die für einzelne Unternehmensbereiche kontinuierliche Verbesserungsvorschläge erarbeiten und dem Arbeitskreis zur Entscheidung präsentieren,
- die Verbesserung der ergonomischen Arbeitsbedingungen,
- ein Vorschlagswesen zur Arbeitsplatzgestaltung,
- die Einführung eines Gesundheitsportals im Intranet, auf dem Mitarbeiter alle wesentlichen Informationen rund um das Thema Gesundheit und Arbeitsschutz erhalten und Lernmaterialien zur Verfügung gestellt werden,
- eine Auswahl ausgesuchter Seminare sowie Rückenschule und Stressbewältigungsprogramme.

Organisationskultur

Umsetzung eines Betrieblichen Eingliederungsmanagements in einem mittelständischen Unternehmen

Christian Fuhrken, M. A. Sport & Gesundheit, Oldenburg

Die Gründe für die Einführung eines Betrieblichen Eingliederungsmanagements sind vielseitig. Ob es Erfolg versprechend eingeführt und etabliert werden kann, wird durch mehrere Punkte bestimmt. Transparenz und Beteiligung spielen dabei eine wichtige Rolle. Anhand eines Projektes zum Betrieblichen Eingliederungsmanagement bei der Cooper Standard GmbH in Lindau werden nachfolgend Entwicklung und Planung, Kommunikation und Dokumentation, notwendige Qualifizierungsmaßnahmen sowie der gesamte Ablauf mit abschließender Evaluation im Detail erläutert.

Grundlagen des Betrieblichen Eingliederungsmanagements

Das Betriebliche Eingliederungsmanagement (BEM) findet sich seit Mai 2004 in der Erweiterung des §84 Sozialgesetzbuch Neuntes Buch (SGB IX) Abs. 2 als gesetzliche Verankerung wieder. Damit stellt es neben den gesetzlichen Bestimmungen zum Arbeitsschutz ein weiteres Instrument dar, das Arbeitgeber – unabhängig von ihrer Größe – zu Investitionen in die Mitarbeitergesundheit verpflichtet. Darüber hinaus ist es ein Instrument, das unmittelbar in unternehmerische Strukturen eingreift. (Niehaus/ Marfels/ Vater/ Magin/ Werkstetter, 2008). Das BEM ist als Präventionsinstrument zu verstehen und als solches zu interpretieren. Ziel ist die Ermittlung von Wegen, die die Arbeitsunfähigkeit überwinden, erneuter Arbeitsunfähigkeit vorbeugen und den Arbeitsplatz erhalten können.

In der Literatur wird die Zielgruppe des BEM zum Teil unterschiedlich interpretiert. Paridon (2009) spricht von drei Positionen.
- Zum einen die restriktive Auslegung, die nur Schwerbehinderten einen Anspruch auf BEM gewährt.
- Zum zweiten eine Interpretation, die nicht nur schwerbehinderten und ihnen gleichgestellten Beschäftigen ein BEM anbietet, sondern auch jenen, die von Behinderung bedroht sind.
- Eine dritte Position umfasst alle Beschäftigten, inklusive derjenigen, die nicht von Behinderung bedroht sind (ebd.).

Letztere Position wird auch in einer Studie des Bundesministeriums für Arbeit und Soziales vertreten, nach der das BEM für alle Beschäftigten gilt, unabhängig davon, ob sie schwerbehindert sind oder nicht (Niehaus/ Marfels/ Vater/ Magin/ Werkstetter, 2008). Aus Sicht der Autoren gilt es demnach festzuhalten, dass das BEM für alle Beschäftigten in Frage kommt, die in den gesetzlichen (zeitlichen) Geltungsbereich fallen.

Das Gesetz schreibt keine klare Vorgehensweise zum BEM vor; sehr wohl jedoch die Verantwortung zur Ausgestaltung. Diese liegt demnach allein beim Arbeitgeber. Das bestätigt die Annahme, dass BGM-Maßnahmen generell sehr individuell auf die Strukturen und Rahmenbedingungen der Unternehmen zugeschnitten werden müssen. Der folgende grundsätzliche Aufbau lässt sich aus der Literatur entnehmen:

1. Feststellung der Arbeitsunfähigkeit von mehr als sechs Wochen (42 Kalendertage),
2. Erstkontakt mit dem betroffenen Beschäftigten,
3. Führen des Informations-/Erstgesprächs,
4. Fallbesprechung (innerhalb des BEM-Teams/mit oder ohne Beschäftigten),
5. Umsetzung der Maßnahmen,
6. Prüfung der Maßnahmenwirksamkeit,
7. Abschluss des BEM.

Gründe zur Einführung eines systematischen BEM

Die Gründe für die Einführung eines systematischen, prozessgesteuerten BEM sind vielseitig. Neben der eingangs beschriebenen gesetzlichen Forderung liegen sowohl volks- als auch betriebswirtschaftliche Argumente für eine Umsetzung vor. Auch die Auswirkungen des demografischen Wandels stellen Motive für eine Implementierung dar. Zu guter Letzt darf der präventive Charakter des BEM nicht unterschätzt werden, nicht ohne Grund ist das BEM unter dem Kapitel Prävention zu finden. Darüber hinaus hat das BEM eine wichtige Früherkennungsfunktion (Hesse, 2010). Da das BEM als systematischer Prozess etabliert werden soll, ist es möglich, die Informationsgewinnung für Maßnahmen der betrieblichen Prävention (Niehaus/Marfels/Vater/Magin/Werkstetter, 2008) zu nutzen.

Die Bundesanstalt für Arbeitsschutz und Arbeitsmedizin (BAuA) schätzt seit Jahren die Kosten von Arbeitsunfähigkeit. Auf der Basis von 30 Millionen gesetzlich versicherten Mitgliedern kam es 2014 zu einem Produktionsausfall von 54 Milliarden Euro sowie zu einem Bruttowertschöpfungsverlust von geschätzten 90 Milliarden Euro (BAuA, 2016). Allein der Anteil des produzierenden Gewerbes liegt bei ca. 32 Prozent. Den Unternehmen entstehen durch Arbeitsunfähigkeit und der in Deutschland geregelten Entgeltfortzahlung im Krankheitsfall direkte Kosten. Dabei gilt es anzumerken, dass das BEM nicht vorrangig dazu konzipiert wurde, die Kosten der Unternehmen zu senken, da die Lohnfortzahlung nach dem Geltungsbereich von sechs Wochen ohnehin ausläuft und die Beschäftigten die Krankengeldzahlungen ihrer jeweiligen Krankenversicherung erhalten. Das BEM ist also nicht als bloßes Blaumacher-Management (Mehrhoff, 2007) zu verstehen und unterscheidet sich unter anderem dadurch von Krankenrückkehrgesprächen (ebd.).

Etwaige Ausgaben, die für Neueinstellungen, Vertretungen und/oder Einarbeitungszeiten entstehen könnten, können mit einem systematischen BEM reduziert und auf einem geringen Niveau gehalten werden. Nicht zu unterschätzen sind nach Vater & Niehaus (2013) im Übrigen die schwer quantifizierbaren Werte wie Erfahrungswissen und technisches Know-how. Die Ausgaben der Sozialversicherungsträger für Krankengeldzahlungen innerhalb der letzten vier Jahre sind um ca. 3,5 Millionen Euro gestiegen (Bundesministerium für Gesundheit, 2014; Bundesministerium für Gesundheit, 2011). Im Hinblick auf den demografischen Wandel und den damit stetigen Rückgang der Erwerbsbevölkerung, müssen die zunehmenden Kosten auf eine abnehmende Zahl an sozialversicherungspflichtigen Arbeitnehmern verteilt werden.

Das BEM-Konzept
Die Voraussetzungen für eine erfolgsversprechende Einführung und Etablierung eines BEM sind durch mehrere Punkte bestimmt. Die Integrationsämter der Landschaftsverbände Rheinland und Ostwestfalen-Lippe weisen in dem Kontext in ihren Handlungsempfehlungen zum Betrieblichen Eingliederungsmanagement auf sogenannte mögliche Stolpersteine (Wallmann/Beyer/Ihme, 2013) hin. Darunter fallen beispielsweise das Nichterkennen der Bedeutung des BEM und die nicht vorhandene Akzeptanz des BEM bei den Beschäftigten. Darüber hinaus beeinflussen Boykott provozierendes Verhalten seitens der Geschäftsführung (Angst vor entstehenden Kosten), der Interessenvertretung und/oder den Führungskräften (Angst vor Bedeutungs- und Machtverlust) die Einführung eines BEM negativ (ebd.).

Mehrhoff (2007) betont die wichtige Voraussetzung, Beschäftigte in den Entwicklungsprozess einzubinden. Wallmann et al. (2013) führen weiter aus, dass die Rückendeckung beziehungsweise das aktive Mitwirken an der Ein- und Durchführung des BEM nicht rein formal, sondern auch inhaltlich von der Geschäftsführung und der Interessenvertretung ausgefüllt werden solle. Transparenz und Beteiligung spielen dabei eine ebenfalls wichtige Rolle. So schlussfolgern Niehaus et al. (2008), dass die Transparenz des Verfahrens, ebenso wie ein verantwortungsvoller Umgang mit den vertraulichen Daten und umfassende Information der Beschäftigten von enormer Bedeutung seien.

All die genannten Punkte sind Argumente für das Festlegen von Verfahren und Verantwortlichkeiten in verbindlichen Erklärungen. Dafür eignet sich im betrieblichen Kontext das Instrument der Betriebsvereinbarung. Auch Oppolzer (2010) empfiehlt, gerade aufgrund der Tatsache, dass der Gesetzgeber keine klaren Vorgaben macht, Abläufe und Verantwortlichkeiten in einer strukturierten Betriebsvereinbarung festzulegen (Oppolzer, 2010).

Entwicklung der Grundlagen

Die Cooper Standard GmbH in Lindau mit rund 1.100 Mitarbeitern ist im Rahmen des Mutterkonzerns Cooper Standard weltweit führend in der Entwicklung und Herstellung von Karosseriedichtsystemen, Fensterführungstechnologien und Einklemmschutztechnologien für die Automobilindustrie. Die Produktion erfordert dabei höchste Präzision sowie hochmoderne Maschinen und erfahrene, leistungsstarke Mitarbeiter. Steigende physische aber auch psychosoziale Arbeitsanforderungen fordern den Mitarbeitern neben einem ständigen Leistungs- und Kostendruck dabei einiges ab.

Am Standort Lindau führten häufige, lange und somit kostenintensive Ausfallzeiten dazu, dass sich die Geschäftsführung dazu entschied, ein Betriebliches Eingliederungsmanagement (BEM), insbesondere vor dem Hintergrund seines präventiven Charakters, systematisch einzuführen und zu betreiben. Bestärkt wurde diese Entscheidung durch Ergebnisse mehrerer unabhängiger Studien, die den positiven Return-on-Invest eines systematischen BEM belegen.

Nachdem die Geschäftsführung beschlossen hatte, ein systematisches BEM einzuführen, kam es im Februar 2014 zu Beginn des sechsmonatigen Projektes mit Personalverantwortlichen und der betriebsärztlichen Vertretung zu einer ersten Projektabstimmung. In Anlehnung an Kaiser et al. (2009) wurde zu Projektbeginn ein Steuerkreis BEM eingerichtet. Es bestand aus

- dem Human Resources Manager,
- einer Personalreferentin,
- der Betriebsmedizin,
- dem Betriebsratsvorsitzenden,
- der Schwerbehindertenvertretung,
- dem HS&E-Manager (Health Safety Environment: Arbeitssicherheit) und
- dem BEM-Beauftragten..

Es war ein regelmäßiges Meeting (wöchentlich) anberaumt, um die Fortschritte von Beginn an mit allen Verantwortlichen zu begleiten. Dabei fungierte der BEM-Beauftragte in Anlehnung an die EIBE-Koordinatoren (Entwicklung und Integration eines Betrieblichen Eingliederungsmanagements, vgl. Kaiser/Frohnweiler/Jastrow/ Lamparter, 2009) als externer Koordinator mit Aufgaben in der Projektkoordination, -konzeption und weiteren administrativen Bereichen. Damit lehnte sich die Rolle des BEM-Beauftragten an die des qualifizierten Disability Managers an.

Der Meilenstein des Projekts setzt sich aus einzelnen Teilzielen zusammen. Die systematische Vorgehensweise sollte in Form einer Betriebsvereinbarung festgehalten werden. Nach dieser konnten die Verantwortlichkeiten sowie die Prozesse des BEM im Sinne eines Handlungsleitfadens schriftlich fixiert werden. Ziel war es ferner, die Basisermittlung des Workability Index (WAI) als festen Analysebestandteil des BEM einzuführen. Die Bildung des BEM-Teams, das die Aufgaben zur eigentlichen Umsetzung des BEM wahrnimmt, stellte ein weiteres Teilziel dar. Die Altersstruktur- und Fehlzeitenanalyse ist Bestandteil der Basisanalyse und sollte neben der Identifikation von Beschäftigten im Geltungsbereich des BEM (BEM-Berechtigte) allgemeine Erkenntnisse zur Demografie des Standortes aufzeigen.

Im Rahmen von Informations-Events war es Ziel, sowohl die Belegschaft über das Projekt und seinen Fortschritt zu informieren sowie Führungskräfte in Workshops für das Thema zu sensibilisieren und zu schulen. Der Beginn der Umsetzung des BEM war zum Ende des zweiten Quartals 2014 geplant. Dabei sollte neben der Auswertung des unternehmensspezifischen Gesundheitsberichtes der AOK die Identifikation von und erste Kontaktaufnahme mit den BEM-Berechtigten erfolgen.

Qualifizierung der Beteiligten

Die Qualifikation von Verantwortlichen im BEM hat eine hohe Bedeutung. Insbesondere bei der Einführung, so Knoche et al. (2013), ist eine professionelle und qualitativ hochwertige Begleitung einer der Erfolgsfaktoren. Aus diesem Grunde hielt man es für zielführend und erfolgversprechend, das BEM-Team sowohl intern als auch extern zu schulen. Dabei wurden durch den BEM-Beauftragten die Grundlagen des BEM im Rahmen eines Impulsvortrags vermittelt. Neben dieser internen Qualifizierung erfolgte eine eintägige Schulung durch das Integrationsamt Schwaben, an der die Mitglieder des BEM-Teams teilnahmen.

Da sowohl das Einbinden als auch das Sensibilisieren und Schulen der Führungskräfte eine weitere Schlüsselstelle bei der Implementierung des BEM ist, gilt es diese in initialen sowie regelmäßigen Schulungen zu qualifizieren. Eggerer & Kaiser (2007) empfehlen dazu Schulungen zu den Themen Sensibilisierung, Gesprächsführung, Konfliktmanagement, Sozialversicherungssystem, Arbeits- und Sozialrecht sowie Fördermittel. Aus Sicht des Verfassers ist vor dem Hintergrund, dass mit dem BEM erste systematische Ansätze zur betrieblichen Gesundheitspolitik angestoßen werden, die Sensibilisierung der Führungskräfte priorisiert anzusehen.

Kommunikation und betriebsinterne Öffentlichkeitsarbeit

Die Kommunikation sowie das Einbinden der Beschäftigten sind bei der erfolgreichen Implementierung des BEM von großer Bedeutung. Aus diesem Grunde empfiehlt es sich, die Beschäftigten von Beginn an am Entwicklungsprozess teilhaben zu lassen und diesen transparent zu gestalten. Dies erfolgte zum einen durch eine unmittelbare, enge Zusammenarbeit mit Vertretern des Betriebsrates und zum anderen mit der Projektankündigung über diverse Kanäle.

Das Hauptelement der betriebsinternen Öffentlichkeitsarbeit stellte ein eigens erstellter Informationsflyer dar, der mit der Gehaltsabrechnung an jeden Beschäftigten verschickt wurde. Dieser beinhaltete die wesentlichen Bestandteile des BEM sowie Informationen zu Hintergründen, Verfahren und Beteiligten.

Dokumentation und Datenschutz

Neben den oben genannten Punkten ist auch die Dokumentation einer der zentralen Punkte im BEM. Dabei gilt es, wie im gesamten BEM-Verfahren, den Datenschutz zu wahren (Giesert/Reiter/Reuter, 2013). Dazu unterzeichneten die Mitglieder des BEM-Teams eine Verpflichtungserklärung nach §5 Bundesdatenschutzgesetz (BDSG) zur Wahrung des Datengeheimnisses. Darüber hinaus wurden die dokumentierten BEM-Prozesse in gesonderten BEM-Akten in einem verschließbaren Aktenschrank beim Betriebsrat gelagert. Somit waren sie weder zugänglich für Dritte noch konnten sie mit der Personalakte zusammengeführt werden. Neben diesen Aspekten ist die Dokumentation für eine spätere Evaluation des gesamten Konzeptes wichtig.

Implementierung und Umsetzung

Das Betriebliche Eingliederungsmanagement gilt für alle Beschäftigten der Cooper Standard GmbH in Lindau, die die gesetzlichen Bestimmungen des BEM erfüllen. Dazu gehören entsprechend alle Beschäftigten, die innerhalb von zwölf Monaten länger als 42 Wochentage ununterbrochen oder wiederholt arbeitsunfähig waren und deren Arbeitsunfähigkeit andauert. Den Zielen dienen Maßnahmen des fähigkeitsgerechten Arbeitseinsatzes, des Arbeits- und Gesundheitsschutzes, der gesundheitsförderlichen Gestaltung der Arbeit, der Gesundheitsförderung, der Rehabilitation und der beruflichen Bildung. Die Teilnahme von Beschäftigten am BEM ist dabei grundsätzlich freiwillig. Aus der Teilnahme oder Nichtteilnahme entstehen keinerlei Nachteile.

Zur Bearbeitung der Eingliederungsaufgaben aus dem BEM-Konzept wurde ein BEM-Team gebildet. Dieses besteht aus zwei Vertretern des Arbeitgebers (BEM-Beauftragter und Vertretung Personalabteilung), ein bis zwei Vertretern des Betriebsrates, gegebenenfalls der Schwerbehindertenvertretung und der Betriebsmedizin. Fallbezogen können zum BEM-Team dabei weitere interne und externe Experten hinzugezogen werden. Das BEM-Team trifft sich regelmäßig zum BEM-Zirkel, um allgemeine Themen und die Fortschritte des Projektes zu besprechen (während der Zeit der Implementierung wöchentlich; anschließend

nach Vereinbarung). In Abstimmung mit den zuständigen betrieblichen Verantwortlichen veranlasst beziehungsweise regelt das BEM-Team darüber hinaus

- Maßnahmen der Situationsanalyse,
- die Durchführung von Arbeitsversuchen,
- die Umsetzung auf einen anderen Arbeitsplatz,
- die Anpassung der Arbeitsplatzgestaltung/Arbeitsorganisation/Arbeitsauf-
  gabe,
- die Anpassung der Arbeitszeit des Betroffenen und
- die Teilnahme des Beschäftigten an internen beziehungsweise externen
  Weiterbildungsmaßnahmen.

Die Personalabteilung sendet dem BEM-Team zum ersten Werktag eines jeden
Monats die Fehlzeitenliste zu. Diese enthält

- Name,
- Vorname,
- Personalnummer,
- Bereich,
- Arbeitszeit,
- Staatsangehörigkeit,
- Arbeitsunfähigkeits-Tage,
- Arbeitsunfähigkeits-Fälle, Unfalltage, Unfälle (jeweils über die vergangenen
  zwölf Monate) und gegebenenfalls
- die Schwerbehinderteneigenschaft der Beschäftigten.

Die Fehlzeitenliste wird in Form einer ewigen BEM-Liste monatlich aktualisiert,
die der Betriebsrat in Kopie erhält.

Das BEM-Team nimmt nach Sichtung und Identifizierung der BEM-Berechtigten
umgehend Kontakt auf. Darin informiert es in einem Anschreiben über Anlass,
Ziel und Freiwilligkeit des BEM und lädt zu einem Informationsgespräch ein.
In Form eines Rückmeldebogens erfolgt die Rückmeldung zur Teilnahme oder
Nichtteilnahme am Informationsgespräch. Zu diesem kann eine Vertrauensper-
son hinzugezogen werden. Erfolgt keine Rückmeldung, wird das Anschreiben
über das Informations- und Gesprächsangebot nach zwei Wochen in Form eines
Erinnerungsschreibens wiederholt.

Erst- und Wiederholungskontakt können im begründeten Bedarfsfall auch telefonisch oder persönlich erfolgen. Ebenfalls hinzugefügt wird der Hinweis, dass
das Angebot zum Informationsgespräch jederzeit vom Beschäftigten wieder
aufgegriffen werden kann. Dazu sucht der Beschäftigte den Kontakt zu einem
Mitglied des BEM-Teams. Das BEM gilt nach dem Erinnerungsschreiben als abge-
lehnt und beendet, sobald auch daraufhin keine Rückmeldung innerhalb von

14 Kalendertagen erfolgt. Der BEM-Beauftragte informiert im persönlichen Informationsgespräch über sämtliche den Prozess umfassenden Schritte und Inhalte des BEM.

Situationsanalyse, Fallbesprechung und Abschluss

Stimmt der Beschäftigte dem BEM zu und wird ein Handlungsbedarf im Sinne des BEM festgestellt, vereinbaren der BEM-Beauftragte und der Beschäftigte einen Termin für die Fallbesprechung mit dem BEM-Team. Zentraler Inhalt der Fallbesprechung ist eine gründliche Analyse der Situation des Beschäftigten. Im Rahmen dieser Analyse wird ermittelt, welche Bedingungen zur Arbeitsunfähigkeit geführt haben und mit welchen betrieblichen und außerbetrieblichen Maßnahmen wieder dauerhafte Arbeitsfähigkeit und berufliche Teilhabe erreicht werden können.

Die Situationsanalyse beinhaltet folgende Aspekte und Maßnahmen:

- Selbsteinschätzung des Beschäftigten zu den Arbeitsbedingungen,
- Anforderungsprofil des Arbeitsplatzes: Auswertung vorhandener Dokumente aus Arbeitsplatzanalysen und Aufgabenbeschreibungen,
- Fähigkeitsprofil des Beschäftigten, einschließlich ärztlicher Einschätzungen,
- Beschreibung der beruflichen und sonstigen Kompetenzen und Belastungen sowie der Leistungsfähigkeit.

Darüber hinaus können in die Situationsanalyse Erkenntnisse aus weiteren Maßnahmen einbezogen werden (Gefährdungsbeurteilung, Arbeitsplatzbegehung, Anforderungs-Fähigkeits-Analyse, Leitmerkmalmethoden, WAI-Index).

Das Gesamtergebnis der Situationsanalyse wird gemeinsam mit dem Beschäftigten erörtert. Ziel ist die Vorbereitung von Eingliederungsmaßnahmen. Kommen Leistungen zur Teilhabe in Betracht, ist die Hinzuziehung der zuständigen Stellen einzuleiten. Bei der Auswahl der arbeitsplatzsichernden Maßnahmen sollte nach folgender Maßgabe und Rangfolge vorgegangen werden:

- Ausschöpfung aller Eingliederungsmöglichkeiten zum Verbleib am bisherigen Arbeitsplatz,
- Angebot eines vergleichbaren Arbeitsplatzes,
- Versetzung auf einen den Fähigkeiten entsprechenden Arbeitsplatz gegebenenfalls mit Anpassungsqualifizierung,
- Schaffung eines gesundheits- und fähigkeitsgerechten Arbeitsplatzes.

Das BEM ist beendet, wenn die letzte geplante BEM-Maßnahme umgesetzt ist. Es ist ein Zeitraum von mindestens drei Monaten festzulegen, um das Erreichen der Maßnahmenziele zu überprüfen. Als Teil dieser Evaluation erfolgt nach Ablauf des vereinbarten Zeitraums zwischen BEM-Beauftragtem, Beschäftigtem und – mit seiner Zustimmung – dem Vorgesetzten ein Abschlussgespräch. Dabei werden die Wirkung der Eingliederungsmaßnahmen an sich als auch die Maßnahmen zur Sicherung des Eingliederungserfolges erörtert.

Der BEM-Beauftragte berichtet im BEM-Team über das Abschlussgespräch, woraufhin das im Konsens der Abschluss des BEM-Verfahrens festgestellt wird. Im Sinne der Prävention und falls erforderlich, erstellt das BEM-Team zusammen mit dem Beschäftigten einen Präventionsplan, um einer erneuten Arbeitsunfähigkeit vorzubeugen. Die Erkenntnisse aus dem BEM-Verfahren können gegebenenfalls auf das gesamte Arbeitssystem übertragen werden. Falls erforderlich, werden Gesundheitsförderungsmaßnahmen empfohlen beziehungsweise eingeleitet.

Qualitätssicherung und Evaluation

Zur Qualitätssicherung des BEM ist eine jährliche Evaluation vorgesehen. Es wird ermittelt, inwieweit die Verfahrensvorschriften und die durchgeführten Maßnahmen des Betrieblichen Eingliederungsmanagements geeignet sind, die gesetzten Ziele zu erreichen. Über die eingesetzten Evaluierungsinstrumente und das Evaluierungsverfahren sollte zum entsprechenden Zeitpunkt entschieden werden. Denkbar sind sowohl qualitative als auch quantitative Befragungen in Verbindung mit Korrelationsrechnungen. Das BEM-Team wertet die bearbeiteten Fälle aus und berichtet dem Arbeitgeber und dem Betriebsrat. Das BEM-Team unterbreitet Arbeitgeber und Betriebsrat dabei Änderungs- und Verbesserungsvorschläge.

Basis eines jeden Managementprozesses sind präzise Kennzahlen. Neben den bereits häufig verwendeten Kennzahlen für Unfälle und Krankenstand hat man mit dem BEM eine weitere Quelle, aus der Kennzahlen gewonnen werden können. Eine isolierte Betrachtung dieser Kennzahlen birgt dabei die Gefahr, dass wesentliche Zusammenhänge nicht gesehen werden. Insofern ergibt sich bei einer gebündelten Betrachtung, beispielsweise in Form einer Indexberechnung aus Krankenstand, Durchschnittsalter und BEM-Quote, die Möglichkeit ein Frühwarnsystem aufzubauen, welches unter anderem auf Bereiche, Geschlechter, Altersklassen angewendet werden kann. Dieses Kennzahlensystem kann im Übrigen auch Grundlage für eine regelmäßige Gesundheitsberichterstattung sein, um sich damit dem Ziel der betrieblichen Gesundheitspolitik zu nähern.

Literatur

Bundesanstalt für Arbeitsschutz und Arbeitsmedizin (BAuA). (2016): Arbeitswelt im Wandel – Zahlen-Daten-Fakten. Dortmund: Bundesanstalt für Arbeitsschutz und Arbeitsmedizin (BAuA).

Bundesministerium für Gesundheit (30. Juni 2011): Finanzergebnisse – Bundesgesundheitsministerium. Abgerufen am 20. August 2014 von Finanzergebnisse: www.bmg. bund.de/fileadmin/dateien/Downloads/Statistiken/GKV/Finanzergebnisse/KJ1_2010. pdf

Bundesministerium für Gesundheit (7. März 2014): Finanzergebnisse – Bundesgesundheitsministerium. Abgerufen am 20. August 2014 von Finanzergebnisse: www.bmg. bund.de/fileadmin/dateien/Downloads/Statistiken/GKV/Finanzergebnisse/1.-4._ Quartal_2013.pdf

Dachrodt, G./Dachrodt, H. G.,/Mortsiefer, S. (2014): Arbeit und Gesellschaft im Umbruch. In Dachrodt, H. G./Engelbrecht, V./Koberski, W./Dachrodt, G.: Praxishandbuch Human Resources. Management – Arbeitsrecht – Betriebsverfassung (S. 1897–1956). Wiesbaden: Springer Fachmedien.

Dachrodt, H. G./Koberski, W./Engelbert, V. (2014): Betriebsvereinbarungen. In In Dachrodt, H. G./Engelbrecht, V./Koberski, W./Dachrodt, G.: Praxishandbuch Human Resources. Management – Arbeitsrecht – Betriebsverfassung (S. 757–776). Wiesbaden: Springer Fachmedien.

Eggerer, R./Kaiser, H. (2007): Bericht zur Umsetzung des Projekts EIBE. Entwicklung und Implementierung eines Betrieblichen Eingliederungsmanagements. Bundesministerium für Arbeit und Soziales.

Gebauer, E./Hesse, B./Heuer, J. (2007): KoRB Kooperation Rehabilitation und Betrieb. Ein Projekt zur Versorgungsforschung in kleinen und mittleren Unternehmen. Münster: Institut für Rehabilitationsforschung Norderney, Abteilung Sozialmedizin Münster.

Giesert, M./Wendt, C. (2007): Handlungsleitfaden für ein Betriebliches Eingliederungsmanagement. Düsseldorf: Hans Böckler Stiftung.

Giesert, M./Reiter, D./Reuter, T. (2013). Neue Wege im Betrieblichen Eingliederungsmanagement – Arbeits- und Beschäftigungsfähigkeit wiederherstellen, erhalten und fördern. Ein Handlungsleitfaden für Unternehmen, betriebliche Interessenvertretungen und Beschäftigte. Düsseldorf: DGB Bildungswerk Bund.

Gröben, F./Freigang-Bauer, I./Barthen, L. (6. Juli 2011): Betriebliches Eingliederungsmanagement von Mitarbeitern mit psychischen Störungen. Analyse des Handlungsbedarfs aus Sicht der betrieblichen Akteure. Prävention und Gesundheitsförderung, 4.

Hansen, C. D./Andersen, J. H. (May 2009): Sick at work – a risk factor for long-term sickness absence at a later date? Journal of Epidemiological Community Health, S. 397–402.

Hesse, B. (2010): Der Beitrag der gesetzlichen Rentenversicherung. In Badura, B./ Walter, U./Hehlmann, T.: Betriebliche Gesundheitspolitik. Der Weg zur gesunden Organisation (S. 447–456). Berlin Heidelberg: Springer.

Kaiser, H./Frohnweiler, A./Jastrow, B./Lamparter, K. (2009): Abschlussbericht des Projekts EIBE – Entwicklung und Integration eines Betrieblichen Eingliederungsmanagements. Nürnberg/München/Köln.

Knoche, K./Sochert, R. (2013): BEM in Deutschland: Verbreitung, Erfahrungen und Perspektiven – ein Fazit. In Knoche, K./Sochert, R.: iga.Report 24 – Betriebliches Eingliederungsmanagement in Deutschland – eine Bestandsaufnahme (S. 52–54).

Köpke, K. H. (2009): Gesunde Arbeit für alle: Von der Gesundheitsförderung zum Eingliederungsmanagement im Betrieb. Hamburg: DRV Nord.

Latniak, E./Hentrich, J. (2013): Herausforderungen des demografischen Wandels für fertigende Betriebe und deren Beschäftigte. In Hentrich, J.//Latniak, E.: Rationalisierungsstrategien im demografischen Wandel. Handlungsfelder, Leitbilder und Lernprozesse (S. 9–24). Wiesbaden: Springer Fachmedien.

Mehrhoff, F. (2007): Betriebliches Eingliederungsmanagement – Herausforderung für Unternehmen. In Badura, B./Schellschmidt, H./Vetter, C.: Fehlzeitenreport 2006 (S. 127–138). Heidelberg: Springer Medizin Verlag.

Meyer, P./Mpairaktari, P./Glushanok, I. (2013): Krankheitsbedingte Fehlzeiten in der deutschen Wirtschaft im Jahr 2012. In Badura, B./Ducki, A./Schröder, H./Klose, J./ Meyer, M.: Fehlzeiten-Report 2013: Verdammt zum Erfolg – die süchtige Arbeitsgesellschaft? (S. 263–445). Berlin, Heidelberg: Springer.

Niehaus, M./Marfels, B./Vater, G. E./Magin, J./Werkstetter, E. (2008): Betriebliches Eingliederungsmanagement. Studie zur Umsetzung des Betrieblichen Eingliederungsmanagement nach §84 Abs. 2 SGB IX. Köln.

Oppolzer, A. (2010): Gesundheitsmanagement im Betrieb. Hamburg: VSA-Verlag.

Paridon, C. M. (2009): Betriebliches Eingliederungsmanagement und Unfallversicherung im aktivierenden Wohlfahrtstaat. Rheinbreitbach: DGUV.

Vater, G./Niehaus, M. (2013): Das Betriebliche Eingliederungsmanagement: Umsetzung und Wirksamkeit aus wissenschaftlicher Perspektive. In Knoche, K./Reinhold, S.: iga-Report 24 – Betriebliches Eingliederungsmanagement in Deutschland – eine Bestandsaufnahme. Initiative Gesundheit und Arbeit.

Wallmann, P./Beyer, C./Ihme, C. (2013): Handlungsempfehlungen zum Betrieblichen Eingliederungsmanagement. Münster: Landschaftsverband Rheinland/Landschaftsverband Westfalen-Lippe.

Kriterien einer erfolgreichen Gesundheitskommunikation

Dipl.-Psych. Hagen Baumgardt, Abteilungsreferent der Personalentwicklung, ARAG SE, Düsseldorf
Katharina Kamps, Werkstudentin in der Personalentwicklung, ARAG SE, Düsseldorf

Um im heutigen Wettbewerb zu bestehen, sind leistungsfähige und motivierte Mitarbeiter besonders wichtig. Daher investiert die ARAG SE vermehrt in das Betriebliche Gesundheitsmanagement sowie in die Vereinbarkeit von Beruf und Familie. Doch um weniger gesundheitsaffine Beschäftigte für das Thema Gesundheit und für die Partizipation an BGM-Angeboten zu gewinnen, bedarf es einer spezifischen strategischen Gesundheitskommunikation, die im folgenden Beitrag vorgestellt wird.

Einführung

Wie können Unternehmen weniger gesundheitsaffine Beschäftigte für die Partizipation an Angeboten des Betrieblichen Gesundheitsmanagements (BGM) gewinnen? Für viele Unternehmen ist dies eine zentrale Herausforderung, mit der sich auch die ARAG SE bei der Einführung und Gestaltung des BGM auseinandergesetzt hat. Um das BGM bekannt zu machen und möglichst viele Beschäftigte zu erreichen, kamen während der Projektphase, der Einführung sowie im weiteren Verlauf der Konsolidierung und Weiterentwicklung, zahlreiche Empfehlungen eines erfolgreichen Projektmanagements und einer strategischen Kommunikation zum Einsatz.

Im Folgenden geben wir zunächst einen kurzen Überblick über ARAGcare, das BGM bei der ARAG SE, und stellen im Anschluss die Einführung und Entwicklung des BGM dar. Dabei legen wir den Schwerpunkt auf die Kommunikation als Erfolgsfaktor. Wir fokussieren dabei mehr auf praktische Beispiele und Empfehlungen, als auf einen theoretischen Diskurs. Zur Vertiefung der theoretischen Grundlagen wird auf die angegebene Literatur verwiesen. Angewendet wurden theoretische Grundlagen des Projektmanagements und des Gesundheitsmarketings mit dem Schwerpunkt Kommunikation als eine der Politiken des Marketing-Mix. Allerdings sind theoretische Modelle des Marketings nur bedingt auf das interne BGM anwendbar und einzelne Maßnahmen nicht immer trennscharf den Politiken des Marketing-Mix zuzuordnen.

ARAGcare – das Betriebliche Gesundheitsmanagement bei der ARAG SE

Aufgrund der zunehmenden Verdichtung von Arbeitsprozessen und den damit verbundenen zahlreichen Umstrukturierungen und Anpassungen von Arbeitsabläufen stehen die meisten Unternehmen vor großen Herausforderungen.

Hinzu kommen gesellschaftliche Veränderungen wie der demografische Wandel, die Verlängerung der Lebensarbeitszeit und der Wertewandel. Auch Trends wie die Digitalisierung, steigende regulatorische Anforderungen und aktuell geforderte Fähigkeiten wie Agilität sind Anforderungen, denen Unternehmen sich stellen müssen. Um im Wettbewerb mit solchen anspruchsvollen Rahmenbedingungen zu bestehen, sind leistungsfähige und motivierte Mitarbeiter besonders wichtig. Daher investiert das Unternehmen vermehrt in Maßnahmen aus dem Bereich des Betrieblichen Gesundheitsmanagements sowie in dessen Rahmen zur Vereinbarkeit von Beruf und Familie.

ARAGcare ist das Betriebliche Gesundheitsmanagement bei der ARAG SE. Seine Strukturen wurden nach einer Analysephase der vorhandenen Maßnahmen und Aktivitäten in der Personalentwicklung konzipiert. Diese Analyse ergab, dass bereits umfangreiche Initiativen, wie Betriebssportgruppen, Gesundheitstage, die Umsetzung der Arbeitssicherheit und Kurse zum Stressmanagement existierten und hier zahlreiche Personen aktiv waren. Diese Aktivitäten wurden nicht zentral gesteuert und waren nicht aufeinander abgestimmt.

Darüber hinaus wurde eine Stakeholder-Analyse durchgeführt. Dies ist sinnvoll, um die Interessen der verschiedenen Personen beziehungsweise Gruppen bei Entscheidungen zu berücksichtigen. Dabei fragt die Stakeholder-Analyse (Pfetzing/Rohde, 2011):

- Welche Personen bzw. Personengruppen und Institutionen müssen als potenzielle Stakeholder des Projekts betrachtet werden?
- Welchen Einfluss haben die potenziellen Stakeholder, d.h. welche Macht steht ihnen in Bezug auf das Projekt zur Verfügung?
- Wie werden sich die relevanten Stakeholder in Bezug auf das Projekt verhalten?

In unserem Fall ergab sich, dass vor allem die bereits engagierten Beschäftigten auf den Erfolg der Einführung einen erheblichen Einfluss haben werden.

Das Ziel der Einführung war, ein umfassendes Gesundheitsmanagement umzusetzen. Die bestehenden Strukturen und Maßnahmen zum Thema Gesundheit wurden in ARAGcare gebündelt und strategisch ausgerichtet. Dabei wurde sowohl ein ganzheitlicher, als auch ein integrierender Ansatz verfolgt, um die Vorteile der beiden Ansätze zu verbinden.

Das integrierende BGM wird definiert als die bewusste Steuerung und Integration aller betrieblichen Prozesse mit dem Ziel, die Gesundheit und das Wohlbefinden der Mitarbeiter zu erhalten und zu fördern. Dabei berücksichtigt dieses Konzept die gewachsenen Strukturen im Bereich des Arbeits- und Gesundheitsschutzes sowie der Sozial- und Mitarbeiterberatung und der Gesundheitsförderung. Im vorliegenden Fall war es den Projektverantwortlichen besonders wichtig, das bestehende Engagement der Mitarbeiter bezogen auf BGM-Maßnahmen zu erhalten und im Sinne eines Empowerment zu fördern:

- Einerseits sollte diese Vorgehensweise das Wachsen im Geiste einer lernenden Organisation ermöglichen.
- Auf der anderen Seite sollten möglichst viele Verantwortliche als Opinion Leader und Multiplikatoren das BGM in das Unternehmen hinein tragen.

Das Thema Gesundheit lebt in besonderem Maße von der Eigenverantwortung und persönlichen Einsicht der einzelnen Mitarbeiter. Daher ist es wichtig, die häufig freiwilligen Angebote aktiv und auf breiter Basis in das Unternehmen hinein zu kommunizieren. Deshalb waren neben Mitarbeitern aus dem Personalbereich beispielsweise auch Mitglieder des Betriebsrates, Betriebssportverantwortliche, der Sicherheitsbeauftragte sowie die Betriebsärztliche Betreuung eng in die Ausgestaltung des BGM eingebunden. Dieser Personenkreis ist schließlich auch im ARAGcare-Gremium, dem zentralen Steuerungskreis von ARAGcare, vertreten (siehe Abbildung 1).

ARAGcare Gremium:

Aufgaben:	Mitglieder:
Analyse der Gesundheitsreports	Mitarbeiter der Personalabteilung
Erste Hilfe und Notfallplanung	
Betriebsärztliche Betreuung	Fachkraft für Arbeitssicherheit
Gesundheitstage	
Aktuelle Themen	Betriebsrat
Abwesenheiten	
Entwicklung neuer Ideen	Betriebsarzt
Ernährung, Sportangebot	
Betriebssicherheit, Ergonomie	Schwerbehindertenbeauftragter

Abb. 1: Das ARAGcare-Gremium und seine Aufgaben

Weiterhin schafft das ganzheitliche BGM den Rahmen für systematische, in die betriebliche Politik eingebundene, gesundheitsförderlichen Maßnahmen und berücksichtigt außerdem die Nachhaltigkeit des Themas. Dabei werden in Projektzyklen die Planung und Umsetzung von Maßnahmen gesteuert, um die Gesundheit der Mitarbeiter zu erhalten und zu fördern. Im neuen Steuerungskreis für ARAGcare gestalten nun der Betriebsrat, die Betriebssportverantwortlichen, die Sicherheitsbeauftragten sowie die betriebsärztliche Betreuung zusammen die Themen rund um ARAGcare. Dabei werden vielseitige Angebote durch das Steuerungsgremium realisiert.

Aus der Projektphase heraus hat sich ein standardisierter Prozess entwickelt, der in verschiedenen Phasen abläuft und dessen Ergebnis ein attraktives, auf die Zielgruppe und die strategischen Ziele abgestimmtes, Angebotsportfolio darstellt. Die Angebote werden entsprechend den gesetzlichen Rahmenbedingungen geplant, umgesetzt und evaluiert. Oftmals kommen verschiedene Angebote mit externen Kooperationspartnern zustande.

Gesundheit und Fitness – Beruf und Familie

Das Gesundheitsverständnis von ARAGcare basiert auf dem Verständnis der Word Health Organization (WHO), nach dem Gesundheit ein Zustand des völligen körperlichen, psychischen und sozialen Wohlbefindens ist und nicht nur das Freisein von Krankheit und Gebrechen. ARAGcare ist konzeptionell getrieben durch eine ganzheitliche Betrachtung von Gesundheit im Modell von vier Gesundheitsfeldern. Dieses Modell berücksichtigt die physische, psychische, soziale und existenzielle Gesundheit, da wir davon ausgehen, dass alle diese Bereiche wichtig und zentral für die Gesundheit des Menschen sind.

Das Angebotsportfolio von ARAGcare fußt auf den oben genannten vier Gesundheitsperspektiven und kombiniert die Themen, so dass jeder Mitarbeiter individuell Angebote zu jeder dieser vier Perspektiven finden kann. Der Übersichtlichkeit halber sind die Angebote in zwei Säulen gegliedert: Gesundheit und Fitness sowie Beruf und Familie.

- Unter der ersten Säule Gesundheit und Fitness finden sich alle Themen, die klassischerweise unter das Betriebliche Gesundheitsmanagement fallen. Angebunden an den Unternehmenswert »Tatkraft« steht hier die Erhaltung und Steigerung der Gesundheit und des Wohlbefindens der Belegschaft im Vordergrund. Hier finden sich Themen wie das betriebliche Wiedereingliederungsmanagement, Sport- und Fitnessangebote, Betriebsärztliche Betreuung, Gesundheitstage, entsprechende Kurse und viele weitere Angebote.
- Im Rahmen der zweiten Säule, Beruf und Familie, werden zwei sich wechselseitig ergänzende Ausrichtungen verfolgt: Zum einen steht das Berufs- und Familienmanagement im Sinne eines gegenseitigen Kompetenzzuwachses durch den beruflichen und familiären Bereich im Fokus und zum anderen die Vereinbarkeit von Beruf und Familie. Hier soll die Möglichkeit unterstützt werden, sich zugleich Beruf und Karriere auf der einen, sowie dem Leben in der Familie mit der Betreuung von Kindern und pflegebedürftigen Personen auf der anderen Seite widmen zu können. Konkret finden sich hier Angebote wie Kinderbetreuung, ein Mitarbeiter-Kind-Büro, Beratungsmöglichkeiten für Führungskräfte und Mitarbeiter, Hilfen für die Pflege von Angehörigen und andere Aktionen.

Kommunikation und Marketing im BGM – ein Spezialfall

Gesundheitskommunikation ist ein Teil des Gesundheitsmarketings. Gesundheitsmarketing kann als die Anwendung von Marketingkonzepten im Gesundheitsmarkt betrachtet werden. Klassisches Marketing hat eine unternehmensexterne sowie eine unternehmensinterne Perspektive (Homburg, 2015). In unternehmensexterner Hinsicht umfasst Marketing, die marktbezogener Aktivitäten eines Anbieters gegenüber Nachfragern oder potenziellen Nachfragern seiner Produkte zu konzipieren und durchzuführen. Marktbezogene Aktivitäten beinhalten

- die systematische Informationsgewinnung über Marktgegebenheiten,
- die Gestaltung des Produktangebotes,
- die Preissetzung,
- die Kommunikation und
- den Vertrieb (ebd.).

In unternehmensinterner Hinsicht wird Marketing als die Schaffung der Voraussetzungen im Unternehmen für die effektive und effiziente Durchführung dieser marktbezogenen Aktivitäten definiert. Die unternehmensexterne sowie die unternehmensinterne Perspektive des Marketings zielen auf eine optimale Ausgestaltung von Kundenbeziehungen ab.

Unternehmensintern haben wir eng mit unserer eigenen Marketing-Abteilung zusammengearbeitet, die im weiteren Sinne die Strukturen und Ressourcen des Marketings für BGM in dieser Perspektive darstellt. Darüber hinaus könnte man noch die interne Kommunikationsinfrastruktur, wie Intranet, E-Mail-Verteiler, Schwarze Bretter, Plakatwände, Seminare und Regelmeetings dieser unternehmensinternen Perspektive zuordnen.

Bei der Anwendung von Marketingkonzepten ist herauszustellen, dass im Kontext des Gesundheitsmarketings im Betrieblichen Gesundheitsmanagement beide Perspektiven nur bedingt anwendbar sind. Außerdem wirken unternehmensexterne Aspekte des Marketing ebenfalls unternehmensintern, da die Zielgruppe der Nachfrager und potenziellen Nachfrager die Mitarbeiter sind.

Betriebliches Gesundheitsmanagement im Marketing-Mix

Das Instrument für die Praxis der Planung der verschiedenen marktbezogenen Aktivitäten des Marketings ist der Marketing-Mix mit Produkt-, Vertriebs-, Preis- und Kommunikationspolitik.

- Die Produktpolitik umfasst die Gesamtheit an Entscheidungen, welche die am Markt betroffenen Leistungen betreffen (Meffert et al., 2009). Für das Betriebliche Gesundheitsmanagement beinhaltet dies die Entscheidungen, welche Angebote in das Portfolio aufgenommen werden und welche nicht. Es wird empfohlen, den Bedarf der Zielgruppe in den Mittelpunkt zu stellen.

- Die Vertriebspolitik thematisiert die Gestaltungsmöglichkeiten, um dem Kunden Produkte und Dienstleistungen zu vermitteln. Dabei sollten die Wege zu den Angeboten des Betrieblichen Gesundheitsmanagements möglichst kurz gestaltet werden, um den Eigenaufwand und die Barrieren für die Zielgruppe gering zu halten.
- Die Preispolitik beinhaltet Maßnahmen, die sich mit der Preisbildung und der Preisdifferenzierung von Produkten befassen. Grundsätzlich sollten die Preise für Angebote des BGM adäquat für die Zielgruppe sein. Oftmals entstehen für die Mitarbeiter bei Wahrnehmung von Angeboten aus dem Betrieblichen Gesundheitsmanagement keine Kosten. Dies ist auch bei ARAGcare so gestaltet.
- Der Baustein der Kommunikationspolitik beschäftigt sich damit, Informationen zu gestalten und zu versenden, um bei der Zielgruppe eine intentionierte Wirkung zu erreichen.

ARAGcare setzt bei den verschiedenen Politiken einen Fokus auf die Vertriebs- und Kommunikationspolitik, da diese aus unserer Sicht eine besonders hohe Bedeutung haben. Die Angebote des Betrieblichen Gesundheitsmanagements weisen zudem auch Merkmale mit Dienstleistungscharakter auf (Nöhammer et al., 2010). Der Marketing-Mix für Dienstleistungen wird durch sieben Politiken beschrieben und unterscheidet sich somit vom klassischen Marketing-Mix anderer Produkte. Für Dienstleistungen werden zusätzlich noch die Personalpolitik, die Ausstattungspolitik und die Prozesspolitik hinzugefügt. Auch hier kommen für das BGM einige Aspekte zum Tragen. So ist die Auswahl hoch qualifizierter, externer Anbieter ein wesentlicher Faktor, es müssen geeignete Räumlichkeiten zur Verfügung stehen und schließlich müssen die Prozesse eine einfache Inanspruchnahme und einen reibungslosen Ablauf der Dienstleistung gewährleisten.

Im BGM ist weder das klassische Marketing noch das Dienstleistungsmarketing direkt anwendbar, da viele Aktivitäten nicht trennscharf den vier Politiken des Marketing-Mix zu zuordnen sind. Im Weiteren steht die Darstellung von Praxisbeispielen im Vordergrund und weniger eine detaillierte thematische Einordnung.

Projektstart von ARAGcare mit einer umfangreichen Kommunikationsstrategie
Vor dem Hintergrund des eingangs genannten Ziels, nicht gesundheitsaffine Mitarbeiter für die Angebote des Betrieblichen Gesundheitsmanagements zu gewinnen, sind das Gesundheitsmarketing und die Gesundheitskommunikation zentrale Bestandteile des BGM bei der ARAG. Um die neue Struktur des BGM im Unternehmen bekannt zu machen, wurden zahlreiche Informationskanäle und -mittel genutzt. Dabei wurde ein prägnanter eigener Name eingeführt, um möglichst viele Mitarbeiter zu erreichen und Wiedererkennungswert für das BGM zu schaffen.

»ARAGcare« fasst seither alle Maßnahmen und Initiativen zusammen, die in den Bereich BGM gehören. Um eine breite Aufmerksamkeit bei den Mitarbeitern zu erzeugen, wurde ARAGcare offiziell am 2. November 2009 in Vorbereitung auf die im Folgejahr stattfindenden bereits etablierten Gesundheitstage gestartet.

Seit diesem Tag haben alle Mitarbeiter einen strukturierten Zugriff auf sämtliche BGM-Themen. Diese stehen über einen eigenen Themen-Link im Firmen-Intranet zur Verfügung, der als zentraler Kommunikationskanal für die Inhalte des BGM dient. Vorbereitend zum Start von ARAGcare erfolgte eine umfangreiche kaskadische Information an alle Führungskräfte. Um das Management bei diesem Thema auch persönlich einzubinden, wurde der oberen Führungsebene ein spezielles Maßnahmenpaket angeboten – bestehend aus einem Manager Check-up, der Ernährungsanalyse, dem Health Screening für Führungskräfte sowie einem speziellen Health & Life Coaching (siehe Abbildung 2). Die Ansprache hierfür erfolgte über zielgruppenspezifische Mails und Produktmappen.

Abb. 2: Programm für Führungskräfte zum Projektstart

Am Tag der Einführung von ARAGcare stellte der Vorstandsvorsitzende des Konzerns das neue Programm im Intranet vor. Auf allen Computerarbeitsplätzen war zudem ein Bildschirmschoner installiert, auf dem spielerisch mit animierten Obststücken für das neue BGM geworben wurde (siehe Abbildung 3). Plakate in allen Gebäuden nahmen diese Bildsprache auf. Darüber hinaus erhielt am Vormittag jeder Mitarbeiter an seinem Arbeitsplatz ein Stück Obst nebst umfangreichem Print-Informationsmaterial zum BGM und dem zeitgleich gestarteten Gesundheits-Check; die persönliche Überreichung durch Mitglieder des Projektteams eröffnete zudem eine direkte Dialogmöglichkeit zum Thema (siehe Abbildung 4). Beim Projektstart von ARAGcare wurden auch die Stakeholder besonders einbezogen, da diese einen wesentlichen Einfluss auf den Erfolg haben.

Abb. 3: Bildschirmschoner werben auf allen PCs für ARAGcare

Abb. 4: Tablettenpackung und Aufdruck für Kaffeebecher

Die Neueröffnung eines Mit-Kind-Büros im Jahr 2010 sorgte für eine erweiterte Aufmerksamkeit des BGM – bis in die Mitarbeiterfamilien hinein. Das Büro mit Computerarbeitsplätzen und zusätzlich kindgerechter Ausstattung bietet die Möglichkeit, Kinder im Alter von drei bis zwölf Jahren bei Betreuungsengpässen mit zur Arbeit zu nehmen. Die Eröffnung fand im Rahmen eines Family-Days statt. Geladen waren alle Mitarbeiter, auch Mitarbeiter in Elternzeit, gemeinsam mit ihren Angehörigen. Die lokale Presse war ebenfalls anwesend und berichtete.

Seit seiner offiziellen Einführung ist das BGM auf externen Fachtagungen vorgestellt worden. Die Karriereseite des Unternehmens im Internet bildet das Angebot von ARAGcare sowie die Zertifizierung beider Säulen ab. Für Gesundheit und Fitness ist dies der Corporate Health Award und für Beruf und Familie das Beruf-und-Familie-Zertifikat. Darüber hinaus wurden die Mitarbeiter und die Arbeitnehmervertretung laufend mit Veranstaltungen zu den Ergebnissen der Erhebungen sowie das BGM allgemein informiert. Über das Intranet und im Konzernmagazin des Unternehmens wurde und wird ebenfalls kontinuierlich über

Neuerungen und Aktivitäten des BGM berichtet. Durch die Nutzung von Online-Tools rund um das Thema Gesundheit, die allen Mitarbeitern zugänglich sind, wurden zusätzlich viele Personen im Unternehmen erreicht.

Kommunikation während der Entwicklungsphase

Mit der Veränderung des Betrieblichen Gesundheitsmanagements vom Projekt zum nachhaltigen Prozess ändert sich die Kommunikation. Viele Angebote haben sich etabliert und bilden feste Strukturen, wie zum Beispiel die Gesundheitstage. Diese finden seit 2010 unter jeweils unterschiedlichen Mottos statt. ARAGcare bietet den Mitarbeitern hier ungewöhnliche Produkte beziehungsweise Dienstleistungen aus dem Gesundheitswesen an, sodass die Mitarbeiter die Diversität von Gesundheit kennenlernen. Beispiele sind unterschiedliche Key-Note-Vorträge zum jeweiligen Thema. Zum Motto »Keine Zeit gibt's nicht« gab es ein Vortrag zum Thema Zeitmanagement, das Motto »Gesund in jedem Alter« wurde durch einen interaktiven Vortrag »Wie alt bin ich wirklich« illustriert und für »Legen Sie Ihren inneren Schweinehund an die Leine« referierte Joey Kelly unter dem Titel »No Limits – wie erreiche ich mein Ziel«? (siehe Abbildung 5). Ergänzend zum Vortrag wurde bei »Keine Zeit gibt's nicht« der Film »Speed – Auf der Suche nach der verlorenen Zeit« vorgeführt.

Abb. 5: Plakate der Gesundheitstage der vergangenen Jahre

Die Gesundheitstage werden dabei jeweils durch umfangreiche Marketingmaßnahmen beworben. So wurden die Mitarbeiter in diesem Jahr mit Unterstützung des deutschen Tischtennis-Rekordmeisters Borussia Düsseldorf aufgefordert, sich aktiv zu bewegen und bekamen einen Tischtennisschläger mit Ball an die Bürotür gehängt (siehe Abbildung 6).

Abb. 6: Mit Tischtennisschläger und Ball wurden die Mitarbeiter eingeladen, sich aktiv zu bewegen

Das Konzept hinter den ungewöhnlichen Produkten und Dienstleistungen rund um das Thema Gesundheit ist der Innovationsgedanke, der das Interesse für das Thema Gesundheit aufrechterhalten soll. Denn im Vordergrund der Verstetigungsphase des Betrieblichen Gesundheitsmanagements steht, das Interesse für das Thema Gesundheit aufrechtzuerhalten. Zu dieser Weiterentwicklungsphase gehört auch, das Thema in Regelterminen, Führungskräfterunden, Betriebsratssitzungen und Einführungsveranstaltungen für neue Mitarbeiter zu etablieren. Für Führungskräfte wurde beispielsweise mit der »Gesund-Führen-Fortbildung« ein standardisiertes Angebot geschaffen. Dieses vermittelt die Thematik der gesundheitsorientierten Führung und dabei wird auch das eigene Gesundheitsverhalten der Führungskräfte reflektiert.

Erfolgskriterien

Um weniger gesundheitsaffine Beschäftigte anzusprechen und für die Partizipation an BGM-Angeboten zu gewinnen, eignet sich eine strategische Gesundheitskommunikation. Dabei lassen sich verschiedene Kriterien ableiten. Wir empfehlen den Entwicklungsstand des BGM bei der Kommunikationsstrategie zu berücksichtigen, da unterschiedliche Ziele verfolgt werden können. Außerdem bilden die Instrumente aus dem klassischen Marketing beziehungsweise dem Dienstleistungsmarketing eine gute Grundlage, deren Verwendung jedoch kritisch reflektiert werden sollte. Die Rolle von Führungskräften und Stakeholdern im Unternehmen spielt für den Erfolg von BGM und Kommunikation im BGM eine wesentliche Rolle und sollte in die Kommunikationsstrategie eingeplant werden.

Im Betrieblichen Gesundheitsmanagement steht der Mensch im Mittelpunkt. Aus diesem Grund sollte Empowerment gefördert werden und dabei die Individualität des Einzelnen berücksichtigt werden. Strategisches Marketing und Kommunikation haben im Kontext des Betrieblichen Gesundheitsmanagements auch eine Grenze. Berücksichtigt man beim BGM eine prozessartige Vorgehensweise und verwendet Projektmanagement und Marketing Tools, werden viele Punkte für eine erfolgreiche Gesundheitskommunikation bereits umgesetzt.

Für ARAGcare haben sich besonders die Kooperation mit der eigenen Marketing- und Kommunikationsabteilung sowie eine innovative und ganzheitliche Perspektive bewährt. Ohne ein vielfältiges und attraktives Angebot wird ein BGM aber auch trotz guter Kommunikation und gutem Marketing nicht erfolgreich sein können. Auf der anderen Seite haben wir die Erfahrung gemacht, dass ein auch noch so gutes Angebot ohne zielgerichtete Kommunikation und ein entsprechendes Marketing nur zögerlich oder wenig angenommen wird.

Literatur

Gelbrich, K./Wünschmann, S./Müller, S. (2008): Erfolgsfaktoren des Marketing. München: Vahlen.

Hoffmann, S. (Hrsg.) (2012): Angewandtes Gesundheitsmarketing. Wiesbaden: Springer Gabler.

Homburg, C. (2015): Marketingmanagement: Strategie – Instrumente – Umsetzung – Unternehmensführung (5., überarb. und erw. Auflage). Wiesbaden: Springer Gabler.

Lauterbach, M./Braumann, K.-M. (2008): Gesundheitscoaching: Strategien und Methoden für Fitness und Lebensbalance im Beruf (2. Auflage). Heidelberg: Carl-Auer.

Meffert, H./Bruhn, M. (2009): Dienstleistungsmarketing: Grundlagen – Konzepte – Methoden. Wiesbaden: Gabler. S. 397.

Meffert, H./Burmann, C./Kirchgeorg, M. (2015): Marketing: Grundlagen marktorientierter Unternehmensführung; Konzepte – Instrumente – Praxisbeispiele (12., überarb. und aktualisierte Auflage). Wiesbaden: Springer Gabler.

Nöhammer E./Eitzinger C./Stummer H. (2010): Wenn Werbung nicht genügt: Information und Kommunikation in der Betrieblichen Gesundheitsförderung. In: Faller G., (Hrsg.) (o. J.): Lehrbuch der Betrieblichen Gesundheitsförderung. Bern: Hans Huber.

Pfetzing, K./Rohde, A. (2011): Ganzheitliches Projektmanagement (4., vollst. überarb. Aufl). Wettenberg, Hess: Versus-Verlag. S. 140.

Uhle, T./Treier, M. (2015): Betriebliches Gesundheitsmanagement: Gesundheitsförderung in der Arbeitswelt – Mitarbeiter einbinden, Prozesse gestalten, Erfolge
messen (3., überarb. und erw. Auflage). Berlin Heidelberg: Springer.

Walter, U. N./Wäsche, H./Sander, M. (2012): Dialogorientierte Kommunikation im
Betrieblichen Gesundheitsmanagement. In: Prävention und Gesundheitsförderung. 7(4), Berlin Heidelberg: Springer. S. 295–301.

Psychische Gesundheit im Unternehmen

Joachim Gutmann, Chefredakteur health@work, Senior Consultant, GLC Glücksburg Consulting AG, Hamburg

Psychische Gesundheit und psychisches Wohlbefinden sind grundlegend für die Lebensqualität des einzelnen Menschen sowie der Gesellschaft. Sie ermöglicht es den Menschen, ihr Leben als sinnvoll zu erfahren und sich als kreative und aktive Bürger zu betätigen. Psychische Gesundheit und ein erhöhtes Wohlbefinden am Arbeitsplatz wirken sich positiv auf Unternehmen sowie auf das Gesundheitswesen und die sozialen Sicherungssysteme aus. Sie tragen dazu bei, den wirtschaftlichen Erfolg der Unternehmen zu sichern.

Einführung

Zahlreiche wissenschaftliche Studien (u.a. Hauser et al., 2005; Wittchen et al., 2011), Metaanalysen und nationale wie internationale Konferenzen haben bestätigt, dass die Förderung der psychischen Gesundheit am Arbeitsplatz und die Prävention sowie die Behandlung, Pflege und Rehabilitation bei psychischen Auffälligkeiten und Störungen von Beschäftigten ein vorrangiges Anliegen darstellen, um die psychische Gesundheit als einen untrennbaren Bestandteil des Wohlbefindens der Bevölkerung zu erhalten und zu fördern. Zudem ist der Arbeitsplatz auch ein wichtiges Umfeld für die Feststellung von nicht mit der Arbeit in Zusammenhang stehenden psychischen Gesundheitsproblemen oder Belastungen.

Bei der Förderung des psychischen Wohlbefindens und dem Schutz der psychischen Gesundheit ist ein ganzheitlicher Ansatz erforderlich. Primäres Ziel der Aktivitäten im Bereich psychische Gesundheit sind das Wohlbefinden und das Wirken der Menschen, indem auf ihre Stärken und Möglichkeiten gesetzt und ihre Resilienz gesteigert wird sowie äußere gesunderhaltende Faktoren gefördert werden. Dabei ist davon auszugehen, dass es einen untrennbaren Zusammenhang zwischen physischer und psychischer Gesundheit gibt, und dass alle Konzepte und Angebote kultur-, gender-, und lebensphasenspezifische Aspekte und Unterschiede berücksichtigen müssen.

Rechtlicher Rahmen

Der rechtliche Rahmen zum Umgang mit psychosozialen Risiken im Betrieb (darunter insbesondere die Themen »Stress am Arbeitsplatz«, »Burn-out-Syndrom«) wird in Deutschland durch das Bürgerliche Gesetzbuch (BGB) gebildet. Gemäß §§241 Abs. 2, 618 Abs. 1 BGB hat der Arbeitgeber die Fürsorgepflicht in Bezug auf den Schutz von Leben und Gesundheit der Beschäftigten. Dieser Rahmen wird durch das Arbeitsschutzgesetz sowie das Arbeitssicherheitsgesetz konkretisiert.

- Das Arbeitsschutzgesetz enthält keine spezifischen Anforderungen und Maßnahmen in Bezug auf die Prävention von psychischen Belastungen, sondern beschreibt allgemein und ganzheitlich die Rahmenbedingungen für Maßnahmen, die zu der Vermeidung von Fehlbelastungen zu beachten bzw. zu treffen sind. Das wichtigste Instrument des Arbeitsschutzes im Betrieb ist die Gefährdungsbeurteilung. Nach §5 Arbeitsschutzgesetz muss der Arbeitgeber eine Beurteilung der Gefährdungen bei der Arbeit in seinem Betrieb vornehmen, die erforderlichen Schutzmaßnahmen umsetzen und auf ihre Wirksamkeit überprüfen. Zu diesen Gefährdungen gehören auch die psychischen Belastungen.
- Das Arbeitssicherheitsgesetz nennt in §3 die Aufgaben der Betriebsärzte: Diese haben insbesondere den Arbeitgeber bei arbeitsphysiologischen und -psychologischen Fragen sowie bei der Beurteilung der Arbeitsbedingungen zu beraten. Ferner sollen sie Arbeitnehmer beraten und untersuchen sowie die Untersuchungsergebnisse auswerten. Zu den Aufgaben der Betriebsärzte gehört weiterhin, Ursachen von arbeitsbedingten Erkrankungen zu untersuchen und dem Arbeitgeber Maßnahmen zur Verhütung dieser Erkrankungen vorzuschlagen.

Dieser rechtliche Rahmen und seine Ausgestaltung haben sich im Betriebsalltag bewährt und nicht zuletzt durch seine sozialpartnerschaftliche Umsetzung zu einer hohen Arbeitsschutz- und Arbeitssicherheitskultur in deutschen Unternehmen geführt.

Empirische Befunde
Die sich wandelnde Arbeitswelt, ihre Verdichtung und Beschleunigung in Kombination mit einem fortwährenden Umstrukturierungsprozess, um die Wettbewerbsfähigkeit auf dem globalen Markt zu erhalten, ihre zunehmende Trennung von Raum und Zeit, die weitgehende Durchdringung von Arbeit und Freizeit, Beruf und Privatleben führen zu einer zunehmenden Belastung des Einzelnen. Die Folgen werden zunehmend nicht nur zu einem individuellen, sondern auch betriebswirtschaftlichen, volkswirtschaftlichen und gesellschaftlichen Problem (Bräuninger et al., 2007).

Beschäftigte in Deutschland fehlen immer häufiger aufgrund von psychischen Erkrankungen am Arbeitsplatz.
- Inzwischen gehen rund 17 Prozent aller krankheitsbedingten Ausfalltage auf psychische Erkrankungen zurück.
- Seit 2003 haben sich die Fehlzeiten aufgrund seelischer Erkrankungen fast verdoppelt (BMAS/BAuA, 2014).
- Psychische Erkrankungen führen in der Regel zu langen Krankschreibungen von drei bis sechs Wochen. Die Dauer der Krankschreibungen aufgrund psy-

chischer Erkrankungen hat sich über die Jahre kaum verändert. Der häufigere Arbeitsunfähigkeit (AU) durch psychische Erkrankungen geht somit nicht auf längere Krankschreibungen, sondern im Wesentlichen auf einen Anstieg der AU-Fälle zurück (BPtK, 2011).

- Besonders häufig sind Frauen mittleren Alters betroffen. Sie werden doppelt so oft wie ihre männlichen Kollegen krankgeschrieben (102 zu 50 Fehltagen).
- Psychische Erkrankungen nehmen sowohl bei jungen als auch älteren Arbeitnehmern zu. Im Vergleich zu 2000 verzeichnet die DAK-Gesundheit insbesondere einen Anstieg von Fehltagen bei 20- bis 30-Jährigen und die Techniker Krankenkasse (TK) bei den 30- bis 40-Jährigen.
- Dabei nimmt die Dauer der Krankschreibungen aufgrund psychischer Erkrankungen mit dem Alter zu. Bei der DAK sind 55- bis 60-jährige Arbeitnehmer fast dreimal so lange krankgeschrieben wie 20- bis 25-jährige.

Psychische Krankheiten wie Depressionen oder Angststörungen haben sich in den vergangenen zehn Jahren zum Hauptgrund für das vorzeitige Ausscheiden aus dem Berufsleben entwickelt. 2014 waren es fast 75.000 Beschäftigte (2009: knapp 64.500). Besonders Frauen gehen häufig wegen psychischer Probleme vorzeitig in Rente. Der Anteil der psychisch Kranken unter den Erwerbsminderungs-Rentnern beträgt bei Frauen fast die Hälfte. Bei Männern ist es lediglich ein gutes Drittel. Kaum eine Erkrankung setzt Arbeitnehmer früher außer Gefecht als eine psychische: Psychisch erkrankte Männer müssen schon mit 48,5 Jahren in Rente gehen, psychisch erkrankte Frauen mit 48,9 Jahren.

Ursachen- und Wirkungsanalyse

Trotz der wissenschaftlich gesicherten Erkenntnis, dass die psychischen Belastungen in der Arbeitswelt zunehmen, bedeutet dies nicht, dass sie mit Veränderungen in der Arbeitswelt kausal zusammenhängen (Scheuch, 2007). Ein Risikofaktor für »Erschöpfung« in der modernen Gesellschaft ist auch eine »inflexible Identitätspolitik« des Einzelnen (vgl. u. a. Markus Pawelzik, in Die Zeit Nr. 40 vom 1.12.2011). Gefördert durch die Kultur eines grenzenlosen Individualismus, will der Einzelne höher hinaus, ist anspruchsvoller, verfolgt selbstbezogenere Ziele und vernachlässigt stärker die Selbstsorge als frühere Generationen. In Verbindung mit einer wenig nachhaltigen Lebensoptimierung durch Konsummaximierung ist unter diesen Bedingungen die Aufrechterhaltung einer sinnvollen Lebensbalance deutlich erschwert. Es wird zunehmend schwieriger, Beziehungen zu entwickeln, Partnerschaften und soziale Netzwerke zu organisieren und die eigene Lebensführung sinnvoll zu gestalten. Diese individuell und kulturell getriebene Verknappung von sozialen Ressourcen führt zwangsläufig dazu, dass die individuelle Widerstandskraft (Resilienz) geschwächt wird. Diese Schwächung der Resilienz wirkt sich auch auf die Leistungs- und Beschäftigungsfähigkeit der Menschen aus. Insofern ist die Arbeitswelt ebenso wie alle anderen Lebensbereiche (z. B. Familie) betroffen.

Diese Entwicklung gefährdet die Wettbewerbsfähigkeit der Unternehmen und der Volkswirtschaft, weil die Unternehmen durch sinkende Arbeits- und Beschäftigungsfähigkeit der Mitarbeiter die Humanpotenziale verlieren und der Arbeitsgesellschaft vor dem Hintergrund des demografischen Wandels und des Fachkräftemangels die Erwerbspersonenpotenziale erodieren.

Gründe und Hintergründe

Diese alarmierende Situation wird durch eine Reihe von Faktoren verschärft:

1. Aufgrund der demografischen Entwicklung in Deutschland wird die Zahl der Menschen im erwerbsfähigen Alter abnehmen. Zugleich steigt mit der Lebenserwartung der Anteil der älteren Menschen an der Gesamtbevölkerung. Der damit verbundene Anstieg altersbedingter Erkrankungen und die starke Zunahme chronischer Krankheiten wie Diabetes, Herz-Kreislauf-Erkrankungen, obstruktive Atemwegs- und Krebserkrankungen führen zu einer verstärkten Inanspruchnahme der Sozialversicherungssysteme. Eine zunehmende Zahl von alten Menschen muss ambulant oder stationär versorgt und gepflegt werden. Dies wird nur dann finanzierbar bleiben, wenn es gelingt, die Erwerbsquoten auch unter älteren Beschäftigten deutlich zu erhöhen und die auf die Arbeitnehmer durch Pflege zukommenden Probleme zu lösen.

2. Zu einer deutlich steigenden Erwerbsquote der Älteren wird es nur dann kommen, wenn neben dem ökonomischen Druck zur längeren Lebensarbeitszeit, der sich aus der Anhebung des Rentenalters ergibt, auch die physische und psychische Möglichkeit zum längeren Arbeiten besteht. Dazu müssen Arbeitsprozesse verbessert und arbeits- sowie altersbedingte Krankheiten reduziert oder es muss die Möglichkeit geschaffen werden, die Anforderungen im Berufsleben diesen Krankheiten anzupassen. Darüber hinaus müssen betriebliche und außerbetriebliche Bildungssysteme die Möglichkeit zum lebenslangen Lernen geben und den Besonderheiten der Wissensvermittlung im Alter angepasst werden, um auch die geistige Leistungsfähigkeit im Alter zu gewährleisten.

3. Trotz einer breiten gesellschaftlichen Diskussion über psychische Auffälligkeiten und ihren Charakter sind diese auch im Betriebsalltag immer noch in hohem Maße tabuisiert oder werden marginalisiert. Gerade in leistungsorientierten Unternehmen und bei leistungsorientierten Personen sind psychische Störungen nach wie vor mit einem Tabu belegt. Tabuisierte Themen verschleiern oft die Wahrheit – und eine verschleierte Wahrheit verhärtet Tabus. Diese Wechselbeziehung wird in betrieblichen Zusammenhängen noch dadurch verstärkt, dass die Disziplin- und Leistungskultur von der Unternehmensleitung (und den Führungskräften) selbst geschaffen wurde – und in aller Regel positiv besetzt ist. Die Tabuisierung erfolgt dabei nicht durch die Einzelperson, sondern liegt im Gesamtsystem und in der Anerkennung begründet, dass das System Unternehmen oder das Management Teil des

Problems ist. Wenn psychische Auffälligkeiten deshalb mit einem Tabu belegt sind, um die Beschämung eines Betroffenen hierüber der Gruppe vorzuenthalten, so scheint das »Nicht-Ansprechen« die Scham vor der Scham zu sein.

4. Der Schlüssel zur Förderung der Gesundheit der Beschäftigten liegt bei den Führungskräften. So beeinflusst der jeweilige Vorgesetzte die Gesundheit seiner Mitarbeiter häufig mehr, als es deren behandelnde Ärzte jemals vermögen. Es gibt viele, aber kaum klar und übereinkommend definierte Anforderungen an Führung. Es mangelt an einer strukturierten Führungsqualifikation. In der Wissenschaft wird Führung als Aufgabe verstanden, sich für Menschen zu interessieren, ihnen zu helfen, sich zu entwickeln und ihr maximales Leistungspotenzial zu erreichen. Anders ausgedrückt: Führung zeichnet sich durch die Motivation der Beschäftigten, gegenseitigen Respekt, emotionale Beteiligung, gemeinsame Überzeugungen sowie die Bereitschaft zur Übernahme von Verantwortung und deren Delegation aus. Führung ist damit eine elementare Gesundheitsressource. Sie kann gesund, aber auch krank machen (Tautz, 2010). Dabei fehlt es nicht nur an einer strukturierten Führungsqualifikation. Es mangelt an einem Erkenntnistransfer zwischen Wissenschaft und Wirtschaft. Das gesundheitsförderliche Potenzial guter Führung wird so in das Gegenteil verkehrt (Kastner, 2010). Daraus ergibt sich die Schlussfolgerung, dass Führungskräfte bei ihren Beschäftigten aufgrund mangelnder Information und Qualifikation zu spät oder gar nicht eingreifen und auch bei sich selber die Anzeichen zu spät erkennen können. Trifft dies zu, kann keine frühzeitige Intervention und Gegensteuerung durchgeführt werden und die Präventionsansätze verpuffen.

5. Hinzu kommt die organisationale Selbstbetroffenheit. So lange ein Unternehmen nicht unmittelbar von einem Problem betroffen ist, tut es sich schwer, sich proaktiv zu ändern beziehungsweise darauf auszurichten. Solche Probleme entstehen oft im Außen, in der Umwelt des Unternehmens. Wenn dort ein Unterschied gemacht wird – ein neuer Wettbewerber entsteht, Ressourcen knapp oder Märkte enger werden –, reagiert das System auf diese Umwelteinflüsse. Bei der psychischen Beschaffenheit der Mitarbeiter gibt es diesen Anstoß nicht von der Umwelt, hier entsteht er aus dem System selbst – und wird darum nicht oder verspätet wahrgenommen.

6. Wesentliche Ziele der Psychologie sind es, intra- und innerpsychische als auch gesellschaftlichen Zusammenhänge zu erkennen und daraus Interventionsmöglichkeiten abzuleiten, also beispielsweise Menschen bei der Bewältigung einer psychischen Störung zu helfen, ihr Wohlbefinden zu fördern und sie in den (beruflichen) Alltag zu reintegrieren. Die Wirksamkeit von Psychotherapie in Fällen psychischer Störungen ist dabei unbestritten. Beispielsweise zeigt das Modellprojekt der Techniker Krankenkasse (Wittmann et al., 2011), dass die Wirkung der psychotherapeutischen Routinebehandlung langfristig und nachhaltig nachweisbar ist (vgl. auch Grave et al., 1994).

Neben der erheblichen Verbesserung des Wohlbefindens für die Patienten konnten so auch Kosten durch Arbeitsunfähigkeit, verminderte Produktivität, Frühberentungen oder erhöhter Inanspruchnahme des Gesundheitssystems eingespart werden.

7. In Anbetracht der komplexen Wechselbeziehungen zwischen Arbeit, gesundheitsbezogenem Verhalten, sozialem Status und Gesundheit hat das traditionelle »Zuständigkeitsdenken« bis heute eine umfassende und breitenwirksame Prävention behindert. Die zukünftigen Aktivitäten werden vorrangig daran zu messen sein, inwieweit es ihr entgegen diesen Hemmnissen gelingt, politisch und rechtlich förderliche Rahmenbedingungen für umfassende Präventionsprogramme in den Unternehmen zu schaffen.

Grundverständnis einer salutogenetischen Antwort

Psychische Belastungen im Sinne der »Gesamtheit aller erfassbaren Einflüsse, die von außen auf den Menschen zukommen und psychisch auf ihn wirken« (DIN EN ISO 10075-1), sind zunächst einmal wertneutral. In ihrer individuellen Ausprägung können sie zur multifaktoriell verursachten (bio-psycho-sozial) psychischen Störung werden. Dazu tragen das Umfeld, soziale Netzwerke, die ethnische Zugehörigkeit ebenso bei wie Viren, Stoffwechselveränderungen oder eine genetische Disposition und Einstellungen/Erwartungen, die Wahrnehmung von Stressoren und die individuelle Bewältigungskompetenz. Die Wirkung der Entstehungs- wie der aufrechterhaltenden Bedingungen dieser Störung ist ebenso individuell unterschiedlich wie ihre konkrete Ausprägung.

Herkömmliche Ansätze wie zum Beispiel Stresspräventionsseminare und Aufklärungsmaßnahmen greifen zu kurz und erreichen den Kern des Problems nur ungenügend. Oft bleibt das Erkennen des Problems aus und die wesentlichen Themen werden nicht angesprochen und angegangen. Hierdurch ist die Wirkung von Präventionsmaßnahmen unwahrscheinlich. Hinzu kommt, dass individuelles Verhalten, Arbeits- und Unternehmenskultur, öffentliche Wahrnehmung und politische Rahmenbedingungen zusammen wirken und sich gegenseitig beeinflussen.

Das hier zugrunde gelegte Konzept der Salutogenese fragt nicht nach den Ursachen von Erkrankungen, sondern nach dem, was Menschen gesund erhält. Dabei geht es nicht nur um Risikovermeidung, sondern auch um die Ausbildung von Schutz- beziehungsweise Protektivfaktoren (Hurrelmann, 2000), um das Fließgleichgewicht zwischen Krankheit und Gesundheit zu erhalten. Ohne die Sinnhaftigkeit des Pathogenese-Konzepts anzuzweifeln, betont es die Bedeutung dieser gesundheitsstärkenden und -erhaltenden Faktoren. Gesundheit ist »kein normaler, passiver Gleichgewichtszustand«, sondern ein »labiles, aktives und sich dynamisch regulierendes Geschehen« (Antonowsky, 2001). Gesundheit und

Krankheit sind damit Teil eines kontinuierlichen Prozesses, an dessen Endpolen völlige Gesundheit beziehungsweise Krankheit stehen. Der Mensch bewegt sich auf diesem Kontinuum, erreicht aber nie einen der beiden Extrempole.

In diesem Spannungsfeld von »krank« und »gesund« gilt es, die psychische Auffälligkeit als salutogenetisches Zeichen positiv zu nutzen, die Selbstwahrnehmung des Einzelnen in der Belastungssituation zu stärken und Angst in Potenzial zu wandeln, um dem Menschen die Fähigkeit zu erhalten, am Arbeits- und Berufsleben zu partizipieren. Wenn es gelingt, die möglichen Differenzen zwischen den Anforderungen der Arbeitswelt einerseits und den persönlichen, fachlichen, sozialen und methodischen Kompetenzen sowie der individuellen Gesundheit und Arbeitsfähigkeit andererseits auszugleichen (individuelle Beschäftigungsfähigkeit), ist diese Partizipation ein entscheidender Faktor für Gesundheit und Lebenssinn.

Der Mensch bleibt nur dann physisch und psychisch gesund, wenn ihm ausreichend persönliche (Widerstands-)Ressourcen und Schutzfaktoren zur Verfügung stehen und eine entsprechende Grundeinstellung (Überlebenswillen) vorhanden ist. Antonovsky nennt diese persönliche Ausstattung »Kohärenzgefühl« (sense of coherence). Seine Ausprägung und Stärke hängen von der Lebenserfahrung eines Menschen ab, von der Gesellschaft, in der er lebt, und der sozialen Rolle, die er übernimmt. Dieses Kohärenzgefühl wirkt aber auch auf den Umgang mit neuen Lebenserfahrungen zurück.

Aus einer salutogenetischen Perspektive heraus werden »Heilungsprozesse« oder »Gesunderhaltungsprozesse« durch folgende Faktoren gefördert:

- Verstehbarkeit, d.h. über die Fähigkeit zu verfügen, die Umwelt so zu ordnen und zu strukturieren, dass sie sinnvoll interpretiert werden kann.
- Machbarkeit, d.h. den Glauben und die Überzeugung zu haben, Situationen und Probleme aktiv bewältigen zu können.
- Sinnhaftigkeit, d.h. Tätigkeiten erledigen und Aufgaben bewältigen zu wollen, weil sie sinnvoll sind oder einen Sinn ergeben.
- Partizipation, d.h. an Entscheidungen teilzuhaben und die Richtung einer Entwicklung beeinflussen zu können.
- Wachstum, d.h. die Möglichkeit zu haben, eigene Fähigkeiten und Talente zu entwickeln, eigene Bedürfnisse (Ressourcen) auszuleben, beweglich und in Bewegung zu bleiben sowie kreatives Potenzial schöpfen zu können.
- Wahlfreiheit, d.h. Handlungsspielräume wahrnehmen und Erfahrungen sammeln zu können.
- Wertschätzung, d.h. positive Gefühle ausdrücken, soziale Verbundenheit erfahren, soziale Unterstützung erleben und konstruktiv kritisches Feedback annehmen zu können.

Übertragung auf die psychische Gesundheit bei der Arbeit

Wer immer wieder auf die gleiche Weise denkt, fühlt und handelt, strukturiert sein Gehirn so, dass er irgendwann gar nicht mehr anders Denken, Fühlen und Handeln kann (Hüther, 2009). Je erfolgreicher man eine Zeitlang mit bestimmten Denk- und Verhaltensmustern vorankommt, desto größer ist die Wahrscheinlichkeit, dass die immer wieder benutzen Nervenbahnen im Hirn zu Autobahnen werden, von denen man nur noch schwer wieder herunterkommt.

Neue Wege zu gehen funktioniert aber nur, wenn eine Orientierung über persönlich wichtige Werte neue Nervenbahnen bildet und Gehirnareale anders verknüpft. Verhaltensänderungen finden dann statt, wenn es einen Grund für Veränderung gibt. Dieser Grund muss mit positiven Bildern für klare und eindeutige Ziele ausgestattet sowie mit persönlichem Interesse und Neugier gekoppelt sein, damit die entsprechenden Gehirnareale aktiviert werden.

Um Beschäftigte salutogenetisch zu aktivieren, wird daher im Folgenden das Bild des zu stärkenden, selbstverantwortlich agierenden, psychisch gesunden Menschen zugrunde gelegt. Darum wird die WHO-Definition des »mental well-being« (»Zustand des Wohlbefindens, in dem der Einzelne seine Fähigkeiten ausschöpfen, die normalen Lebensbelastungen bewältigen, produktiv und fruchtbar arbeiten kann und imstande ist, etwas zu seiner Gemeinschaft beizutragen«) in folgender Weise konkretisiert: »Psychisch gesunde Menschen nehmen wahr, wenn sie über eine bestimmte Zeit in einer Dysbalance sind. Sie kennen Mechanismen, ihre Balance zu erhalten und gegebenenfalls wiederzugewinnen und ihre Stärken zu entwickeln. Sie nutzen mögliche Unterstützungsangebote.«

Damit wird den Blick vom notwendigen individuellen »Reparieren« von Defiziten und Dysfunktionalitäten und vom individuellen und organisationalen Aushalten/Tolerieren (Resilienz) von Schwächen auf die positive Intervention gelenkt: Mit der Konzentration auf die Stärken und Potenziale eines Systems und von Menschen wird nach dem Guten, Funktionierenden, Positiven und Lebendigen gefragt. Vereinfacht ausgedrückt geht es darum, die vorhandenen Ressourcen zu erkennen und nicht auf die Fehler, sondern auf die erfolgreichen Ergebnisse zu fokussieren. Dieser Ansatz nimmt Elemente der Positiven Psychologie (Stärkenpsychologie) auf, wie sie von Martin Seligman (2011; Fredrickson, 2010) und anderen formuliert wurden: Aufgabe der Psychologie ist es primär, nicht das Zustandekommen von Krankheit und Depression zu erforschen, sondern die Wirkmechanismen zu finden, wie ein zufriedenes Leben geführt werden kann und wie Wohlbefinden zustande kommt. Dem liegt die Idee zugrunde, dass eine Person, sofern sie ihre Stärken und Talente im Alltag nutzt, aufblüht (»Flourishing«), Sinn erlebt und ein gutes Leben nach seinen Ansprüchen lebt. Auf die berufliche und Arbeitssituation bezogen bedeutet es, diese positiven Wirkmechanismen in Organisationen, in der Zusammenarbeit von Gruppen und Teams sowie beim Einzelnen zu untersuchen, zu finden und fördern.

Salutogene Personal- und Organisationsexzellenz

Dieser umfassende Ansatz wird als salutogene Personal- und Organisationsexzellenz bezeichnet, weil er nicht nur eine medizinische und psychologische, sondern auch eine ökonomische Seite hat, die auf bewährten Konzepten der Organisationsanalyse und des Personalmanagements fußt. Dieser Ansatz sucht, was lebt und florieren möchte in Organisationen und gibt Hilfsmittel an die Hand, um freizusetzende und freigesetzte Energien zur vollen Entfaltung und zur Exzellenz zu bringen (Individual and Organizational Flourishing). Peters/ Waterman (1982) haben mit ihrem Bestseller »In search of excellence« nach Kriterien erfolgreicher Unternehmensführung gesucht und besonders die Bedeutung der Soft Facts herausgestellt. Jim Collins (2001) beschreibt in »From Good to Great« die Stellgrößen, die Unternehmen branchenüberdurchschnittlich erfolgreich gemacht haben. Kim Cameron untersucht ebenfalls organisationale Spitzenleistungen, deren Zustandekommen und die zugrundeliegenden Wirkmechanismen. Sie beschreibt, wie Führung sich auf positive Phänomene bei Mitarbeitern wie Leistung, Loyalität und Identifizierung konzentriert (Positive Leadership, 2008) und positive Phänomene in Organisationen nutzt und fördert (Positive Organizational Scholarship, 2003).

Die Einflussfaktoren gesunder Leistungsfähigkeit sind sowohl organisational als auch personal bestimmt. Sie setzen sich zusammen aus:

- Interaktion im Hinblick auf Führung, Ziele, Werte, Klima, Teamstruktur, Zusammenarbeit;
- Passung von Anforderungen und Talenten bei Verantwortlichkeiten, Prozessen und Aufgaben;
- Unternehmensbedingungen wie ökonomische Situation des Betriebes, Arbeitszeit, Ergonomie und Arbeitssicherheit;
- Persönliche Energie aufgrund von Lern- und Veränderungsbereitschaft sowie individuellem Gesundheitsverhalten;
- Sinnhaftigkeit der Arbeit, Potenzialförderung und Grundeinstellung zur Arbeit und zum Unternehmen.

Um diese Einflussfaktoren und ihre Wirkungsweise zu suchen, zu bestimmen und zu bewerten, sollten in den Unternehmen vorhandene Human Resources- und Qualitätsmanagement-Systeme genutzt beziehungsweise um die salutogenetische Perspektive ergänzt werden. Auch diese Systeme gehen grundsätzlich davon aus, Exzellenz erzielen zu wollen.

Auf diese Weise ordnet sich dieser Ansatz in die betriebswirtschaftliche Tradition zur Generierung von Spitzenleistungen ein. Pawlowsky (2008) hat eindrucksvoll nachgewiesen, was den Erfolg von Hochleistungsteams im Rettungswesen, bei der Feuerwehr, im OP-Saal oder in Sondereinsatzkommandos der Polizei in Extremsituationen ausmacht und wie aus diesen Erkenntnissen Leistungspotenzial in Organisationen gezielt gefördert und wirtschaftlicher Erfolg generiert werden kann. Er ist jedoch kein Instrumentarium, um einen mental gestärkten Beschäftigten mehr beanspruchen zu können, sondern steht als Synonym für eine gesundheitsfördernde Unternehmenskultur. Eine Unternehmenskultur, in der eigenverantwortliches Gesundheitsverhalten, informierte und vorleistende Führungskräfte, ein niedrigschwelliges Informations- und Hilfsangebot sowie fördernde Rahmenbedingungen für eine Balance zwischen der Arbeitsplatznotwendigkeit nach Leistung und dem individuellem Grundbedürfnis nach Lebenszufriedenheit sorgen.

Arbeitgeber, die die Herausforderungen erkannt haben und ihr Humanpotenzial schützen wollen, sollen über diesen Ansatz ebenso ermutigt werden wie Beschäftigte, die ihre Gesundheitskompetenz stärken wollen, um genau diesen Schutz aktiv einfordern zu können. Nur auf diese Weise wird es gelingen, den Nutzen einer gesundheitsfördernden Unternehmenskultur allen Beteiligten zu vermitteln: der Gesellschaft/Politik; der Wirtschaft, den Unternehmensleitungen, den Beschäftigtenvertretungen und den Beschäftigten und ihren Familien.

Literatur

Antonowsky, A. (2001): Salutogenese. Zur Entmystifizierung der Gesundheit, Dgvt-Verlag.

Bender, D./Lösel, F (1998): Protektive Faktoren der psychisch gesunden Entwicklung junger Menschen: Ein Beitrag zur Kontroverse um saluto- und pathogenetische Ansätze. In: Margraf, J./Siegrist, J./Neumer, S. (Hrsg.): Gesundheits- oder Krankheitstheorie? Saluto- vs. pathogenetische Ansätze im Gesundheitswesen. Berlin: Springer 1998, S. 117–145.

Bräuninger, M./ Sattler, C./ Kriedel, N. (2007): Gesundheitsentwicklung in Deutschland bis 2037 – Eine volkswirtschaftliche Kostensimulation, Hamburgisches WeltWirtschaftsInstitut.

Bundespsychotherapeutenkammer (2011): BtPK-Studie zur Arbeitsunfähigkeit. Psychische Erkrankungen – keine Frage des Alters. Berlin.

Cameron, K./Caza, A (2004): Contributions to the Discipline of Positive Organizational Scholarship. American Behavioral Scientist, Vol. 47, No. 6, February 2004, S. 1–9.

Collins, J. (2001): From Good to Great. Why Some Companies Make the Leap ... And Others Don't, Harper & Row, New York.

Cooper C. L., Nelson, D.L. (2007): Positive Organizational Behaviour, Sage.

Drucker, P. (1967): The Effective Executive, Harper & Row, New York.

Federal Ministry of Health (2011): Hintergrundpapier: Grundlagen der psychischen Gesundheit und des Wohlbefindens am Arbeitsplatz, Berlin.

Fredrickson, B. (2011): Die Macht der guten Gefühle. Wie eine positive Haltung ihr Leben dauerhaft verändert. Campus Verlag.

Grawe, K./N Donati, R./Bernauer, F. (2001): Psychotherapie im Wandel – von der Konfession zur Profession (5. unveränd. Aufl.), Hogrefe-Göttingen.

Hauser, F./Schubert, A./Aicher, M. (2005): Unternehmenskultur, Arbeitsqualität und Mitarbeiterengagement in den Unternehmen in Deutschland. Ein Forschungsprojekt des Bundesministeriums für Arbeit und Soziales, Berlin.

Holsboer, F. et al: Depression. Wie die Krankheit unsere Seele belastet. München (Depressionsreport, hrsg. von der Allianz Deutschland AG und dem Rheinisch Westfälischen Institut für Wirtschaftsforschung (RWI).

Hüther, G. (2009): Bedienungsanleitung für ein menschliches Gehirn, Vandenhoeck & Ruprecht, Göttingen.

Hurrelmann, K. (2009): Eine Einführung in sozialwissenschaftliche Theorien von Krankheitsprävention und Gesundheitsförderung. 4. vollst. überarb. Aufl., Weinheim.

Ilmarinen, J. (2009): Work Ability – a comprehensive concept for occupational health research and prevention. Editorial. Scand J Work Environ Health 2009; 35(1): S. 1–5.

Jacobi, F./Wittchen, H.-U. (2005): Die Größenordnung psychischer Störungen in Europa, Technische Universität Dresden, Institut für Klinische Psychologie und Psychotherapie.

Kastner, M. (2010): Leistungs- und Gesundheitsmanagement – psychische Belastung und Altern, inhaltliche und ökonomische Evaluation, Pabst Science Publishers.

Letzel S./Stork J./Tautz A. (2007): 13 Thesen der Arbeitsmedizin zu Stand und Entwicklungsbedarf von betrieblicher Prävention und Gesundheitsförderung in Deutschland; Gesundheitswesen 2007; 69: S. 1–4.

Malik, F. (1984): Strategie des Managements komplexer Systeme, Haupt Verlag.

Masten, A.S./Coatsworth, J.D. (1998): The development of competence in favorable and unfavorable environments. Lessons from research on successful children. American Psychologist 1998, 53 (2), S. 205–220.

Pawlowsky, P. (2008): Hochleistungsmanagement. Leistungspotenziale in Organisationen gezielt fördern, Gabler Wiesbaden.

Peters, T./Waterman, R. (1982): In Search of Excellence, Warner Books.

Psychische Gesundheit (2006): Herausforderungen annehmen, Lösungen schaffen: Bericht über die Ministerkonferenz der Europäischen Region der WHO, Kopenhagen.

Rutter, M. (2000): Resilience reconsidered: Conceptual considerations, empirical findings, and policy implications. In: Shonkoff, J.P./Meisels, S.J. (Hrsg.): Handbook of early childhood intervention. Cambridge: Cambridge University Press 2000, S. 651–682.

Scheuch, K. (2007): Erkrankung durch psychische Belastung bei der Arbeit – Was ist gesichert? DMW 12, S. 601–602.

Seligman, M (2011): Positive Psychology Flourish. A Visionary New Understanding of Happiness and Well-being, Nicholas Brealey Publishing.

Siegrist, J. (2009): Der Resilienzprozess: Ein Modell zur Bewältigung von Krankheitsfolgen im Arbeitsleben, VS Research.

Siegrist, J. (2005): Social reciprocity and health: New scientific evidence and policy implications. Psychoneuroendocrinology, 30: S. 1033–1038.

Siegrist, J. et al. (2004): The measurement of effort-reward imbalance at work: European comparisons. Soc Sci Med, 58: S. 1483–1499.

Sokoll, I./Kramer, I./Bödecker, W. (2007): Wirksamkeit und Nutzen betrieblicher Gesundheitsförderung und Prävention. IGA-Report 13.

Tsutsumi, A.,/Nagami, M.,/Morimoto, K.,/Matoba, T. (2002): Responsiveness of measures in the effort-reward imbalance questionnaire to organizational changes: a validation study. Journal of Psychosomatic Research 52: S. 249–256.

Udris, I./Kraft, U./Mussmann, C. (1991): Warum sind »gesunde« Personen »gesund«? Untersuchungen zu Ressourcen von Gesundheit (Forschungsprojekt »Personale und organisationale Ressourcen der Salutogenese«, Bericht Nr. 1). Zürich: Eidgenössische Technische Hochschule, Institut für Arbeitspsychologie.

Ulich, E. (2008): Psychische Gesundheit am Arbeitsplatz; BDP Psychologie, Gesellschaft, Politik.

Werner, E.E. (2000): Protective factors and individual resilience. In: Shonkoff, J.P./Meisels, S.J. (Hrsg.): Handbook of early childhood intervention. Cambridge: Cambridge University Press, S. 115–132. Considerations, empirical findings, and policy implications. In: Shonkoff, J.P./Meisels, S.J. (Hrsg.) (2000): Handbook of early childhood intervention. Cambridge: Cambridge University Press, S. 651–682.

Werner, E.E. (2000): Protective factors and individual resilience. In: Shonkoff, J.P./Meisels, S.J. (Hrsg.): Handbook of early childhood intervention. Cambridge: Cambridge University Press, S. 115–132.

Wittchen, H.U. et al. (2011): The size and burden of mental disorders and other disorders of the brain in Europe, European Neuropsychopharmacoloy 11, S. 655–679.

Wittmann, W. W. et al. (2011): Abschlussbericht »Qualitätsmonitoring in der ambulanten Psychotherapie«, Modellprogramm der Techniker Krankenkasse, Hamburg.

Betriebliches Gesundheitsmanagement: Kooperation mit dem Betriebsrat

Ekkehard Rist, Betriebsratsvorsitzender, Aesculap AG, Tuttlingen

Ein Thema wie Gesundheitsmanagement, das die Mitarbeiter direkt betrifft, kann nur sozialpartnerschaftlich umgesetzt werden, mit gleichem Interesse von Seiten des Unternehmens wie des Betriebsrats. Hierbei sind die Nähe zur eigenen Betriebskrankenkasse Aesculap und das Grundverständnis, Prävention als Mittel zum Erhalt der Gesundheit zu nutzen, entscheidende Faktoren.

Einleitung

Betriebliche Gesundheitsförderung hat beim Medizinprodukte-Hersteller Aesculap AG aus Tuttlingen, einem Tochterunternehmen der B. Braun Melsungen AG mit rund 3.500 Mitarbeitern, eine lange Tradition. Dabei spielt die eigene Betriebskrankenkasse (BKK) eine wichtige Rolle. Der Betriebsrat ist auch im Verwaltungsrat der BKK vertreten. Daher sind Themen des Betrieblichen Gesundheitsmanagements (BGM) immer auf der Tagesordnung. Durch die Gefährdungsbeurteilung und die aktive Rolle des Betriebsrates gegenüber allen betrieblichen Stellen, die sich dieses Themas annehmen, entstanden gemeinsame Handlungsfelder.

Mit der Beteiligung des Trägerunternehmens Aesculap AG als Arbeitgebervertreter im Verwaltungsrat der BKK Aesculap entstand zum Thema Prävention ein gemeinsames Grundverständnis. Dies hat dazu geführt, dass 1992 der »Arbeitskreis Gesundheit« installiert wurde. Zuvor gab es bereits viele Aktivitäten von Seiten der BKK, dem Arbeits- und Umweltschutz, Personalabteilung und Betriebsrat. Diese wurden nun vom Arbeitskreis Gesundheit koordiniert und abgestimmt (siehe Abbildung 1).

Arbeitskreis Gesundheit

Wichtig war von Anfang an, dass hier nicht die Mitbestimmungs- und Direktionsrechte zur Debatte standen. Sondern es ging darum, was uns dem Ziel näher bringt, Belastungen zu vermeiden und Prävention zu verbessern. Das war natürlich ein Lernprozess. Dabei gab es vier Grundkriterien:

- Durchgängige und von allen betrieblichen Akteuren gelebte Philosophie,
- offene Kommunikation im »Arbeitskreis Gesundheit« und Zusammenarbeit mit anderen betrieblichen Stellen,
- Kommunikation bei der Umsetzung von Maßnahmen und
- Gesundheitsförderung aus einem Guss.

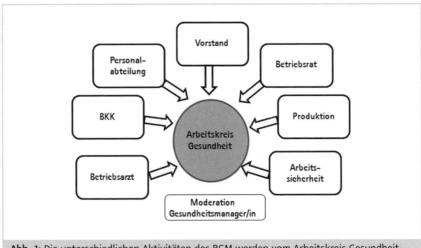

Abb. 1: Die unterschiedlichen Aktivitäten des BGM werden vom Arbeitskreis Gesundheit koordiniert

Die Punkte eins bis drei befassen sich mit der Kommunikation und wie der Arbeitskreis Gesundheit arbeiten möchte. Der vierte Punkt »Gesundheitsförderung aus einem Guss« ist nichts anderes als die Idee eines Gesundheitszentrums, in dem zumindest ein Teil der betrieblichen Akteure angesiedelt ist, die Betriebliches Gesundheitsmanagement (BGM) praktisch umsetzen.

Der Arbeitskreis Gesundheit berät sich und beschließt jeden zweiten Monat Maßnahmen. Dabei können alle Akteure ihre Themen einbringen. Aktuell haben wir beschlossen, dass im Herbst 2016 eine »Aktionswoche Sucht« durchgeführt wird. Anlass ist die neu überarbeitete Betriebsvereinbarung über Sucht, Suchtmittelmissbrauch oder Suchtmittelabhängigkeit sowie Grundlagen der betrieblichen Prävention.

In einem Aesculap-Gesundheitsplan, der dreimal im Jahr erscheint, werden die Mitarbeiter über weitere angebotene Aktivitäten informiert. Dabei geht es neben sportlichen Aktivitäten auch um Entspannung, Raucherentwöhnung, Gesundheit und Vorsorge (siehe Abbildung 2).

Der Arbeitskreis Gesundheit ist ein interdisziplinäres Organ und Strategiegeber für alle gesundheitsrelevanten Themen bei der Aesculap AG. Er hat die Funktion, Bedarfe des aktiven Gesundheitsmanagements bei Aesculap zu identifizieren, Lösungswege zu erarbeiten und den Einsatz der Ressourcen zur zeitnahen und effektiven Umsetzung der Maßnahmen zu steuern. Der Arbeitskreis Gesundheit ist entscheidungsbefugt, die Abstimmung erfolgt im Konsens.

Abb. 2: Beispielhaftes Programm des Aesculap-Gesundheitsplans

Die Arbeitsgruppe »Gesunde Arbeitsplätze«, die sich um die ergonomische Gestaltung kümmert, aber auch Begehungen der Arbeitsplätze durch Vertreter der Arbeitssicherheit, Betriebsarzt und Betriebsrat, sind Quellen, über die der Arbeitskreis Gesundheit zu Aktivitäten kommt. Klassische Gesundheitszirkel, Gefährdungsbeurteilung und Befragungen der Mitarbeiter zählen ebenfalls dazu. Aber auch der Gesundheitsbericht durch die BKK und die betrieblichen Daten der Gesundheitsquote sind wichtige Grundlagen, auf denen die Aktivitäten, die der Arbeitskreis Gesundheit beschließt, getroffen werden.

Gesundheitskampagnen

Mit zielgerichteten Maßnahmen, wie zum Beispiel der Erarbeitung von Ergonomie-Leitlinien und Präventionskampagnen, werden gesundheitliche Bedürfnisse bereits im Vorfeld zukünftiger Arbeit beachtet. Gemeinsam mit Vertretern aus den verschiedenen Unternehmensbereichen (Betriebsarzt, BKK, Arbeitsmedizin,

Personalabteilung) und dem Betriebsrat werden Aktivitäten entwickelt, die darauf abzielen, die Risikofaktoren zu minimieren, die Mitarbeiter zu sensibilisieren und sie zu Verhaltensänderungen anzuregen. Beispiele dafür sind:

1. Kampagne »Aesculap goes FIT«:

   Dies war eine Aktion durch die BKK Aesculap, bei der der Teamgedanke im Vordergrund steht. Sie ist schon bei der ersten Auflage eine Erfolgsgeschichte geworden. Die Botschaft des Betriebsrats dazu an die Teilnehmer war, dass, wenn es uns gelingen würde, Kollegen für »Aesculap goes FIT« zu gewinnen, die bis jetzt noch keine Vorsorge gemacht und sich nicht sportlich betätigt haben, daraus ein Erfolg für den Einzelnen und ein Erfolg für Aesculap würde. Abteilungen, Bereiche würden zusammenwachsen und ein neuer Teamgeist entsteht, auch über das Fachliche hinaus.

2. Kampagne »Aesculap is(s)t aktiv«:

   Aus den Check-up-Daten und dem BKK-Gesundheitsbericht ging hervor, dass sich die Krankheiten Adipositas, metabolisches Syndrom und Diabetes mellitus häufen. Der Arbeitskreis Gesundheit initiierte ein entsprechendes Programm, das das Aufkommen der Risikofaktoren reduzieren sollte. Im Mittelpunkt des Programms »Aesculap is(s)t aktiv« sollte die Gewichtsreduktion stehen. Das zweimonatige Programm beinhaltet Ernährungsberatung, Bewegungsangebote sowie ergänzende Motivationsseminare. Zu Beginn des Programms werden Messungen, wie beispielsweise Körperfettgehalt, Body-Maß-Index, Taillenumfang und metabolisches Alter durchgeführt. Eine persönliche, schriftlich fixierte Zielvereinbarung dient als weiteres Kontrollinstrument. Nach Teilnahme an einem umfangreichen Ernährungs- und Bewegungsprogramm werden Kontrollmessungen durchgeführt. Das Programm wird seither regelmäßig zu Beginn eines neuen Jahres angeboten.

3. Kampagne »Erkältung? Nicht mit mir!«:

   Das Programm wurde entwickelt, um Erkältungskrankheiten entgegenzuwirken. Zur Sensibilisierung erhielten die Mitarbeiter bei Arbeitsbeginn ein Päckchen mit Desinfektionsmittel, Halsbonbons und Taschentüchern. Ergänzend dazu gab es Aushänge und Artikel in der firmeneigenen Zeitschrift, in denen beschrieben wurde, wie man sich vor Viren schützen kann. In den Waschräumen zeigten Plakate die richtige Waschtechnik. Im Betriebsrestaurant gab es darauf abgestimmt frisch gepressten Orangensaft, Suppen und Kräutertees. Zusätzlich wurde für die Mitarbeiter eine Grippeschutzimpfung im Gesundheitszentrum angeboten.

4. Kampagne »Fit for Best Agers«:

   Um die Gesundheit der Mitarbeiter bis ins hohe Rentenalter zu erhalten, wurde 2011 ein Programm mit dem Namen »Fit for Best Agers« entwickelt. Es richtete sich an Mitarbeiter über 50 Jahre, die sich aktiv und altersgerecht für ihre Gesundheit einsetzen möchten. Sie hatten die Möglichkeit, an verschiedenen Gesundheitsaktivitäten aus den Bereichen Bewegung, Entspannung, Ernährung und Wissensvermittlung teilzunehmen. Für die einzelnen Gesundheitsmaßnahmen konnten in einem Pass Stempel gesammelt werden. Ab einer bestimmten Stempelanzahl erhielten die Mitarbeiter Gesundheitsgutscheine für eine Massage oder für Sportartikel. Sie hatten außerdem die Möglichkeit, an einer Gesundheitswoche in einer mit Aesculap kooperierenden Fachklinik zur Prävention und Rehabilitation teilzunehmen. Hierfür erhielten sie drei Tage Sonderurlaub sowie eine monetäre Bezuschussung von Krankenkasse und Unternehmen. Diese Gesundheitswochen werden seither jährlich durchgeführt und sind stark frequentiert.

Das Gesundheitszentrum

Die Einrichtung eines Gesundheitszentrums am Standort Tuttlingen in Kooperation mit der Betriebskrankenkasse im Jahr 2010 war ein weiterer wichtiger Meilenstein für das Gesundheitsmanagement bei Aesculap. Das Angebot umfasst neben Gesundheits-Check-ups und Betriebssport vielfältige Ernährungs-und Vorsorgeangebote, welche von den Mitarbeitern schon nach kürzester Zeit rege genutzt werden.

Das Konzept des Gesundheitszentrums sieht vor, dass neben den gesetzlich vorgeschriebenen arbeitsmedizinischen Untersuchungen freiwillige Gesundheits-Check-ups angeboten werden. Mithilfe der Analyse der Krankheitsgeschichte, einer körperlichen Untersuchung, Bluttests und apparativen Untersuchungen erhalten die Mitarbeiter Informationen über ihren Gesundheits- und Trainingszustand. So können die wichtigsten Erkrankungen und deren Risikofaktoren frühzeitig erkannt und beeinflusst werden. Sind zusätzliche Untersuchungen oder eine weitere Behandlung notwendig, wird der Mitarbeiter zum Facharzt überwiesen.

Nach dem Gesundheits-Check-up empfiehlt der Betriebsarzt dem Mitarbeiter aufgrund seiner Ergebnisse individuelle weiterführende Maßnahmen. Die Besonderheit ist hierbei die Vernetzung des ärztlichen und des präventiven Bereiches im Gesundheitszentrum. Identifiziert der Werksarzt Risiken, begleitet er den Mitarbeiter direkt in den Präventionsbereich. Dort steht ihm ein Gesundheitsberater zur Seite, der ihm ein passendes und verbindliches Präventionskonzept erstellt. Das Angebot umfasst Ernährungsberatung, Stressmanagementseminare, Entspannungs- und Bewegungskurse sowie individuelle Trainingspläne an modernen Trainingsgeräten im Gesundheitszentrum.

Die Untersuchungen werden von den rund 3.500 Beschäftigen am Standort Tuttlingen gut angenommen. Bereits über 1.100 Check-ups wurden durchgeführt und bei mehr als 900 Personen Diagnosen gestellt. Durchschnittlich wurden bei jedem Mitarbeiter fünf verschiedene Krankheiten oder Risikofaktoren diagnostiziert. Die Gesundheits-Check-ups sind damit ein wichtiges Instrument, Risiken zu minimieren und die Lebensqualität nachhaltig zu verbessern. Viele behandlungsbedürftige Erkrankungen, wie beispielsweise Diabetes mellitus oder Herz-Kreislauferkrankungen, konnten damit frühzeitig erkannt werden.

Ein zusätzlicher Nutzen, der sich aus den Daten der Check-up Untersuchungen ergibt, ist die anonymisierte Darstellung des Früherkennungs- und Präventionspotenzials, bevor es zu Krankheitsausfällen kommt. Zusammen mit dem BKK Aesculap Gesundheitsbericht (ca. 92 Prozent der Mitarbeiter sind bei der BKK-versichert) stehen dem Gesundheitsmanagement damit zwei professionelle Analyseinstrumente zur Verfügung. So können zielgerichtet präventive Maßnahmen abgeleitet werden und die Erarbeitung von zielgruppenspezifischen Präventionskampagnen wird ermöglicht.

Ergonomie am Arbeitsplatz

Die Arbeitsgruppe »Gesunde Arbeitsplätze« beschäftigt sich schwerpunktmäßig mit der Ergonomie am Arbeitsplatz. Vertreten in dieser Arbeitsgruppe sind neben dem Betriebsrat der Betriebsarzt, ein Arbeitssicherheitsexperte, ein Werksplaner, ein Vertreter der BKK und ein Sportwissenschaftler. Sie werden zum Beispiel bei Umzügen, beim Bezug neuer Gebäude und bei abteilungsspezifischen Maßnahmen hinzugezogen. So werden bei Mitarbeitern an Arbeitsplätzen mit verstärkter körperlicher Belastung zielgerichtet gesundheitsfördernde Projekte durchgeführt, zum Beispiel »Ergonomie und Rumpfstabilisation« für Mitarbeiter an Schleifarbeitsplätzen. Die Erstellung von Ergonomie-Leitlinien ist ein weiterer Schwerpunkt der Arbeitsgruppe.

Rahmenbedingungen

Welche Regelungen bilden nun die Grundlage, damit Gesundheitsmanagement im Unternehmen praktikabel bleibt und ist? Eine davon ist die Betriebsvereinbarung »Betriebliches Eingliederungsmanagement« (BEM) mit der dazugehörenden Ablaufmatrix. Wichtigstes Element ist aber die Akzeptanz und das Vertrauen der Mitarbeiter in diese Maßnahme. Ohne dies nützt die beste Regelung und nützen die besten BEM-Berater nichts. Darüber hinaus gibt es verschiedene Betriebsvereinbarungen, die wie Mosaike ein gesamtes Bild ergeben. Denn das Mitarbeiter-Entwicklungsgespräch ist genauso ein Mosaik wie die Qualifizierungsmaßnahmen für Führungskräfte.

Viel spannender sind aber die Herausforderungen, vor denen wir als Betriebsräte stehen und vor denen somit auch das Unternehmen steht. Dabei möchte ich nur vier nennen, für die wir Antworten und Lösungen erarbeiten und Unterstützung anbieten müssen oder sollten:

- Auflösung der Trennung privat und beruflich,
- Arbeitsverdichtung,
- größere Herausforderungen für Führungskräfte und
- Multimorbidität.

Dafür brauchen wir neue Regelungen, die gemeinsam vereinbart werden müssen. Dazu werden wir uns auch in Zukunft einbringen, damit dann Ziele des Gesundheitsmanagements realisiert werden. Diese Ziele sind zum Beispiel:

- Vereinbarkeit Familie und Beruf, Pflege, Work-Life Balance,
- Umgang mit Stress und Umgang mit psychischen Erkrankungen,
- Vernetzung privat und geschäftlich,
- Prävention von Erkrankungen,
- gesunde Arbeitsplätze und Erhalt der Arbeitskraft,
- funktionierendes Wiedereingliederungsmanagement,
- Verringerung von Unfällen und berufsbedingten Erkrankungen,
- Image & Recruiting,
- Stärkung der Eigeninitiative für die Gesundheit und
- Verbesserung der Angebote für die Gesundheit.

Wir sind durch das gemeinsame Ziel, Gesundheitsmanagement als Mittel einzusetzen, die Beschäftigten in der Förderung ihrer Gesundheit zu unterstützen, einen großen Schritt weitergekommen. Dies können wir an der Beteiligung von immer mehr Aktivisten und Teilnehmern an den Angeboten ablesen.

Interinstitutionelle Organisation eines Gesundheitstages

Marlen Marko, Referat Haushalt, Liegenschaften, Öffentlichkeitsarbeit der Polizei, Ministerium des Innern und für Sport Rheinland-Pfalz, Mainz

In der heutigen Zeit erfahren Gesundheitstage in vielen Wirtschaftsunternehmen und öffentlichen Verwaltungen eine wachsende Bedeutung. Als Instrument des Betrieblichen Gesundheitsmanagements bieten Gesundheitstage die Möglichkeit, die Mitarbeiter über aktuelle gesundheitliche Themen und Trends zu informieren und zu sensibilisieren. Gleichzeitig fördern Gesundheitstage die Kommunikation über Gesundheit am Arbeitsplatz und unterstützen somit eine positive Unternehmenskultur sowie ein positives Image der Institution nach Innen und Außen.

Erfolgsfaktor Gesundheitstag

Die verschiedenen Angebote und Aktionen des Gesundheitstages bieten den Mitarbeitern die Gelegenheit, sich zu gesundheitsrelevanten Themen beraten zu lassen oder sich mit Experten über interessante Gesundheitsthemen auszutauschen. Die Gesundheit wird so zu einem facettenreichen und hautnahen Erlebnis, das die Mitarbeiter zum Nach- und Umdenken über ungesunde Verhaltensweisen anregt (vgl. AMD TÜV, o. J. Unfallkasse Thüringen, o. J.). Des Weiteren werden durch solch einen Tag Potenziale und Stärken, aber auch Belastungen und Änderungsbedarfe spürbar. Die Durchführung eines Gesundheitstags ist deshalb sowohl für die Mitarbeiter als auch für das Unternehmen gewinnbringend (vgl. BGF Institut, 2013).

In der Polizei Rheinland-Pfalz sind die Gesundheitstage ein fester Bestandteil des seit 2008 eingeführten Betrieblichen Gesundheitsmanagements (BGM). Als regelmäßig wiederkehrende Veranstaltungen organisieren die Polizeibehörden und -einrichtungen eigenverantwortlich ihre Gesundheitstage unter Berücksichtigung des aktuellen landesweiten BGM-Schwerpunktthemas und den innerbehördlichen Zielsetzungen. Die Angebote und Aktionen basieren dabei im Wesentlichen auf den Ergebnissen der in den Jahren 2008 und 2014 durchgeführten Mitarbeiterbefragungen zu den empfundenen körperlichen, emotionalen und sozialen Belastungen der Bediensteten im Kontext mit ihrer Arbeit (2008) sowie zum Angebot des Betrieblichen Gesundheitsmanagements (2014).

Um mit einem Gesundheitstag möglichst viele Mitarbeiter der Polizei zu erreichen, ist neben einem attraktiven und vielfältigen Angebot auch die Wahl des Zeitpunktes ein wichtiger Erfolgsfaktor. Trotz einer sorgfältigen Planung stehen Soforteinsätze und andere polizeiliche Aufgaben einer Teilnahme oft entgegen. Damit dennoch eine hohe Teilnahmequote erreicht werden kann und das Verhältnis zwischen Aufwand, Kosten und Nutzen zumindest ausbalanciert ist, werden die Gesundheitstage am Standort Mainz interinstitutionell organisiert.

Bereits vor der Implementierung des Betrieblichen Gesundheitsmanagements in der Polizei Rheinland-Pfalz schlossen sich aus diesen Gründen sowie aufgrund der räumlichen Nähe zum Valenciaplatz das Polizeipräsidium Mainz, das Landeskriminalamt und der Landesbetrieb Daten und Information zur »Arbeitsgruppe Valenciaplatz« zusammen. Die Kooperation und die damit einhergehende behördenübergreifende Ausrichtung eines Gesundheitstages bringen neben einer höheren Teilnahmequote weitere Vorteile: Durch die interinstitutionelle Organisation stehen mehr interne Referenten und Räumlichkeiten für Vorträge, Workshops und Aktionen sowie ein höheres Gesamtbudget zur Verfügung. Darüber hinaus wird der fachliche Austausch gefördert und die interdisziplinäre Zusammenarbeit gestärkt.

Gezielt vorgehen

Für die interinstitutionelle Organisation eines Gesundheitstages sollte eine möglichst hohe Beteiligung der Mitarbeiter aus den betroffenen Behörden angestrebt werden. Je mehr Personen an der Planung und Vorbereitung mitwirken, umso besser können Ideen und Ziele verwirklicht werden. Dadurch kann auch die Teilnahme am Gesundheitstag erhöht werden, weil die Mitwirkenden den Tag unter ihren Kollegen thematisieren und bewerben können (Unfallkasse Thüringen, o. J.). Die »Arbeitsgruppe Valenciaplatz« setzt sich aus den BGM-Koordinatoren der drei Behörden zusammen und bezieht anlassbezogen weitere Akteure im Gesundheitsmanagement mit ein. Die variierende Gruppengröße ermöglicht so ein effizientes und effektives Planen. Innerhalb der Arbeitsgruppe fungieren die Mitglieder gleichberechtigt als Ansprechpartner und Koordinatoren.

Damit die Angebote des Gesundheitstages für die Mitarbeiter aller Behörden ansprechend und auf sie abgestimmt sind, wird mit den Planungen möglichst frühzeitig begonnen. In der Regel benötigt die Arbeitsgruppe ein halbes Jahr Vorlauf und vier bis fünf Sitzungen zur Vorbereitung. Bereits vor der ersten Zusammenkunft werden die Ideen und Vorschläge für Themen und Aktionen durch die jeweiligen BGM-Koordinatoren in den Behörden zusammengetragen. Eine wesentliche Grundlage hierfür bilden die Ergebnisse aus den Mitarbeiterbefragungen, Arbeitsplatzbegehungen, Gefährdungsbeurteilungen, Gesundheitsberichten und BGM-Besprechungen sowie die im Zwei-Jahresrhythmus wechselnden landesweiten BGM-Schwerpunktthemen der Polizei Rheinland-Pfalz.

In der Arbeitsgruppe werden die gesammelten Themen für die verschiedenen Zielgruppen in den Behörden aufbereitet und miteinander verknüpft. Aus den Themen werden anschließend die Ziele und Schwerpunkte des behördenübergreifenden Gesundheitstages abgeleitet. So wird der Gesundheitstag thematisch strukturiert und das Angebot auf die Mitarbeiter der drei Behörden zugeschnitten. Um später eine rege Beteiligung zu gewährleisten, berücksichtigt die Arbeitsgruppe bei der Auswahl des Termins sowohl die Ferienzeiten und Brückentage als auch Großveranstaltungen und geplante Polizeieinsätze. Am Gesundheitstag selbst können die Mitarbeiter die Angebote während ihrer Arbeitszeit wahrnehmen.

Partner gewinnen

Nachdem das Datum, die Inhalte und Themen festgelegt sind, trägt die Arbeitsgruppe die vorhandenen und benötigten finanziellen, personellen und technischen Ressourcen zusammen. Das Budget setzt sich in der Regel aus den zur Verfügung gestellten Haushaltsmitteln der Behörden zusammen. Die entstehenden Kosten werden zu gleichen Anteilen getragen. Um den finanziellen Aufwand für den Gesundheitstag zu minimieren, hat sich in der Vergangenheit bewährt, ortsansässige Krankenkassen, Firmen und andere Gesundheitsanbieter einzubinden und ihnen am Gesundheitstag eine Plattform zur Vorstellung ihrer Angebote und Produkte anzubieten. Ferner hat sich die Einbindung von Studierenden oder Studiengruppen ebenfalls als hilfreich erwiesen, die im Rahmen von Projektarbeiten den Gesundheitstag wissenschaftlich begleiten, unterstützen und evaluieren.

Weitere wichtige Akteure für die Ausgestaltung des Gesundheitstags sind die internen Sportübungsleiter, Verhaltenstrainer und Referenten sowie die Unfallkasse Rheinland-Pfalz, mit der seit dem Jahr 2010 ein Kooperationsvertrag zur Implementierung und Weiterentwicklung des Betrieblichen Gesundheitsmanagements in der Polizei Rheinland-Pfalz besteht. Sie leisten zusammen mit anderen Gastrednern und Key-Note-Speakern einen wichtigen Beitrag zur Sensibilisierung bestimmter Gesundheitsthemen.

Mögliche Partner und deren Leistungen sind:
- Krankenkasse und Unfallkasse: Information zu Themen der Prävention, Gesundheitsförderung, Arbeitsschutz und Rehabilitation, Beratung und Seminare/Workshops;
- Sportvereine und Landessportbund: Infostände, Angebote von Gesundheitssportkursen;
- Apotheken: Messungen von Blutdruck, Blutzucker, Cholesterin, Lungenfunktion, etc.;
- Krankenhaus/Arztpraxis: Vorträge zu Themen wie Herz-Kreislauferkrankungen, Osteoporose, Risikofaktoren, etc.;
- Akustiker/Optiker: Hörtest, Sehtest;
- Ernährungsberater: Informationen zum Thema Ernährung, Kurzvorträge;
- Physiotherapiepraxen: Körperfettmessung, diverse Funktionstests, Massagen und Kurse wie Pilates/Aerobic, etc.;
- Fitnesscenter: Sportkurse;

- Referenten/Dozenten: Vorträge/Workshops zu diversen Themen mit unternehmensspezifischem Fokus;
- Weitere Partner: Gesundheitsamt, Arbeitsmedizinischer Dienst, Erste Hilfe Organisationen, diverse Stiftungen.

Öffentlich machen

Neben einer sorgfältigen Planung und Vorbereitung ist die Öffentlichkeitsarbeit und insbesondere die Werbung unter den Mitarbeitern ein weiterer wesentlicher Faktor für den Erfolg des Gesundheitstages. Im Planungsstress wird die Öffentlichkeitsarbeit oft vernachlässigt. Die Werbung und die Bekanntmachung des Gesundheitstages unter der Belegschaft sind jedoch entscheidend, wenn es um die Partizipation bei den Vorbereitungen, der Teilnehmergewinnung und das öffentliche Auftreten der Behörden geht (Unfallkasse Thüringen, o. J.). Die »Arbeitsgruppe Valenciaplatz« kommuniziert den Gesundheitstag vorwiegend mithilfe von Werbeplakaten, Flyern, Hauszeitungen und Rundmails. Insbesondere Letzteres ist nach den Ergebnissen einer Mitarbeiterbefragung die effektivste Methode, die Mitarbeiter zu erreichen.

Aktion: Gesundheitstag

Eröffnet wird der interinstitutionelle Gesundheitstag durch die Behördenleitung. Während im Jahr 2012 alle drei Behördenleiter die Mitarbeiter begrüßten, eröffnete in den anderen Jahren jeweils ein Behördenleiter im Namen aller Behörden den Gesundheitstag. Die letztere Vorgehensweise hat sich in der Vergangenheit bewährt. Damit sich alle Mitarbeiter angesprochen fühlen, wechseln sich die Hausspitzen jährlich bei der Begrüßung ab. Durch eine kurze Eröffnungsrede und das Willkommen-Heißen der Teilnehmer durch die Behördenleitung wird signalisiert, dass Gesundheit eine Führungsaufgabe und die Investition in die Gesundheit und das Wohlbefinden der Mitarbeiter sinnvoll ist.

Am Gesundheitstag können die Mitarbeiter aus einem breiten Spektrum an Impulsvorträgen zu wichtigen Gesundheitsthemen, Mitmach-Aktionen und Workshops ihr individuell passendes Angebot zusammenstellen. Darüber hinaus können sie an Informationsständen ihre persönliche Gesundheitssituation kontrollieren und sich zu verschiedenen gesundheitsrelevanten Fragestellungen beraten lassen. Zudem ermöglichen Schnuppereinheiten das Kennenlernen und Vertiefen zahlreicher Bewegungs- und Entspannungsübungen, wie zum Beispiel Übungen zur Stärkung und Lockerung der Rückenmuskulatur am Arbeitsplatz, zur Verbesserung der Fitness und Kondition oder zur Entspannung.

Besonders beliebt sind bei den behördenübergreifenden Gesundheitstagen Vorträge zu bestimmten Themen, wie Schlafstörungen, gesunde Ernährung (im

Wechselschichtdienst), Stressbewältigung, Umgang mit belastenden Ereignissen oder Work-Life-Balance.

Programmauszug aus dem Gesundheitstag 2012

- Seminar »Bewegung und Rücken« (Informationen über Beschwerden, Risiken und Möglichkeiten zur Prävention und Vorsorge);
- Vortrag »Stressbewältigung« mit Tipps zur Entschleunigung und Selbstmanagement;
- Sehtest und Überprüfung der Augen;
- Messung zur Feststellung der Erregbarkeit und Stressbelastung des Herzens (»Cardio-Scan-Herzportrait«);
- Messung von Blutdruck, Blutzucker, Body-Maß-Index, Bauchumfang;
- Messung der Knochendichte;
- Ermittlung der Standhaftigkeit und Stabilität der Muskulatur und Wirbelsäule;
- Informationsstände zum Thema »Haut und Hautschutz« inkl. Hauttypenbestimmung, zu versicherungs- und vorsorgerechtlichen Fragen, über Angebote ortsansässiger Sport- und Fitnesscenter;
- Bewegungsangebote wie Nordic Walking und Body-Fit-Programm.

Gut nachbereiten

Damit der Gesundheitstag mehr als ein einmaliger Erlebnistag ist, zieht die »Arbeitsgruppe Valenciaplatz« im Anschluss an den Gesundheitstag eine kritische Bilanz. Eine Rückmeldung der Besucher erhält die Arbeitsgruppe über die Evaluationsfragebögen, die am Gesundheitstag auliegen bzw. im Nachgang den Mitarbeitern per E-Mail zugeschickt und von diesen ausgefüllt werden. Auch Einzelgespräche mit Mitarbeitern, Akteuren und Führungskräften geben der Arbeitsgruppe Aufschluss über den Erfolg des Gesundheitstages.

Die Evaluation des Gesundheitstags ist wertvoll, um zu erfahren, was bei den Teilnehmern gut ankam und was besonders gut lief. Zudem können mithilfe der Analyse des Gesundheitstags eventuelle Probleme herausgefiltert werden, die in den Vorbereitungen oder während des Gesundheitstags aufgetreten sind(Unfallkasse Thüringen, o. J.). Die Erkenntnisse dienen zur Verbesserung der zukünftigen Gesundheitstage und fließen in das Betriebliche Gesundheitsmanagement der Polizei mit ein.

Die behördenübergreifenden Gesundheitstage werden von den Mitarbeitern sehr gut angenommen und positiv bewertet. Eine genaue Teilnahmequote lässt sich jedoch nur schwer ermitteln, da die Bediensteten aus drei unterschiedlichen Behörden kommen, der Gesundheitstag zum Teil nur zeitweise besucht wird und auch Gäste aus anderen Polizeibehörden und -einrichtungen in Mainz sich beim Gesundheitstag hin und wieder einfinden. Ungeachtet dessen zeigen sich die Mitglieder

der »Arbeitsgruppe Valenciaplatz« mit den Besucherzahlen zufrieden und resümieren die Gesundheitstage als erfolgreiche und gelungene Gesundheitserlebnisse.

Im Nachgang des Gesundheitstages berichtet die Arbeitsgruppe noch einmal in den Hauszeitungen ihrer Behörden über die Veranstaltung und bedankt sich bei allen Akteuren und Helfern für die Unterstützung bei der Vorbereitung und Durchführung. Mit den Evaluationsergebnissen arbeiten die BGM-Koordinatoren in ihren Behörden weiter und entwickeln daraus weitere Angebote zur Gesunderhaltung und Gesundheitsförderung. So entstanden beispielsweise im Jahr 2011 aus einem Schnupperkurs, der am Gesundheitstag angeboten wurde, eine feste Walking-Gruppe oder aus einer Informationsveranstaltung im Jahr 2012 das gemeinsame Basenfasten. Die aus einem Gesundheitstag entwickelten Maßnahmen helfen den Mitarbeitern, das Erlernte dauerhaft beizubehalten und sich so eine gesundheitsbewusste Lebensart eigen zu machen (BGHW, 2011).

Literatur

AMD TÜV (o. J.): Wir haben die Gesundheitstage Ihrer Mitarbeiter im Blick. Gesundheitstage in Ihrem Unternehmen. Arbeitsmedizinische Dienste GmbH, TÜV Rheinland Group (Hrsg.), Köln.

BGF Institut (2013): Ein Tag für die Gesundheit. Wie Unternehmen Impulse für eine gesunde Zukunft setzen. Institut für Betriebliche Gesundheitsförderung (Hrsg.), Köln.

BGHW (2011): Impulse für die Gesundheit. BGHW aktuell 2011 (4): 6-7, Berufsgenossenschaft Handel und Warenlogistik Körperschaft des öffentlichen Rechts, Mannheim.

Unfallkasse Thüringen (o. J.): Der Gesundheitstag. Leitfaden zur systematischen Organisation von Gesundheitstagen. Unfallkasse Thüringen (Hrsg.), Gotha.

Literatur

Beseler, Lothar: Betriebliches Eingliederungsmanagement, 208 Seiten, 19,50 Euro, Rieder Verlag für Recht und Kommunikation, 5. Auflage 2016, ISBN: 978-3-945260296

Arbeitgeber und Betriebsräte erkennen zunehmend, dass es nicht nur im Interesse der Beschäftigten, sondern auch und gerade im Interesse des Unternehmens liegt, wenn die Arbeitnehmer Arbeitsbedingungen vorfinden, die nicht zu gesundheitlichen Beeinträchtigungen führen. Bei einer Zunahme psychischer Erkrankungen wie Burn-out, Erschöpfungssyndrom oder Depression liegt es auf der Hand, dass Betriebsklima, Mitarbeitergespräche und fürsorgliche Vorgesetzte zu Motivation und Abbau von Fehlzeiten beitragen können. Dieses Buch soll Personalverantwortlichen, Betriebs- und Personalräten und Arbeitnehmern aufzeigen, welche Bedeutung das betriebliche Eingliederungsmanagement hat und wie es im Betrieblichen Alltag umgesetzt werden kann.

Busch, Christine/Cao, Patricia/Clasen, Julia /Deci, Nicole: Betriebliches Gesundheitsmanagement bei kultureller Vielfalt, 411 Seiten, 49,99 Euro, Springer Verlag, 2014, ISBN 978-3-642-40903-5

Betriebliches Gesundheitsmanagement ist in aller Munde – doch eine praktische Einführung im Unternehmen ist ein komplexer Prozess. Das im Buch vorgestellte ganzheitliche Ressourcen- und Stressmanagementprogramm bietet eine konkrete, auf seine Wirksamkeit und Wirtschaftlichkeit geprüfte, Lösung für Unternehmen, deren Belegschaft sich durch kulturelle Vielfalt auszeichnet. Mit dem Programm kann eine Vielzahl an Beschäftigten bei einem geringen zeitlichen und finanziellen Aufwand erfolgreich erreicht und gefördert werden.

Grünheid, Stefanie: Können Instrumente des Betrieblichen Gesundheitsmanagements Vorteile im War of Talents bringen? 92 Seiten, 44,99 Euro, Grin Verlag, 2015, ISBN: 978-3-656867876

Zur Untersuchung der Ausgangsfrage »Können Instrumente des Betrieblichen Gesundheitsmanagement Vorteile im War of Talents bringen?« wurde neben der Herleitung der thematischen Grundlagen eine onlinegestützte Umfrage durchgeführt, um die Zusammenhange zwischen dem Faktor Arbeitgeberattraktivität und dem Betrieblichen Gesundheitsmanagement herauszustellen.

Henkel, Jan /Schell, Claudia: Abgrund Arbeitsplatz: Authentische Erlebnisse aus dem Büro-Alltag, 96 Seiten, 9,90 Euro, Verlag Klaus Kellner, 2014, ISBN: 978-3-956510519

Stress durch zu viele Überstunden, Mobbing am Arbeitsplatz und unglaublich hoher Druck: Wem kommt das nicht bekannt vor? Die Autoren haben das selbst erlebt und andere Betroffene zu diesen Themen interviewt. Ungerechtigkeiten, denen zahlreiche Beschäftigte Tag für Tag in deutschen Büros ausgeliefert sind, werden hier offen angesprochen. Unter anderem sind die Außendarstellung sowie die betriebsinterne Realität Themen des Werkes. Herausgekommen ist ein authentischer Ratgeber, der nicht nur die am Arbeitsplatz vorherrschenden Missstände aufzeigt, sondern gleichzeitig nützliche Tipps gibt, wie Angestellte oder Praktikanten ihre Situation verbessern können.

Hoffmann, Stefan et al. (Hrsg.): Angewandtes Gesundheitsmarketing, 464 Seiten, 39,99 Euro, Verlag Springer Gabler, 2012, ISBN: 978-3834940346

Das Gesundheitsmarketing, das heißt die Gesamtheit aller Maßnahmen, die ein Unternehmen ergreifen kann, um gesundheitsbewusste Konsumenten anzusprechen, gewinnt zunehmend an Bedeutung. Das Buch zeigt auf, wie gesundheitsbewusste Konsumenten identifiziert werden können und wie sich Kampagnen im Gesundheitsmarketing planen lassen. Aufbauend auf strategischen Überlegungen bietet das Buch ganz konkrete Handlungsempfehlungen für den Unternehmensalltag.

Hurrelmann, Klaus /Klotz, Theodor /Haisch, Jochen et al. (Hrsg.): Lehrbuch Prävention und Gesundheitsförderung, 470 Seiten, 39,95 Euro, Huber 2014, ISBN 978-3-456-85319-2

Die Gesundheitssysteme der meisten Länder sind traditionell auf die kurative Versorgung ausgerichtet. Dieser Ansatz reicht heute nicht mehr aus, weil immer mehr chronische und degenerative Störungen und Krankheiten vorherrschen, die nicht geheilt, sondern über einen langen Zeitraum begleitet und in ihren Auswirkungen eingedämmt werden können. Einer Krankheit vorbeugende und Gesundheit fördernde Strategien der Versorgung gewinnen aus diesem Grund immer mehr an Bedeutung. Ihren theoretischen und konzeptionellen Grundlagen und ihrer praktischen Umsetzung ist dieses Lehrbuch gewidmet.

Kiesche, Eberhard: Betriebliches Gesundheitsmanagement: Betriebs- und Dienstvereinbarungen, 192 Seiten, 12,90 Euro, Bund-Verlag, 2013, ISBN: 978-3-766362742

Das Betriebliche Gesundheitsmanagement ist von wachsender Bedeutung. Zunehmende psychische Belastungen, der demografische Wandel in der Arbeitswelt, der Trend, überall und immer arbeiten zu können, führen dazu, dass die Gesundheit der Beschäftigten oben auf der Agenda steht. Die notwendigen betrieblichen Aktivitäten unter dem Dach des Betrieblichen Gesundheitsmanagements zusammenzuführen; Arbeitsschutz, betriebliche Gesundheitsförderung und Betriebliches Eingliederungsmanagement ganzheitlich und systematisch als Managementansatz zu erkennen und kontinuierlich zu verbessern. Hierfür haben die Betriebsparteien in letzter Zeit verstärkt wegweisende Rahmenvereinbarungen abgeschlossen. Die Auswertung von 125 Vereinbarungen zeigt, wie betriebliche Akteure das Thema aufgreifen und gibt Hinweise für die Gestaltung eigener Vereinbarungen.

Klaffke, Martin (Hrsg.): Generationen-Management: Konzepte, Instrumente, Good-Practice-Ansätze, 260 Seiten, 44,98 Euro, Verlag Springer Gabler, 2014, ISBN: 978-3-658023249

Studien zufolge erleben Unternehmen die Veränderung der Altersstruktur, aber auch die Veränderung der Wünsche innerhalb der Belegschaft als erste Folgen des demografischen Wandels. Dessen ungeachtet liegt die Priorität im Demografiemanagement oftmals immer noch auf Gesundheitsförderung und Nachwuchsgewinnung. Dies reicht jedoch nicht aus, um eine wettbewerbsfähige Belegschaft nachhaltig aufzubauen. Gerade Führung und Arbeitsorganisation bedingen nicht nur die Arbeitsfähigkeit, sondern auch das Commitment der Mitarbeiter. Systematisches Generationen-Management schafft die Rahmenbedingungen, um das Unternehmen als attraktiven Arbeitgeber bei allen relevanten Mitarbeitergruppen zu positionieren und somit Wettbewerbsvorteile aus einer Generationenvielfalt zu ziehen. Hierbei zeigen sich drei Handlungsfelder als wesentlich: organisationale und arbeitspolitische Rahmenbedingungen gestalten, lebenslange Leistungsfähigkeit fördern und die intergenerative Wertschätzung und Zusammenarbeit stärken.

Kretzer, Marie G.: Betriebliches Gesundheitsmanagement trifft öffentliche Verwaltungskultur, 84 Seiten, 18,00 Euro, Books on Demand, 2015, ISBN: 978-3-739274515

Die Untersuchung geht der Frage nach, welchen Einfluss die Einführung eines Betrieblichen Gesundheitsmanagements (BGM) in der öffentlichen Verwaltung auf die Verwaltungskultur haben kann. Es werden zum einen die Verwaltungskultur und ihre unterschiedlichen Komponenten betrachtet und zum anderen in diesem Zusammenhang die Aufgaben und Herausforderungen, denen sich die öffentliche Verwaltung heutzutage stellen muss, in den Blick genommen. Dabei wird BGM als Instrument des Personal- und Verwaltungsmanagements in seiner Entwicklung und im Zusammenhang mit der öffentlichen Verwaltung beleuchtet. Sodann werden aus den erarbeiteten Erkenntnissen Hypothesen abgeleitet. Ein Praxisbeispiel aus dem Behördenalltag dient dabei als Anregung und positiver Lösungsansatz zur möglichen Beantwortung der Fragen des Themenkomplexes.

Matyssek, Anne Katrin: Mehr als nur Gesundheit. Was Unternehmen brauchen. Damit die Wertschöpfung auch morgen noch gelingt, 120 Seiten, 18,80 Euro, Books on Demand, 2016, ISBN: 978-3-739235202

Das Buch räumt auf mit Missverständnissen rund um Betriebliches Gesundheitsmanagement. Es ist ein Manifest. Ein Plädoyer für eine menschlichere Arbeitswelt. Angebote rund um Betriebliches Gesundheitsmanagement boomen. Die gestiegenen Fallzahlen psychischer Erkrankungen und die gesetzliche Auflage zur Durchführung einer ganzheitlichen Gefährdungsbeurteilung bringen Bewegung in Betriebe: Immer mehr Unternehmen setzen auch angesichts des demografischen Wandels auf Programme, welche die Ausfallzeiten senken und die Anwesenheit erhöhen sollen. Das Präventionsgesetz ist seit 2016 auch finanziell wirksam und erleichtert diesbezügliche Investitionen. Aber reicht das? Es geht um mehr … Das Buch zeigt, was erforderlich ist, damit Unternehmen auch morgen noch sinnvoll produktiv sein können – und die Arbeit für die Beschäftigten bewältigbar bleibt.

Matyssek, Anne Katrin: BGM voranbringen: Praxistipps für betriebliches Gesundheitsmanagement: Fallstricke vermeiden – Stolperfallen umgehen – Menschen gewinnen, 68 Seiten, 24,90 Euro, Books on Demand, 2. Auflage 2013, ISBN: 978-3-848252749

Die Einführung eines Betrieblichen Gesundheitsmanagements ist kein Selbstläufer: Die Geschäftsleiter wollen gewonnen werden, der Betriebsrat ins Boot geholt, die Führungskräfte überzeugt und die Beschäftigten eingebunden. Hoher Einsatz, starkes Engagement — trotzdem ist die Enttäuschung oft groß. BGM-Projekte scheitern selten an Zahlen, Daten, Fakten. Sie scheitern, weil sich Menschen nicht mitgenommen fühlen. Die Autorin beleuchtet aus der Sicht einer externen Beraterin, wie möglichst von Beginn an alle Beteiligten am selben Strang ziehen.

Neuner, Ralf: Psychische Gesundheit bei der Arbeit: Betriebliches Gesundheitsmanagement und Gefährdungsbeurteilung psychischer Belastung, 125 Seiten, 24,99 Euro, Verlag Springer Gabler, 2. Auflage 2015, ISBN: 978-3-658106164

Das Buch erklärt die wichtigsten Begriffe und Erklärungsmodelle rund um das Thema psychische Gesundheit und Stressentstehung bei der Arbeit. Das ermöglicht ein tieferes Verständnis von Ursache und Wirkung und der daraus resultierenden Gefährdungen für die Gesundheit und die Leistungsfähigkeit der Mitarbeiter. Im Hauptteil werden Methoden und Verfahren zur Messung von Belastungsfaktoren vorgestellt, die zu einer psychischen Fehlbelastung führen können. Dazu hat der Autor einen Darstellungs- und Beurteilungskriterienkatalog erarbeitet, mit dem der Leser leicht die Inhalte von einschlägigen Verfahren zur Durchführung der Gefährdungsbeurteilung psychischer Belastung vergleichen kann. Praxisbeispiele erläutern die Vor- und Nachteile verschiedener Methoden. Das Buch wendet sich an alle Interessierten, die wissen möchten, wie man effektiv psychische Belastung bei der Arbeit erfassen und in der Folge verringern kann.

Pieck, Nadine: Gender Mainstreaming in der betrieblichen Gesundheitsförderung, 232 Seiten, 24,80 Euro, Reiner Hampp Verlag 2013, ISBN 978-3-86618-847-1

Die vorliegende Studie will einen Beitrag dazu leisten, den Umsetzungsgrad von Gender Mainstreaming in der betrieblichen Gesundheitsförderung zu erhöhen. Dies erfordert die Verknüpfung der einschlägigen Erkenntnisse aus den Forschungsfeldern Arbeit, Gesundheit und Geschlecht. Auf dieser Grundlage wird ein beteiligungsorientiertes Vorgehensmodell für eine geschlechtergerechte und gesundheitsförderliche

Organisationsentwicklung skizziert, welches die Konstellationen von Belastungen und Ressourcen in Beruf und Familie berücksichtigt und die Dilemmata der Frauenförderung konzeptionell und methodisch reflektiert.

Pundt, Prof. Dr. Johanne / Scherenberg, Prof. Dr. Viviane (Hrsg.): Erfolgsfaktor Gesundheit in Unternehmen: Zwischen Kulturwandel und Profitkultur, 400 Seiten, 54,90 Euro, Apollon University Press, 2016, ISBN: 978-3-943001235

Betriebliches Gesundheitsmanagement ist heutzutage ein unverzichtbares Thema für das Wohlergehen der Mitarbeiter und damit des gesamten Unternehmens. Darüber besteht Konsens. Doch auch wenn Unternehmen den Handlungsbedarf erkennen, so steht eine zielgerichtete Umsetzung von Maßnahmen oft noch am Anfang. Der Themenband bietet Verantwortlichen in Unternehmen, Studierenden, Dozenten und allen Interessierten einen umfassenden und zukunftsweisenden Einblick in das Thema und zeigt, wie Gesundheit in Unternehmen gewinnbringend für alle Beteiligten gelebt und umgesetzt werden kann.

Rudow, Bernd: Die gesunde Arbeit, 344 Seiten, 3. Aufl., 41,80 Euro, Oldenbourg Verlag 2013, ISBN 978-3-486-71949-9

Arbeit ist nicht nur wirtschaftlich, sondern auch unter dem Aspekt der Gesundheit zu betrachten, nicht nur der physischen, sondern auch der psychischen. Das Buch stellt, indem es vor allem die gesunde Arbeit fokussiert, eine aktualisierte, weitgehend überarbeitete und erweiterte Fassung im Vergleich zur Vorauflage dar. Es unterscheidet sich weitgehend sowohl in der Betrachtungsweise als auch in den Inhalten von Büchern mit vergleichbaren Themen auf dem Markt.

Schneider, Wolfgang et al.: Psychosoziales Gesundheitsmanagement im Betrieb, 232 Seiten, 29,95 Euro, Huber 2013, ISBN 978-3-456-85275-1

Psychische Erkrankungen verursachen enorme Produktivitätsverluste, und die psychosoziale Gesundheit von Arbeitnehmern ist eine entscheidende Ressource für Betriebe. In diesem Arbeitsbuch finden Arbeits- und Betriebsmediziner kompakte Handreichungen für die wesentlichen diagnostischen und interventionellen Ansätze des psychosozialen Gesundheitsmanagements. Neben Ausführungen zu den Hintergrundbedingungen und den Perspektiven eines solchen Ansatzes stellt es die grundlegenden diagnostischen Methoden und die Prinzipien der Gesprächsführung und Beratung dar.

Schulte-Meßtorff, Claudia / Wehr, Peter: Employee Assistance Programs: Externe Mitarbeiterberatung im betrieblichen Gesundheitsmanagement, 112 Seiten, 24,99 Euro, Verlag Springer, 2.Auflage 2013, ISBN: 978-3-642380204

Psychische Probleme sind heute der Grund Nr. 1 für weiter steigende Krankenstände und Arbeitsausfälle quer durch alle Branchen, und die Arbeitsbedingungen in unseren Betrieben sind in der gesellschaftlichen Diskussion als Ursache für diese Entwicklung weiter im Fokus. Mit einer Verschärfung der Situation in den letzten Jahren sind auch das Problembewusstsein bei Personalverantwortlichen sowie die Anzahl der Betriebe, die sich für die Gesundheit ihrer Mitarbeiter engagieren, weiter gestiegen. Dieses Buch stellt neben Grundlagen zu psychischen Störungen, aktuellen Statistiken etc. die »neue« Methode kompakt und praxisnah vor, beschreibt ihre Implementierung ins Betriebliche Gesundheitsmanagement, betriebliche Voraussetzungen und ihren Nutzen und Qualitätsanforderungen. Abschließend wird ein Business-Case für den Einsatz eines EAP-Programms im Unternehmen dargestellt sowie die Praxis der Mitarbeiterberatung am Beispiel einer Beratung per Telefon.

Stein, Dr. Jürgen / Schlegel, Prof. Dr. Rainer / Rothe, Isabel: Gesundheitsmanagement und Krankheit im Arbeitsverhältnis, 700 Seiten, ca. 100,00 Euro, C.H. Beck 2014, ISBN 978-3-406-66262-1

Der demografische Wandel führt zu alternden Belegschaften. Für den Erhalt der Arbeitsfähigkeit müssen die Unternehmen mehr und mehr präventiven Gesundheitsschutz aufbauen und erkrankten Mitarbeitern erweiterte Hilfen anbieten. Schließlich werden auch die Fälle krankheitsbedingter Beendigung von Arbeitsverhältnissen zunehmen. Die daraus resultierenden Maßnahmen werfen umfangreiche juristische Fragen für Unternehmen und deren Berater auf. Das Werk hilft beim rechtssicheren Aufbau präventiver Angebote in allen Bereichen des Gesundheitsschutzes, bei der Gestaltung von Eingliederungsmaßnahmen bis hin zur Kündigung langfristig erkrankter Arbeitnehmer.

Velo, Nadine: Problemgruppe »Ältere Arbeitnehmer«? Über die Bedeutung und den Einsatz dieser Beschäftigtengruppe in Zeiten des demografischen Wandels, 104 Seiten, 33,99 Euro, Grin Verlag, 2013, ISBN: 978-3-640924028

Bisher verfolgen Unternehmen aber vorrangig eine jugendzentrierte Personalpolitik. Wollen Betriebe allerdings auch in Zukunft innovativ und wettbewerbsfähig bleiben, so müssen sie sich von dieser

Form der Personalpolitik verabschieden. Sie müssen anfangen, ältere Arbeitnehmer, hierbei wird von Personen ab 55 Jahren und älter ausgegangen, nicht mehr als Last, sondern als Chance zu begreifen. Denn auf lange Sicht werden sie mit dieser Beschäftigtengruppe in Berührung kommen, weswegen sie sich jetzt schon ausreichend darauf vorbereiten sollten. Zur Gewährleistung des Sozialsystems müssen deshalb alle Arbeitsmarktreserven mobilisiert werden. Damit Arbeitnehmer bis zu den gesetzlichen Regelaltersgrenzen erwerbstätig sein können, muss in Betrieben frühzeitig der Grundstock hierfür gelegt werden.

Arbeitshilfen: Links, Checklisten, Übungen

Gesundheitsförderliche Unternehmenskultur

Eine gesundheitsförderliche Unternehmenskultur – eine Gesundheitskultur – ist Basis für die Förderung der Gesundheit im Unternehmen. Sie schafft mit ihren Traditionen und Werten ein unverwechselbares Klima, den Nährboden für Zufriedenheit, Gesundheit und Leistungsfähigkeit. In »ungesunden« Kulturen kommt es dagegen häufig zu unproduktiven Konflikten, dreht sich alles um Kontrolle, Konsensbildung und permanente Abstimmung. Das bindet Ressourcen und Energien. Gesunde, partnerschaftliche beziehungsweise mitarbeiterorientierte Unternehmenskulturen setzen diesem zum Beispiel gemeinsame Ziele und Werte, Beteiligung und Kooperation entgegen, und der Erfolg gibt ihnen Recht: Ein hohes Maß an vertrauensvoller Kooperation verhilft zu insgesamt besseren Arbeitsergebnissen. Mitarbeiter fühlen sich unter diesen Bedingungen nicht nur wohler, sie sind dem Unternehmen gegenüber auch loyaler. Innere Kündigung findet hier keinen Nährboden. Eine gesunde Kultur, in der Beschäftigte fair, anerkennend und wertschätzend unterstützt werden, fördert nicht nur das Wohlbefinden, sondern schafft vor allem Freiräume für Lern- und Innovationsfähigkeit.

Zahlreiche Broschüren, Leitfäden und Videos helfen Arbeitgebern dabei, eine gesundheitsförderliche Unternehmenskultur zu schaffen:
- Initiative Neue Qualität der Arbeit:
  http://psyga.info/stress-vermeiden/gesundheitsgerechte-unternehmens-kultur/
- Initiative Neue Qualität der Arbeit:
  www.inqa.de/DE/Mitmachen-Die-Initiative/Foerderprojekte/Projektdaten-bank/psychische-gesundheit-arbeitswelt.html
- Initiative Neue Qualität der Arbeit – Check: Psychische Gesundheit
  https://psyga.inqa-check.de/startseite/
- Deutsche Gesellschaft für Personalführung:
  www.dgfp.de/wissen/news/gesundheitsorientierte-fuehrung-und-unter-nehmenskultur-auf-eine-wertschaetzende-und-unterstuetzende-haltung-kommt-es-an-3985
- Allgemeine Ortskrankenkassen:
  www.aok-business.de/nordwest/medien/magazin/32016-gesunde-unter-nehmenskultur/
- Universität Düsseldorf/BKK:
  https://www.uni-due.de/imperia/md/content/arbeitsplatz-ude/bkk_auf_dem_weg_zum_gesunden_unternehmen2.pdf
- Universitätsmedizin Mainz:
  www.gesundekmu.de/fileadmin/kliniken/ifl/Dokumente/Leitfaden_Gesunde_KMU_in_RLP_final_neu.pdf

Die Ernsthaftigkeit und Qualität betrieblicher Maßnahmen zum Betrieblichen Gesundheitsmanagement können auch mithilfe der folgenden Checkliste überprüft werden:

Checkliste: Gesundheitsmanagement		
	Ja	Nein
Das Betriebliche Gesundheitsmanagement ist in die Unternehmens- und Personalstrategie des Unternehmens integriert.		
Das Betriebliche Gesundheitsmanagement ist durch Leitlinien, Leitbilder oder andere Vorgaben beschrieben und sein Vollzug abgesichert.		
Es besteht eine gesonderte Betriebsvereinbarung zum Betrieblichen Gesundheitsmanagement.		
Das Betriebliche Gesundheitsmanagement ist ausreichend mit finanziellen und anderen Mitteln und Ressourcen ausgestattet.		
Es sind qualifizierte interne oder externe Fachexperten bestellt und sie verfügen über Räume, Arbeitsmittel und andere Ressourcen.		
Die Betriebsratsmitglieder und andere Beschäftigte werden für diese Aufgaben von der Arbeit freigestellt.		
Es gibt ein regelmäßiges Berichtswesen, das die Ist-Analysen und Lösungsansätze differenziert erfasst (zum Beispiel mit Befragungen und Gesundheitszirkeln).		
Die notwendigen Informationen werden systematisch und kontinuierlich erhoben.		
Über den erreichten Stand des Arbeitsschutzes und der Gesundheitsförderung (Unfallgeschehen, Berufskrankheiten, Fehlzeiten, Gefährdungsbeurteilungen) wird regelmäßig in einem zuständigen speziellen Gremium (Steuerkreis, Arbeitsschutzausschuss) gesprochen.		
Die Arbeitsbedingungen werden kontinuierlich verbessert, Belastungen abgebaut sowie Gefährdungen beseitigt.		
Über die Ergebnisse wird kontinuierlich berichtet.		
Bei Maßnahmen des Betrieblichen Gesundheitsmanagements wird an Veränderungen der Verhältnisse, also der Arbeitsbedingungen, und des Verhaltens der Menschen selbst gedacht.		
Bei der Gefährdungsbeurteilung wird nach allen denkbaren Gefahren und Belastungen, also nach physischen, psychischen und sozialen Belastungen und Gefährdungen gesucht.		
Die verschiedenen Maßnahmen des Arbeits- und Gesundheitsschutzes sind zu einem Konzept und einer Gesamtstrategie des Betrieblichen Gesundheitsmanagements verbunden.		

Checkliste: Gesundheitsmanagement		
	Ja	Nein
Die Maßnahmen bauen aufeinander auf und verstärken sich in ihrer Wirkung.		
Die Maßnahmen sind widerspruchsfrei zu anderen betrieblichen Maßnahmen.		
Die betrieblichen Experten und Verantwortlichen werden aktiv in die Auswahl und Steuerung der Maßnahmen einbezogen.		
Das zuständige Gremium hat ausreichende Entscheidungskompetenzen und finanzielle Ressourcen.		
Die Beschäftigten werden aktiv an Entscheidungen beteiligt.		
Es gibt eine enge und vertrauensvolle Kooperation mit der Personalvertretung.		
Die Beschäftigten werden aktiv in die Gefährdungsbeurteilung, die Entwicklung von Maßnahmen und in die Steuerung des Gesundheitsschutzes einbezogen.		
Die Beschäftigten haben eigene Handlungsmöglichkeiten im Betrieblichen Gesundheitsmanagement.		
Die Beschäftigten werden proaktiv über das Betriebliche Gesundheitsmanagement informiert.		
Die Unternehmensleitung lebt das Betriebliche Gesundheitsmanagement als Vorbild.		
Gesundheitsförderliches Verhalten ist Teil der flexiblen Vergütungspolitik.		

Vertrauensarbeitszeit

Eines der wesentlichen Merkmale einer gesundheitsförderlichen Unternehmenskultur ist die Wertschätzung des Mitarbeiters als eine eigenverantwortlich und im Interesse des Unternehmens handelnde Person. Dazu zählt auch, ihm die Souveränität zu gewähren, Zeit- und Ort seiner Arbeitsleistung selbst und ohne Kontrollmechanismen zu gewähren.

Durch Modelle wie Telearbeit und Arbeitszeitflexibilisierung können Wünsche der Mitarbeiter nach größerer Orts- und Zeitsouveränität im Rahmen eines modernen Personalmanagements realisiert werden. Diese Modelle erlauben eine bessere Anpassung der Arbeitszeit an persönliche Wünsche und Anforderungen und können somit zu einer besseren Vereinbarkeit von Familie und Beruf beitragen.

Vertrauen bringt der Arbeitgeber seinen Mitarbeitern durch das Modell der Vertrauensarbeitszeit entgegen. Dabei ist der einzelne Mitarbeiter für die Einhaltung und aufgabengerechte Verteilung seiner Arbeitszeit verantwortlich. Der Arbeitgeber gibt nur vor, welches Volumen an Arbeitszeit in einem bestimmten

Zeitraum erbracht werden muss. Da der Arbeitgeber nicht überprüft, wann und wie der Arbeitnehmer seiner Tätigkeit nachgeht, bringt er dem Arbeitnehmer volles Vertrauen entgegen und setzt darauf, dass der Arbeitnehmer seine Arbeitszeit verantwortungsvoll einteilt.

Die folgende Checkliste zeigt Ihnen, ob Ihr Unternehmen bereit ist für die Einführung von Vertrauenszeitarbeit.

Checkliste: Vertrauensarbeitszeit		
	Ja	Nein
Ist die Einführung der Vertrauensarbeitszeit Teil einer erklärten Unternehmensstrategie?		
Berücksichtigen die angestrebten Ziele sowohl die Unternehmens- als auch die Mitarbeiterinteressen?		
Sind die Ziele auf die Ausgangslage im Unternehmen zugeschnitten?		
Vertrauen die Führungskräfte ihren Mitarbeitern hinsichtlich der leistungsgerechten Aufgabenerfüllung?		
Reicht es aus, die Arbeitsergebnisse und nicht die Arbeitsprozesse zu kontrollieren?		
Sind Ihnen gute Arbeitsergebnisse wichtiger als Anwesenheitszeiten?		
Bieten Sie Ihren Mitarbeitern Schulungen und Beratungen für Arbeitsorganisation und Zeitmanagement an?		
Wurden die Ziele der Einführung der Vertrauensarbeitszeit zwischen Betriebsrat und Leistungsebene abgestimmt?		
Haben Sie die Modelle zur Vertrauensarbeitszeit einvernehmlich zwischen Mitarbeitern, Betriebsrat und Personalleitung/Unternehmensleitung ausgehandelt?		
Haben Sie die Mitarbeiter umfassend über Vertrauensarbeitszeit informiert und ihnen die Möglichkeit geboten, Fragen zu stellen?		
Haben Sie ein Verfahren zum Umgang mit Überlastungssituationen festgelegt und den Mitarbeitern erläutert?		
Haben Sie eine Testphase geplant, in der die Erfahrungen laufend erfasst werden und anhand der das Modell optimiert wird?		
Haben die Mitarbeiter die Möglichkeit, sich gegen Vertrauensarbeitszeit zu entscheiden?		
Gelten alle Regelungen der Vertrauensarbeitszeit auch für Home-Office-Mitarbeiter?		

Betriebsverpflegung

Eine Voraussetzung für die Gesundheit und Leistungsfähigkeit von Menschen jeden Alters ist eine vollwertige und bedarfsgerechte Ernährung. Das gilt für das Essen in der Familie ebenso wie für die Verpflegung am Arbeitsplatz. Das Speisenangebot sollte abwechslungsreich sein, schmecken und wirtschaftlich produziert werden können.

Ein wesentliches Ziel der Betriebsgastronomie ist es, die Leistungsfähigkeit der Mitarbeiter während des Arbeitstages zu fördern und dazu beizutragen, sie mittel- und langfristig gesund zu erhalten. Wer jeden Tag in der Kantine isst, möchte gutes und abwechslungsreiches Essen zu einem vernünftigen Preis.

Die folgende Checkliste von »In Form – Deutschlands Initiative für gesunde Ernährung und mehr Bewegung«, zeigt Ihnen anhand der angezeigten Lebensmittel für die Mittagsverpflegung während fünf Tagen, wieweit Sie das Ziel einer gesunden Betriebsverpflegung bereits erreicht haben.

Checkliste: Gesunde Betriebsverpflegung			
Menükomponente	**Ist**	**Soll**	**in Prozent**
Getreide, Getreideprodukte und Kartoffeln abwechslungsreich anbieten, (Reis in den Qualitäten parboiled oder Naturreis)		5 mal	
▪ davon Vollkornprodukte (Vollkornbrot/-brötchen, Vollkorntoast, Vollkornteigwaren, Vollkornpizza, Naturreis		mindestens 1 mal	
▪ davon Kartoffelerzeugnisse (Halbfertig- oder Fertigprodukte, z.B. Kroketten, Pommes frites, Kartoffelecken, Reibekuchen, Gnocchi, Klöße, Püree		maximal 1 mal	
Gemüse, Hülsenfrüchte oder Salat (frisch oder tiefgekühlt)		5 mal	
▪ davon Rohkost oder Salat		mindestens 2 mal	
Obst (frisch oder tiefgekühlt ohne Zuckerzusatz)		mindestens 2 mal	
Milch und Milchprodukte (Milch: 1,5% Fett, Naturjoghurt: 1,5% – 1,8% Fett, Käse: max. Vollfettstufe (≤ 50% Fett i. Tr.))		mindestens 2 mal	
Fleisch/Wurst insgesamt		maximal 2 mal	

Checkliste: Gesunde Betriebsverpflegung			
Menükomponente	Ist	Soll	in Prozent
• davon mageres Muskelfleisch (Putenbrust, Hähnchenschnitzel, Hühnerfrikassee, Rinderroulade, Geschnetzeltes		mindestens 1mal	
Seefisch		mindestens 1mal	
• davon fettreicher Seefisch alle zwei Wochen (Hering, Makrele, Matjes)		mindestens 1mal	
Frittierte und/oder panierte Produkte		maximal 2mal	
Trink- oder Mineralwasser		5mal	

Übung: Senkung der Fehlzeiten im Unternehmen

Ein Arbeitsdirektor in einem gerade fusionierten Industrieunter-nehmen mit zwei Werken in der Automobilzubehörbranche stellt fest, dass in einem der beiden Werke überdurchschnittlich hohe Fehlstunden zu verzeichnen sind. Der befragte Werksleiter führt dies auf die fehlende Motivation der Mitarbeiter wegen einer befürchteten Arbeitsplatzreduzierung zurück; der befragte Betriebsrat moniert die hohe Lärmbelästigung durch veraltete Maschinen, den schlechten Allgemeinzustand der Räumlichkeiten, vor allem aber der Pausen- und Sozialräume. Dies führe zu erhöhter Belastung der Beschäftigten, zur schnellen Erschöpfung und damit einem höheren Krankenstand. Viele Kollegen hätten sich schon beim Betriebsrat beklagt, ein Gespräch mit dem Werksleiter sei ergebnislos verlaufen. Eine Prüfung der Maschinen und Besichtigung der Räume habe aber keine protokollierten Beanstandungen ergeben.

Folgende Aufgaben muss der Arbeitsdirektor lösen:
1. Prüfung des Sachverhaltes, vor allem der getroffenen Gesundheits- und Arbeitsschutzmaßnahmen.
2. Vorschläge zur Verbesserung der sicherheitstechnischen Situation erarbeiten.
3. Einen Aktionsplan zur Senkung der Fehlzeiten aufstellen und mit dem Betriebsrat vereinbaren.

Bitte versuchen Sie, diese Aufgaben mit den im Praxisratgeber enthaltenen Informationen anzugehen. Anschließend vergleichen Sie bitte Ihre Lösung mit dem folgenden Vorschlag zur Vorgehensweise.

Vorschlag zur Vorgehensweise

Prüfung des Sachverhaltes
Grundsätzlich kann der Arbeitsdirektor zur Fehlzeitensenkung personenbezogene (Gespräche mit auffälligen Mitarbeitern) oder arbeitsbezogene Maßnahmen (technische, ergonomische und psychologische Analysen) durchführen. Um den Sachverhalt zu klären, bieten sich arbeitsplatzbezogene Maßnahmen an. Es empfiehlt sich folgende Vorgehensweise, die mit dem innerbetrieblichen Arbeitsschutzausschuss abgesprochen werden sollte:

Messdaten erheben
Die Messungen durch entsprechende Fachkräfte für Arbeitssicherheit sollten das gesamte Arbeitsumfeld berücksichtigen. Bei der Planung und Durchführung der Messungen sollten auch Mitarbeiter einbezogen werden. Die Ergebnisse können rasch ausgewertet, interpretiert und dokumentiert werden.

Arbeitsplatzbegehung durchführen
Die Arbeitsplatzbegehung sollte vom Betriebsarzt gemeinsam mit Vertretern des Betriebsrates, dem Werksleiter und dem Arbeitsdirektor durchgeführt werden. Die Begehung ermöglicht es, Zusammenhänge zu erkennen.

Damit die Begehung effizient ist, sollte sie systematisch aufgebaut sein: Vorbesprechung (auf Grundlage der Messdaten), Begehung, Nachbesprechung. Selbstverständlich ist auch die Begehung sorgfältig und nachvollziehbar zu dokumentieren.

Mitarbeiterbefragung organisieren
Auf Grundlage der bisher ermittelten Fakten (Messung und Arbeitsplatzbegehung) sollte der Arbeitsdirektor eine Mitarbeiterbefragung durchführen. So werden wichtige Ergebnisse (Messung, Arbeitsplatzbegehung) allen Mitarbeiter zugänglich, anderseits haben die Mitarbeiter die Möglichkeit, auf eventuell nicht erfasste Mängel aufmerksam zu machen oder gegebenenfalls gar Anregungen zur Verbesserung der Situation zu geben.

Vorschläge zur Verbesserung der sicherheitstechnischen Situation
Aus den drei Untersuchungen lassen sich konkrete Maßnahmen zur Verbesserung der Situation ableiten. So könnten die Messungen und die anschließende Arbeitsplatzbegehung ergeben haben, dass nicht die Maschinen veraltet sind, sondern lediglich der Hörschutz (oder, dass dieser nicht vorschriftsgemäß eingesetzt wird). Und die Mitarbeiterbefragung könnte deutlich gemacht haben, dass aufgrund des enormen Zeitdrucks vorgeschriebene Pausen nicht wirklich eingehalten werden.

Aktionsplan zur Senkung der Fehlzeiten

Um die Fehlzeiten im Unternehmen auf Dauer zu senken, empfiehlt es sich, dass der Arbeitsdirektor folgende Systeme einführt:

- kontinuierliche Ermittlung der Fehlzeiten im Unternehmen (Reportingsystem),
- Analyse der Fehlzeiten durch statistische Methoden, Einzelfallanalysen und Mitarbeiterbefragungen (Analysesystem),
- Prognose der motivationsbedingten Fehlzeiten durch Ermittlung des Commitments der Mitarbeiter zum Arbeitgeber (Frühwarnsystem),
- Ableitung und Umsetzung von Maßnahmen (kontinuierliches Maßnahmensystem).

Als konkrete Maßnahmen bieten sich dabei regelmäßige Gesundheits- und Sicherheitschecks an sowie Führungskräftetrainings und Weiterbildungsprogramme für Mitarbeiter. Zudem sollte der Arbeitsdirektor in Erwägung ziehen, einem überbetrieblichen Netzwerk beizutreten.

Führung und Zusammenarbeit

Das Betriebliche Gesundheitsmanagement der Stadtverwaltung in München

Sabine Can, Leiterin des Sachgebiets »Betriebliches Gesundheitsmanagement« in der Stadtverwaltung der Landeshauptstadt München

Die Landeshauptstadt München sieht sich mit einem steigenden Durchschnittsalter in der Belegschaft konfrontiert. Deshalb wurde schon zu Beginn des Jahrtausends mit dem Aufbau eines Betrieblichen Gesundheitsmanagements (BGM) begonnen. Unter dem Motto »gesund durch münchen« liegt der Schwerpunkt auf der Verhältnisprävention. 2009 wurden in einer Dienstvereinbarung die Leitgedanken und Ziele sowie die Handlungsfelder des BGM festgeschrieben. Eine zentrale Leitlinie ist dabei die Maxime, möglichst viele Mitarbeiter an den Entscheidungen, Maßnahmen und Lösungen zu beteiligen.

Aktiv im demografischen Wandel

Mit mittlerweile über 35.000 Beschäftigten, die an fast 800 Standorten in München beschäftigt sind, gehört die Landeshauptstadt zu den größten Kommunalverwaltungen deutschlandweit. Das Aufgabenportfolio ist bunt: Von der Straßenreinigung und der Abfallwirtschaft über die Kindertagesstätten und Schulen bis hin zu Museen und Theatern gibt es bei der Stadt kaum eine Berufsgruppe, die es nicht gibt.

In Zeiten wachsenden Arbeitsdrucks und einer immer älter werdenden Belegschaft sind Gesundheit, Wohlbefinden und eine möglichst gute Arbeitsfähigkeit der Beschäftigten von enormer Bedeutung. Das Durchschnittsalter der Beschäftigten in München lag im Jahr 2015 bei 44,96 Jahren, nur 21,4 Prozent der Beschäftigten sind unter 35 Jahre alt. Bereits jetzt weiß man, dass knapp 40 Prozent der Beschäftigten in den nächsten 10 bis 15 Jahren altersbedingt ausscheiden werden. Angesichts dieser Entwicklung mussten die Verantwortlichen handeln, um als öffentliche Verwaltung zukunftsorientiert, leistungsfähig und als Arbeitgeber attraktiv zu bleiben.

Eine wichtige Rolle spielen dabei die Instrumente des Betrieblichen Gesundheitsmanagements. Sie tragen dazu bei, die Arbeitsfähigkeit möglichst lange – im Idealfall bis zum Renteneintrittsalter – zu erhalten. Denn nur wer gesund ist und sich wohl fühlt, kann heute und morgen motiviert und erfolgreich arbeiten. Doch ein ganzheitliches Betriebliches Gesundheitsmanagement lässt sich nicht in einer Nacht- und Nebelaktion etablieren. Erfahrungsgemäß braucht es einen langen Atem und viel Überzeugungsarbeit, damit Betriebliches Gesundheitsmanagement zu einem festen Bestandteil der Unternehmenskultur und des strategischen Managements wird. Die Stadt München baut ihr BGM bereits seit 2003 kontinuierlich aus und fasst die vielfältigen Aktivitäten unter dem Motto »gesund durch münchen« zusammen.

Betriebliches Gesundheitsmanagement ist eine gesetzliche und unternehmerische Notwendigkeit

Ganzheitliches BGM umfasst aus Sicht der Landeshauptstadt München die Handlungsfelder des gesetzlich verpflichtenden Arbeits- und Gesundheitsschutzes, der Betrieblichen Gesundheitsförderung und der Einzelfallprävention mit dem Ziel, die individuelle Arbeitsfähigkeit zu erhalten, was unter anderem den Kern des gesetzlichen Auftrags für das Betriebliche Eingliederungsmanagement beschreibt.

Erfahrungsgemäß beschränken Führungskräfte, Personalvertretungen und Beschäftigte die Aktivitäten des BGM nicht selten auf Maßnahmen der Betrieblichen Gesundheitsförderung wie beispielsweise den berühmt-berüchtigten Obstkorb in der Teeküche oder das umfangreiche Sportprogramm an der Dienststelle. Dass Gesundheitsmanagement insbesondere auch die verpflichtenden Bestandteile aus dem Arbeitsschutzgesetz beinhaltet, ist häufig nicht bekannt. Hier vertritt München eine ganz klare Haltung: Gesundheitsmanagement soll dort ansetzen, wo die Einflussmöglichkeiten des Arbeitgebers am Größten sind – bei den Arbeitsbedingungen. Gepaart mit zielgruppenspezifischen Interventionen im Bereich der Betrieblichen Gesundheitsförderung lässt sich im Hinblick auf den Erhalt und die Förderung von Arbeitsfähigkeit die größte Wirkung erzielen.

Betriebliches Gesundheitsmanagement hat vor diesem Hintergrund zum Ziel, die Arbeits- und Organisationsqualität zu verbessern (Verhältnisprävention), die Beschäftigten zu einem gesundheitsbewussteren Verhalten zu befähigen (Verhaltensprävention) und damit einen wesentlichen Beitrag dazu zu leisten, am Standort München eine attraktive Arbeitgeberin zu sein.

Betriebliches Gesundheitsmanagement braucht Standards

Bei der Etablierung eines Betrieblichen Gesundheitsmanagements gibt es nicht den einen richtigen Weg. Erfahrungsgemäß muss jede Organisation (vor dem Hintergrund ihrer eigenen Strukturen und Rahmenbedingungen) für sich herausfinden, welcher Weg zu ihr passt. Idealerweise erfolgt die Erarbeitung und Festlegung sog. Qualitätsstandards, die in Form einer Dienstvereinbarung schriftlich fixiert werden. 2009 wurde in einer Dienstvereinbarung die Leitgedanken und Ziele des Betrieblichen Gesundheitsmanagement bei der Landeshauptstadt München definiert. Daneben wurden konkrete Zuständigkeiten und Mindeststandards für die Durchführung von dezentralen BGM-Projekten festgelegt (siehe Abb. 1).

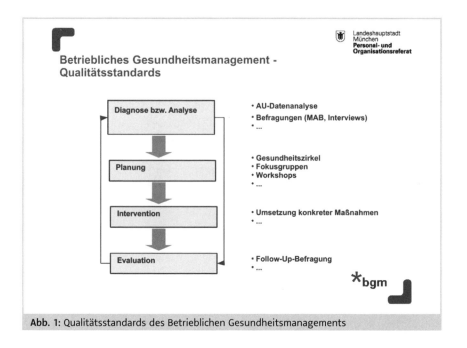

Abb. 1: Qualitätsstandards des Betrieblichen Gesundheitsmanagements

Das in der Dienstvereinbarung geregelte, strukturierte Projektvorgehen, das insbesondere auch der Erfassung psychischer und sonstiger Belastungsfaktoren im Sinne einer ganzheitlichen Gefährdungsbeurteilung nach dem Arbeitsschutzgesetz dient, ist ein wesentlicher Garant für den Erfolg der BGM-Projekte in München.

Als Planungs- und Steuerungsgremium des Projekts fungiert der Arbeitskreis Gesundheit, der neben der Projektleitung mit der Leitung des Projektbereichs, der örtlichen Personalvertretung und Vertretern des Betriebsärztlichen Dienstes und des Fachdienstes für Arbeitssicherheit besetzt ist. Da primäres Ziel der Landeshauptstadt München ist, BGM nachhaltig und partizipativ zu gestalten, zielen alle Maßnahmen nicht ausschließlich auf individuelle Verhaltensänderungen einzelner Personen (Verhaltensprävention), sondern vor allem auf die nachhaltige Veränderung betrieblicher Arbeitsbedingungen und Strukturen (Verhältnisprävention). Die intensive Einbindung Mitarbeiter als »Experten für ihren Arbeitsplatz« ist in allen Phasen der BGM-Projektarbeit vorgesehen.

Betriebliches Gesundheitsmanagement fördert Partizipation
Die Beschäftigten wissen in der Regel am besten, wo Verbesserungen der Arbeitsbedingungen erforderlich sind, die zu mehr Wohlbefinden und höherer Leistungsfähigkeit beitragen. Neben der Auswertung vorhandener Daten (zum Beispiel Krankenstatistik/Arbeitsunfälle) und Dokumentationen (zum Beispiel Gefährdungsbeurteilungen) wird daher zur Analyse der Arbeitssituation und der Erfassung arbeitsbedingter Gesundheitsbeeinträchtigungen zu Beginn ei-

nes BGM-Projekts eine Mitarbeiterbefragung durchgeführt. Die Ergebnisse der Befragung werden dann in den folgenden Gesundheitszirkeln oder speziellen Workshops für die Zielgruppe »Führungskräfte« konkretisiert. Auch die dezentralen BGM-Projekte starten nach einer intensiven Vorbereitungsphase mit der Durchführung einer Mitarbeiterbefragung. Sogenannte Klassenzimmerbefragungen garantieren hohe Rücklaufquoten, die zwischen 70 und 90 Prozent liegen. Mit diesen Ergebnissen zeigt sich ein repräsentatives Bild der Arbeitssituation aus Sicht der Belegschaft. Deutlich wurde dabei, dass es letztlich immer die weichen Faktoren wie Betriebsklima, Kommunikationskultur und Führungsverhalten waren, die für das Wohlempfinden am Arbeitsplatz und damit für den Erhalt der Arbeitsfähigkeit eine zentrale Rolle spielten.

Das Rückgrat der Befragung bildet ein (arbeits-)wissenschaftlich validierter und mit der Personalvertretung abgestimmter Fragebogen (eine Kombination aus dem sogenannten Work Ability Index (WAI) und dem Kurzfragebogen zur Arbeitsanalyse), der seit 2009 stadtweit einheitlich eingesetzt wird. Dadurch stellt das Personal- und Organisationsreferat sicher, dass alle in den Projekten gewonnenen Daten grundsätzlich miteinander vergleichbar sind und (im Rahmen der datenschutzrechtlichen Vorgaben) die Datenbasis für eine spätere stadtweite Betrachtung bilden können.

Gesundheitszirkel

Neben der Teilnahme an den Befragungen haben die Beschäftigten die Möglichkeit, sich in Gesundheitszirkeln aktiv einzubringen. Während die Befragungen einen ersten Überblick über die Situation vor Ort geben, werden in den Zirkeln die arbeitsbedingten Belastungsfaktoren konkretisiert, die Ursachen analysiert und detaillierte Verbesserungsvorschläge erarbeitet. Um sich nicht ausschließlich auf die negativen Dinge zu fokussieren, identifiziert der Gesundheitszirkel außerdem die gesundheitsförderlichen Faktoren und entwickelt Ansätze zu deren Stärkung.

Gesundheitszirkel bestehen aus etwa acht bis zwölf Personen. Sie sind bei der Landeshauptstadt München in der Regel eine »hierarchiefreie Zone«. Entsprechend dem sogenannten Berliner Modell erfolgt die Zusammensetzung zunächst ausschließlich mit Mitarbeitern ohne Führungsverantwortung. Zu einem späteren Zeitpunkt wird durch die Teilnehmer selbst entschieden, ob eine regelmäßige Teilnahme der direkten Führungskräfte gewünscht ist. Gesundheitszirkel haben sich in der Landeshauptstadt München als wesentlicher Erfolgsfaktor eines gut funktionierenden BGM etabliert. Die Beschäftigten setzen sich als Experten für ihren eigenen Arbeitsplatz ein, was zu nachhaltigen Verbesserungen führt. So schlugen die Mitarbeiter beispielsweise vor, den Kollegen, die häufig telefonieren, Headsets zur Verfügung zu stellen, oder für Beschäftigte mit Rückenproblemen eine regelmäßige Mittagsgymnastik anzubieten.

Die im Rahmen der bisherigen dezentralen BGM-Projekte gewonnenen Erkenntnisse bzw. die dabei durchgeführten Folgebefragungen nach etwa zwei bis drei Jahren machen deutlich, dass durch entsprechende Aktivitäten eine Verbesserung der Arbeitssituation und Arbeitsfähigkeit der Beschäftigten erreicht werden kann. So wurden nach Durchführung eines BGM-Projekts beispielsweise in folgenden Bereichen die stärksten positiven Veränderungen wahrgenommen:

- Zeitdruck und Arbeitsmenge,
- Feedback-Kultur,
- Zusammenarbeit mit Kollegen und Führungskräften.

Betriebliches Gesundheitsmanagement als Führungsaufgabe

Jede Führungskraft ist eine Arbeitsbedingung. Dass gute Führung zum Erhalt und zur Förderung von Gesundheit, Wohlbefinden und Arbeitsfähigkeit von Beschäftigten beiträgt, ist wissenschaftlich unumstritten. Mittlerweile kann die Stadt München diese wissenschaftlich eindeutig belegten Aussagen mit eigenen Zahlen untermauern. So haben die durchgeführten Befragungen im Rahmen der dezentralen BGM-Projekte ergeben, dass die Arbeitsfähigkeit im Zusammenhang mit dem erlebten Führungsverhalten steht. Aus diesem Grund ist das Thema Führung und Gesundheit bei der Stadt München breit verankert. So ist es beispielsweise in bestehende Personalentwicklungsinstrumente wie den Führungsdialog oder das Mitarbeitergespräch integriert. Darüber hinaus werden Führungs- und Führungsnachwuchskräfte über diverse Fortbildungsangebote sensibilisiert. Die Inhalte reichen von BGM (inkl. Arbeits- und Gesundheitsschutz) im Allgemeinen bis hin zu der Auseinandersetzung mit folgenden zwei Fragen:

- Welchen Einfluss habe ich als Führungskraft auf Gesundheit, Wohlbefinden und Arbeitsfähigkeit meiner Mitarbeiter?
- Wie bleibe ich als Führungskraft im Spannungsfeld, in dem unterschiedliche Interessen und Zielsetzungen aufeinander wirken, selbst gesund?

Auch die Instrumente Coaching und kollegiale Beratung spielen bei der Landeshauptstadt München im Rahmen der Führungskräfteentwicklung eine immer größere Rolle. Hierfür werden erhebliche Mittel bereitgestellt. Grundsätzlich gilt: Führungskräfte aller Ebenen nehmen speziell im Hinblick auf eine nachhaltige Implementierung des BGM in München eine zentrale Rolle ein. Die uneingeschränkte Unterstützung durch das Topmanagement ist dabei besonders wichtig. Führungskräfte müssen BGM als einen Teil ihrer Führungsaufgabe betrachten, andernfalls ist die Verankerung dieses Themenfeldes zum Scheitern verurteilt. Sinnvollerweise sind Führungskräfte daher von Anfang an bei allen BGM-Aktivitäten zu beteiligen. Was sich dabei zeigt: Es lohnt sich.

Dezentrale Organisation

Um Betriebliches Gesundheitsmanagement bei der Stadt München allerdings flächendeckend zu verankern, ist es sinnvoll, mittelfristig vor Ort in den dezentralen Organisationseinheiten Know-how zum Themenfeld aufzubauen und eine Vernetzung aller stadtinternen relevanten Akteure voranzutreiben. Angesichts von mehr als 800 Standorten im gesamten Stadtgebiet ist das Gesundheitsmanagement darum dezentral organisiert.

Es wird vor Ort von eigens ausgebildeten Koordinatoren initiiert und vorangebracht. Die Qualifizierung »Koordinatoren für Arbeitsschutz- und Gesundheitsmanagement« startete mit zwei Kursreihen (jeweils drei Module à 8,5 Tage) im Juni 2012. Bis Frühjahr 2013 wurden stadtweit insgesamt 37 »Koordinatorinnen und Koordinatoren für Arbeitsschutz- und Gesundheitsmanagement« ausgebildet, die vor Ort als dezentrale Ansprechpartner einerseits BGM-Projekte (mit-) begleiten und andererseits auch die bereichsinterne Organisation und Koordination des Arbeits- und Gesundheitsschutzes insgesamt (zum Beispiel Durchführung der Gefährdungsbeurteilung, Dokumentation) übernehmen sollen. Aufgrund der positiven Resonanz wurden im Jahr 2016 weitere Koordinatoren ausgebildet. Es hat sich gezeigt, dass die Koordinatoren für Arbeitsschutz- und Gesundheitsmanagement eine wichtige Rolle bei der flächendeckenden Verankerung des Betrieblichen Gesundheitsmanagements einnehmen. Eine ernsthafte Implementierung kann nur durch Multiplikatoren erfolgen, die das Thema vor Ort »mit Leben füllen«.

Seit 2010 findet halbjährlich das sogenannte Vernetzungstreffen aller dezentral am Betrieblichen Gesundheitsmanagement Beteiligten mit mittlerweile rund 60 Personen statt. Ziele dieser Vernetzungstreffen sind vor allem Erfahrungsaustausch und Wissenstransfer. Als ergänzende elektronische (Austausch-) Plattform existiert das sogenannte »BGM-WIKI«, auf das alle Koordinatoren einen Zugriff haben.

Betriebliches Gesundheitsmanagement gibt es nicht zum Nulltarif

BGM rechnet sich. Dennoch müssen zunächst sowohl finanzielle als auch personelle Ressourcen zur Verfügung gestellt werden. Gerade zu Beginn der BGM-Aktivitäten in München halfen Kooperationen mit Krankenkassen und dem zuständigen Unfallversicherungsträger den Ressourcenaufwand zu reduzieren. Ganz im Sinne der Erkenntnis, dass Wohlbefinden oft durch Kleinigkeiten gesteigert wird, zeigte sich aber im Rahmen der dezentralen BGM-Projekte, dass viele Maßnahmen ohne großen finanziellen Aufwand umgesetzt werden konnten.

Zum Erfolg des BGM trägt daher vor allem bei, wenn

- Führungskräfte die Notwendigkeit und Sinnhaftigkeit eines BGM erkannt haben,
- die Personalvertretung das BGM von Anfang an aktiv unterstützt und mit der Verwaltungsleitung an einem Strang zieht,
- alle gesundheitsrelevanten Akteure beteiligt werden,
- BGM mehr ist als der Obstkorb in der Teeküche oder ein umfangreiches Gesundheitsförderungsprogramm,
- Qualitätsstandards definiert worden sind,
- eine Verankerung in bestehende Strukturen und PE-Instrumente erfolgt und
- die Mitarbeiter als Experten für ihren Arbeitsplatz die Möglichkeit haben, sich aktiv einzubringen.

Aufgrund der vielfältigen und nachhaltigen Aktivitäten im Bereich des Betrieblichen Gesundheitsmanagements wurde München zum fünften Mal ausgezeichnet. Zuletzt mit dem Corporate Health Award 2014. Außerdem beteiligte sich die Landeshauptstadt München an dem bundesweiten Projekt »psyGA – Psychische Gesundheit in der Arbeitswelt«, das durch das Bundesministerium für Arbeit und Soziales (BMAS) gefördert wird. So organisierte die Behörde bereits 2013 eine große Fachtagung zu psychischen Belastungen im öffentlichen Dienst und entwickelte im Rahmen des Projekts eine eigene Handlungshilfe zum Umgang mit Stress am Arbeitsplatz.

Stationäre Gesundheitsprävention

Dr. Jens Schneider, leitender Chefarzt und Facharzt für Innere Medizin, Psychotherapeut und Sozialmediziner, Johannesbad Kliniken Fredeburg GmbH, Schmallenberg-Bad Fredeburg
Heinz-Willi Lahme, Diplomsozialarbeiter und Therapeut, Johannesbad Kliniken Fredeburg GmbH, Schmallenberg-Bad Fredeburg

Gemeinsam mit der RWE AG entwickelte die Johannesbad Klinik Hochsauerland ein Gesundheitspräventionsmodell und setzte es um. Derartige stationäre präventive Programme sind in der Behandlungslandschaft bislang die Ausnahme, obwohl allen Beteiligten klar ist, dass diesem Segment, sowohl im Interesse des betroffenen Menschen als auch unter Kostengründen, größere Aufmerksamkeit geschenkt werden sollte. Die Entstehung von Krankheiten wird durch ein komplexes Zusammenspiel von physischen, psychischen und sozialen Faktoren bestimmt. Ein wirksames, vorbeugendes Programm muss folgerichtig all diese Determinanten berücksichtigen.

Einleitung

Wir verzeichnen in Deutschland seit einigen Jahren eine deutliche Zunahme der psychischen und psychosomatischen Erkrankungen. Ob es sich hierbei um einen objektiven Anstieg der Erkrankungen handelt oder um eine höhere Diagnoserate, ist umstritten. Etwa 33 Prozent der Bevölkerung sind von einer psychischen Erkrankung betroffen. Zu den häufigsten Erkrankungen zählen Angststörungen, gefolgt von Alkoholstörungen und Depressionen (Wittchen/Jacobi, 2012). Nach Einschätzung des Bündnisses gegen Depressionen leiden rund vier bis fünf Millionen Menschen unter dieser Erkrankung. Die Deutsche Hauptstelle für Suchtfragen (DHS) beziffert allein die Zahl der Alkoholabhängigen auf 1,7 Millionen.

Die Johannesbad Fachklinik Hochsauerland behandelt seit mehr als 30 Jahren im Rahmen stationärer Rehabilitationsmaßnahmen zur Wiederherstellung der Erwerbsfähigkeit ein weites Spektrum psychosomatischer Erkrankungen. Dies sind im Wesentlichen:
- Depressionen,
- Angststörungen,
- Burn-out-Syndrome,
- Essstörungen,
- Traumafolgestörungen,
- Schmerzstörungen,
- Somatoforme Störungen,
- Persönlichkeitsstörungen,
- Pathologisches Glücksspiel.

Die hierbei gewonnenen Erfahrungen lassen wir seit dem Jahr 2008 in ein Gesundheitspräventionsmodell einfließen, das auf Wunsch der RWE AG von uns entworfen wurde. Bislang sind 32 Kurse mit über 300 Teilnehmern durchgeführt worden (Stand August 2016). Verantwortliche Entwickler des Programms sind die Autoren. Schwerpunktthemen des Präventionsmodells sind unter anderem:

- Identifikation von psychomentalen (Fehl-)Belastungen und Konflikten am Arbeitsplatz und im privaten Umfeld,
- Auswirkungen beruflicher/privater Überlastungssyndrome,
- Erarbeitung von individuellen Lösungsstrategien (Meine Ziele),
- Konstruktiver Umgang mit Stress,
- Entwicklung und Ausbau der Regenerationsfähigkeit,
- Reflexion des persönlichen und beruflichen Zeitmanagements,
- Freizeitgestaltung,
- Ernährungsgewohnheiten,
- Bewegung und
- Sinnfragen.

Bei der Bearbeitung dieser Themen stehen uns unterschiedliche Methoden und Interventionstechniken zur Verfügung, die nachfolgend detailliert beschrieben werden

Am Anfang der Maßnahme schloss sich nach der Planung des Programms, die in enger Abstimmung mit der Arbeitsmedizin und der Sozialberatung der RWE AG stattfand, eine Pilotphase an. Diese umfasste drei komplette Durchläufe mit drei Gruppen mit insgesamt 28 Teilnehmern. Nach durchweg positiven Rückmeldungen fiel dann die Entscheidung des Unternehmens, das Projekt als Regelangebot der Thielkasse (RWE-eigene Stiftung) weiter zu führen.

Die Rahmenbedingungen
Die Maßnahme erfüllt die Bedingungen einer ambulanten Badekur. Ein in Bad Fredeburg niedergelassener Badearzt führt Eingangs- und Ausgangsuntersuchungen durch und verschreibt je nach Indikation und Notwendigkeit physiotherapeutische Anwendungen. Diese werden von den jeweiligen Krankenkassen ebenso übernommen wie ein Zuschuss zu den Übernachtungskosten. Die Unterbringung erfolgt in einem Hotel in der unmittelbaren Nachbarschaft der Klinik. Den Löwenanteil der Kosten übernimmt die Thielkasse. Die Mitarbeiter werden zehn Tage freigestellt, fünf Tage sind aus dem eigenen Urlaubsbudget beizusteuern.

Die Zusammensetzung der Seminargruppen ist dem Zufall beziehungsweise der Anmeldung zum Programm überlassen. So ergibt sich in der Regel eine bunte Mischung. Es finden Männer und Frauen aus unterschiedlichen Berufsgruppen (Handwerker, IT Fachleute, Servicemitarbeiter, Personaler, Vertriebler, Ingenieure etc.) zusammen. Dies betrifft ebenso die unterschiedlichen Hierarchiestufen im Betrieb. Auch Führungskräfte, zumeist der Meister- beziehungsweise Teamleiterebene, nehmen teil. Führungskräfte der darüber befindlichen Ebenen bilden die Ausnahme. Vereinbart ist im Übrigen, dass keine Führungskraft gemeinsam mit einem Mitarbeiter einen Kurs besucht.

Die Zielgruppe

Zielgruppe des Programms sind Mitarbeiter der RWE AG, bei denen erste gesundheitliche Risikofaktoren sichtbar beziehungsweise spürbar werden. Mannigfaltige medizinische, psychologische und soziale Indikatoren können darauf hinweisen, dass ein Mensch zunehmend aus der Balance gerät und in ein gesundheitsgefährdendes Fahrwasser geraten ist. Die möglichen Hinweise können sein:

- Bluthochdruck,
- Schlaflosigkeit,
- erhebliche Gewichtszunahme beziehungsweise -abnahme,
- und hoher Infektanfälligkeit,
- erhöhte Fehlzeiten,
- abfallende Leistungen im Betrieb,
- sozialer Rückzug,
- Suchtmittelmissbrauch
- oder Erschöpfungszustände.

Aus unserer langjährigen Zusammenarbeit mit den unterschiedlichsten Unternehmen wissen wir, dass Arbeitsmediziner und betriebliche Sozialberater (sowie Vorgesetzte) immer wieder Mitarbeitern begegnen, die ernsthafte gesundheitliche Probleme in Frühstadien aufweisen. In diesem Zusammenhang sei darauf hingewiesen, dass gerade den unmittelbaren Führungskräften hier eine Schlüsselrolle zufällt. Sie (und natürlich die Kollegen) sehen und erleben die ersten gesundheitsbedingten Veränderungen, auf die eine schnelle Intervention erfolgen sollte, um Krisen möglichst frühzeitig zum Wohle des Mitarbeiters und des Unternehmens begegnen zu können (Win-win-Situation). Die Schulung von Vorgesetzten im Umgang mit diesen Situationen ist ein elementarer Baustein im Betrieblichen Gesundheitsmanagement (BGM).

Gesundheitliche Auffälligkeiten erkennen

In den Früh- beziehungsweise Vorstadien einer Erkrankung rechtfertigt der jeweilige Zustand des Betroffenen in aller Regel noch keine aufwendigen akutmedizinischen Behandlungen und erst Recht keine stationären Rehabilitationsmaßnahmen zur Wiederherstellung der Erwerbstätigkeit. Dennoch bedarf das sichtbare Gefährdungspotenzial, das Risikoverhalten des Betroffenen einer (möglichst frühzeitigen) Korrektur, um das Entstehen einer somatischen oder psychosomatischen Erkrankung zu verhindern. An diesem Punkt setzt das Präventionsmodell an.

Um gefährdeten Mitarbeiter frühzeitig zu helfen, nimmt die Arbeitsmedizin bei RWE eine Begutachtung vor und entscheidet dann, ob die Maßnahme in Bad Fredeburg den Beschwerdebildern gerecht werden könnte. Die Klinik erhält im Vorfeld einen ärztlichen Befundbericht, der bisherige Diagnosen und Therapiemaßnahmen enthält. Zu den am häufigsten genannten Beschwerdebildern gehören unter anderem

- Burn-out-Syndrome,
- depressive Episoden unterschiedlichen Schweregrades,
- Schlafstörungen,
- Ängste,
- Schmerzen,
- psychovegetative Erschöpfungszustände,
- Hypertonie,
- akute Belastungsreaktionen sowie
- Somatisierungsstörungen.

Die Gemengelage der Probleme, die zu den genannten gesundheitlichen Auffälligkeiten führen, ist sehr unterschiedlich. Es findet sich aber auch eine ganze Reihe von Gemeinsamkeiten. Die große Mehrheit der Teilnehmer berichtet von Überlastungssituationen, einem Zuviel an Arbeit, Überforderung, Konflikten mit Kollegen, Kunden und Vorgesetzten, von der Unfähigkeit sich abzugrenzen und Nein zu sagen. Zumeist findet sich dabei eine komplexe Mischung aus beruflichen und privaten Problemen, die in der Addition dann zu gesundheitlichen Beeinträchtigungen führen.

Die angeführten Diagnosen deuten schon darauf hin: Es kommen nicht (wie ursprünglich geplant) ausschließlich Mitarbeiter nach ersten gesundheitsbedingten Auffälligkeiten, sondern auch Menschen mit bereits ausgeprägteren Störungsbildern. Die Erfahrung zeigt, dass auch dieser Personenkreis im hohen Maße profitieren kann und zwar unter anderem dahingehend, dass sie ihre bis dahin oft verdrängte problematische gesundheitliche Situation erstmalig wahrnehmen. Auf der Grundlage dieser Erkenntnis entwickelt sich dann die Motivation, sich dieser Probleme (zum Beispiel im Rahmen einer ambulanten Psychotherapie) anzunehmen.

Das Präventionsmodell: Die Bausteine

Wir vermitteln jedem einzelnen Teilnehmer, dass Gesundheit durch eigenverantwortliches Handeln in positiver Weise beeinflussbar ist (Selbstwirksamkeit). Es geht um die Entdeckung, Mobilisierung beziehungsweise Verstärkung der persönlichen Ressourcen und Potenziale. Eine wichtige Grundlage bei unseren Bemühungen bilden hierbei die Forschungsergebnisse der Salutogenese. Sie beschäftigt sich im Gegensatz zur Pathogenese mit der Frage: Was hält den Menschen gesund?

Die Teilnehmer erleben ein Programm, das eine Vielzahl unterschiedlicher Erfahrungen, Informationen, Erlebnisse, Anstöße und Ideen auf dem Weg zu einer gesunden und ausgeglichenen Lebensführung bietet. Es liegt in der Verantwortung jedes Einzelnen, aus diesem »Warenkorb« die Angebote auszuwählen, die seinem Leben eine Wendung in Richtung körperlicher und seelischer Gesundheit geben können.

Diagnostik: Am Anfang des Programms steht eine psychosoziale Diagnostik, deren Ergebnisse ausführlich mit dem Betroffenen besprochen werden. Hier beginnt schon die aktive Suche nach einer gesunden, ausbalancierten Lebensführung. Eingesetzt werden hier auch psychologische Testverfahren und zwar das Beck Depressionsinventar (BDI) und der SCL-90-R. Letzterer misst die gesamtpsychische und zum Teil auch die körperliche Belastungssituation. Diese Tests werden zu Beginn durchgeführt und im zweiten Teil der Maßnahme wiederholt, um auch testdiagnostisch mögliche Veränderungen abzubilden. Beide Tests erweisen sich hierbei als sehr aussagekräftig. Hinzu kommt eine Skalenfrage (– 10 bis + 10) zur subjektiven Einschätzung der Lebenszufriedenheit, die ebenfalls zu Beginn und in der Wiederholungswoche erhoben wird.

Therapie- und Trainingsgruppen: Sie werden von erfahrenen Therapeuten geleitet. Gerade der angeleitete Austausch in der Gruppe mit gleichermaßen Betroffenen ist ein Wert für sich. Die Erfahrung, mit Belastungssituationen in Familie und Beruf nicht allein zu stehen, ist entlastend. Die gemeinsame Suche nach alternativen Verhaltensweisen und Einstellungen setzt erfahrungsgemäß bei allen Beteiligten sehr viel positive Energie und Kreativität frei. Ergänzend werden Einzelgespräche angeboten.

Informationsgruppen: Hier geht es unter anderem um folgende Themen:
- Grundlagen der Salutogenese – was hält den Menschen gesund?
- Zeitmanagement – das Gleichgewicht zwischen Tun und Sein;
- was ist unter Stress zu verstehen und wie wirkt er?
- Strategien zu Stressreduktion und Stressmanagement;
- Selbstmanagementmethoden;
- das Prinzip der Inneren Achtsamkeit;
- Wirkungsweisen von Sport, Bewegung, Entspannung, Meditation und Ernährung

Seminar Stress und Stressbewältigung: Das Seminar beschäftigt sich im ersten Teil unter anderem mit den Entstehungsbedingungen von chronischem Stress, dessen Auswirkungen und den möglichen Symptomen eines sich anbahnenden Burn-out-Syndroms, als Wegbereiter einer manifesten psychosomatischen Erkrankung. Wir weisen die Teilnehmer in diesem Zusammenhang auch auf die

Gefahr hin, eine Depression für ein Burn-out-Syndrom zu halten (nicht zuletzt, weil mich ein Burn-out eher »schmückt« als eine Depression) und empfehlen die frühe Einbeziehung von Fachleuten (Psychiater) zur diagnostischen Abklärung. Viele Teilnehmer finden sich in den beschriebenen Symptomen wider. Die »Stressampel« von Professor Gert Kaluza hat sich als didaktisches Instrument bei den Themen Stressvermeidung beziehungsweise Bewältigung bewährt. Die Kursteilnehmer werden in drei Schritten dazu angeleitet, zunächst ihre äußere, dann ihre innere und schließlich ihre regenerative Welt einer Überprüfung zu unterziehen und über Veränderungen nachzudenken.

Entspannungstraining: Zahlreiche Untersuchungen belegen eindeutig, dass man Erscheinungen wie Dis-Stress, Burn-out, Unruhe und Erschöpfungszuständen mit Entspannungsverfahren wirksam begegnen kann. Hier bieten wir beispielsweise Atemübungen und die Progressive Muskelentspannung nach Jacobson an. Letztere bietet ohne langes Training oder Vorerfahrung den Vorteil, unmittelbar entspannend zu wirken. Prinzipiell geht es darum, die positive und wohltuende Wirkung von Entspannung erfahrbar zu machen. Ergänzt wird dies durch Informationen zu anderen Entspannungs- und Meditationstechniken wie Yoga, Autogenes Training, Qi Gong usw.

Bewegung und Sport: Ausdauersport wirkt stimmungsaufhellend und wird mittlerweile sehr erfolgreich bei der Behandlung von Depressionen eingesetzt. Die positiven Effekte auf das Herz-Kreislaufsystem, auf das Skelett und die Muskulatur sind hinreichend bewiesen. Auch die mentalen und meditativen Wirkungen sind erheblich. In unserem Präventionsmodell geht es ausdrücklich nicht um hohe Leistungen. Wandern und Nordic Walking oder je nach Kondition Joggen in der waldreichen Mittelgebirgslandschaft des Hochsauerlandes gehören ebenso zu den Angeboten wie Übungen zu Kraft und Beweglichkeit. Am Anfang steht für jeden Teilnehmer ein Fitnesstest, um den individuellen Ist-Zustand zu erfassen.

Seminar und Workshop zu Prinzipien der Inneren Achtsamkeit: Die Teilnehmer lernen die Prinzipien der Inneren Achtsamkeit in zwei umfangreichen Theorie- und Praxisblöcken kennen. Viele Teilnehmer berichten, dass sie sich gedanklich ständig getrieben fühlen (Grübelzwänge, Termine, Projekte, unerledigte Aufgaben) und sich selbst dabei aus den Augen verlieren. Die Übungen zur Inneren Achtsamkeit vermitteln den Zugang zum Leben im Hier und Jetzt und wirken mit Meditationselementen stressreduzierend. Teilnehmern, die hier positive Erfahrungen machen, wird empfohlen, am Heimatort einen MBSR-Kurs (Mindful Based Stress Reduction) nach Jon Kabat-Zinn zu besuchen, der die Innere Achtsamkeit als die Fähigkeit beschreibt, Augenblicke unseres Lebens bewusst, aber nicht wertend wahrzunehmen.

Ein Tag im Hochseilgarten: Das ganztägige Angebot wird jeweils von zwei Trainern der Praxisfeld GmbH aus Radevormwald begleitet, die neben ihrer Trainerausbildung auch psychotherapeutische und erlebnispädagogische Erfahrungen mitbringen. Die in den Seminaren erarbeiteten Inhalte und Ziele finden in den Erfahrungen des Kletterns ihre körperliche und mentale Entsprechung und werden so miteinander verknüpft. Ergebnisse aus der Hirnforschung zeigen deutlich, dass Lernerfahrungen besonders gut verankert werden, wenn kognitives, emotionales und körperliches Erleben miteinander verbunden wird. Die Teilnehmer haben die Gelegenheit, sich aus ihrer »Komfortzone« heraus zu wagen und neue Erfahrungen zu machen. Sie lernen einerseits, sich ihrer Angst zu stellen und sie zu überwinden, aber auch, eigenen Grenzen zu respektieren. Diese Erfahrungen lassen sich problemlos auf andere Lebensbereiche übertragen. Der Hochseilgarten ist nicht selbstsichernd. Die Teilnehmer werden also (unter Anleitung) von anderen Mitgliedern der Gruppe gesichert und übernehmen so Verantwortung. Weitere Übungen, die nur im Team gemeistert werden können, sorgen für einen hohen Zusammenhalt und erheblichen Vertrauenszuwachs in der Gruppe.

Ernährungsberatung: In Deutschland sind 65 Prozent aller Männer und 55 Prozent aller Frauen übergewichtig. Mangelnde Bewegung gepaart mit falscher Ernährung spielt hierbei eine zentrale Rolle. Ein ganzheitlicher Präventionsansatz muss folgerichtig auch die Ernährungsgewohnheiten des Einzelnen reflektieren. Neben der individuellen Analyse geht es auch hier um die Entwicklung gesunder Alternativen. Es geht ausdrücklich nicht um Diäten und Abspeckprogramme, sondern um langfristige Verhaltensänderungen, die Aspekte von »slow food«, von Genuss und Genießen, umfassen.

Sinnfragen, Gestaltungs- und Physiotherapie: Die Logotherapie nach Victor E. Frankl geht davon aus, dass ein Leben nur dann gelingen kann, wenn wir ihm einen Sinn geben. Fehlt diese Orientierung, besteht nach Auffassung dieser Therapieschule die Gefahr einer Sinnkrise, die mit gesundheitlichen Störungen einhergehen kann. Die Auseinandersetzung mit Werten, Sinnfragen, Philosophie und Religion kommt vielfach in unserer Zeit der Beliebigkeit und der »Werteinflation« zu kurz. Wir wollen den Teilnehmern anbieten, sich auch diesen Themen anzunähern, um sie auf die Wichtigkeit auch dieser Fragen in einer ausbalancierten Lebensgestaltung hinzuweisen. In der Gestaltungstherapie können auf nonverbale Weise Erlebnisinhalte zum Ausdruck gebracht werden. Die (Wieder)Entdeckung der Kreativität, die Beschäftigung mit unterschiedlichen Techniken und Materialien (Malen, Töpfern etc.) sind für viele Menschen Neuland. Etwas (mit eigenen Händen) vom gedanklichen Entwurf bis zur Fertigstellung selbst zu gestalten, ist in unserer arbeitsteiligen, technisierten Welt ein besonderes Erlebnis. Je nach medizinischer Indikation (oder eigenen Wünschen) sind

Behandlungen wie Massagen möglich. Sie werden gegebenenfalls nach einer Eingangsuntersuchung vom Badearzt verschrieben.

Analyse und Zielvereinbarung

Während der ersten Phase des Aufenthaltes sind wir den Teilnehmern behilflich, eine ganzheitliche Analyse ihrer Lebenssituation zu erheben. Dies erfolgt in schriftlicher Form und umfasst die Bereiche Arbeit/Beruf, Familie/Verwandte, Freunde/Soziale Kontakte, Hobbys/Interessen, Körper (Entspannung, Ernährung, Bewegung) und Sinnfragen/Werte. Für viele ist es eine neue Erfahrung, sich ausführlich mit der eigenen Lebensführung auseinanderzusetzen und sich zu fragen, ob die eingeschlagenen Wege den eigenen Wünschen entsprechen oder ob sie sich verlaufen haben. Bei der angeleiteten Beschäftigung mit sogenannten inneren Antreibern wird oft sichtbar, dass viele Kursteilnehmer Antreibern wie »Mach es allen recht«, »Sei perfekt« von Kindesbeinen an folgen, sie unreflektiert in ihr Erwachsenenleben integrieren und dabei eigene Bedürfnisse außer Acht lassen.

Auf der Basis der »Inventur« zu Beginn folgt gegen Ende des Aufenthalts die Erarbeitung der Ziele für das nächste halbe Jahr, die Trainingsphase zu Hause in Arbeit und Privatleben. Auch diese erfolgt schriftlich und bezieht sich ebenfalls auf alle oben genannten Lebensbereiche (sofern Veränderungsbedarf besteht). Es hat sich bewährt, die Ziele auf einen überschaubaren und fassbaren Zeitraum von etwa sechs Monaten hin zu justieren. Es wird darauf geachtet, dass die Ziele möglichst konkret und realistisch sind. Dies heißt zum Beispiel: Aus »ich will mich mehr bewegen« wird: »Ich werde Dienstags und Donnerstags direkt nach meiner Arbeit ins Fitnessstudio fahren und jeden Freitagabend mit meiner Frau schwimmen gehen.« Die Ziele werden in der Seminargruppe besprochen, werden somit veröffentlicht und sind damit allen bekannt. Eine Kopie bleibt zudem beim zuständigen Seminarleiter. Es wird so ein erwünschter und konstruktiver sozialer Druck aufgebaut. Die Kursteilnehmer fahren mit dem Bewusstsein nach Hause, dass sie in der Wiederholungswoche über ihre Erfolge, aber auch ihre Niederlagen berichten »dürfen«.

Je nach Problemlage wird den Teilnehmern angeraten, sich bei der Umsetzung ihrer Ziele Unterstützung zu suchen. Dies sind zum einen innerbetriebliche Hilfssysteme (Arbeitsmedizin, Sozialberatung), die eingeschaltet werden können, aber auch andere externe Angebote wie Selbsthilfegruppen, Beratungsstellen, Psychotherapeuten etc. RWE bietet im Übrigen für Mitarbeiter in akuten Krisen über ein externes Institut zeitnah psychotherapeutische Hilfe an. Auch dieses (sehr sinnvolle) Instrument wird genutzt. Nur in Einzelfällen bestand bislang von Klinikseite die Notwendigkeit, stationäre Maßnahmen anzuraten.

Wiederholungswoche (Booster)

Wissenschaftliche Untersuchungen unter anderem unseres Projektes für Senioren »Gewonnene Jahre – sinnerfülltes Leben nach Beendigung der aktiven Berufsphase« belegen, dass die Wirksamkeit und Nachhaltigkeit von Lernerfolgen durch Wiederholen und Reflektieren erheblich gesteigert werden können. Diese positiven Erfahrungen nutzen wir auch im Präventionsmodell. Ermöglicht wird dieser »Booster Effekt« durch ein erneutes fünftägiges Training in der Fachklinik Hochsauerland nach etwa sechs Monaten. Hierbei werden die im ersten Aufenthalt erarbeiteten Ziele und Verhaltensänderungen auf ihre »Alltagstauglichkeit« hin überprüft und gegebenenfalls modifiziert und/oder verstärkt.

Wichtige Wirkfaktoren des Programms

Neben den angeführten Elementen sind es besonders zwei Faktoren, die das Programm in positiver Weise beeinflussen. Das ist zunächst der Faktor Zeit. Die Teilnehmer begreifen sehr schnell (und dies wird auch von unserer Seite deutlich betont), dass sie Zeit geschenkt bekommen. Zeit, in der sie in einer von Natur geprägten, ruhigen Umgebung aus ihrem oft hoch getakteten und belasteten Alltag aussteigen dürfen. Zeit für einen offenen Blick auf ihre Lebensgestaltung/Lebenswirklichkeit und die Chance auf eine ehrliche Inventur. Wo stehe ich im meinem Leben und wohin soll die Reise gehen?

Der zweite Wirkfaktor ist die Gruppe. Zu Beginn stellte sich die Frage, ob die Teilnehmer bereit sein würden, in Anwesenheit von RWE Kollegen offen über ihre Probleme in Beruf und Privatleben zu sprechen. Das Ergebnis: Bislang stellte sich in allen Kursen innerhalb kürzester Zeit ein hohes Maß an Offenheit ein. Wenn es um berufliche Belastungen ging, waren die intimen Kenntnisse, die jeder über das Unternehmen mitbringt, hinsichtlich des Verständnisses für den anderen eher hilfreich. Zudem wird allen sehr schnell (ähnlich wie in Selbsthilfe- oder Therapiegruppen) klar, dass jeder mehr oder minder hoch belastet angereist ist. Dies führt in der Regel zu einer raschen Solidarisierung. Das Gefühl »ich bin nicht allein mit meinen Lasten und Problemen« forciert die Entwicklung von Nähe und Vertrauen. Die Gruppe entwickelt ihre positive Wirkung natürlich nicht nur in den vorgegebenen Elementen der Wochenpläne, sondern auch in den vielen Begegnungen und Gesprächen in der freien Zeit, an den Abenden und am Wochenende.

Kommunikation mit dem Unternehmen

Die Teilnehmer werden darüber informiert, dass alle Gesprächsinhalte und Inhalte der strikten Schweigepflicht unterliegen und wir nur nach einer entsprechenden Entbindung mit dem Arbeitgeber kommunizieren dürfen. Dies ist immer dann sinnvoll, wenn die Probleme des Einzelnen auch mit spezifischen Problemen Belastungssituationen etc. im Betrieb in Zusammenhang stehen und es dort zu Lösungen kommen sollte. Hier findet dann (oft auf Wunsch und ausdrücklicher Billigung des Kursteilnehmers) eine enge und sehr vertrauensvolle Zusammenarbeit, insbesondere mit der Arbeitsmedizin und der Sozialberatung des Unternehmens statt, die die Prozesse im Betrieb anstoßen und begleiten. Aber auch bei ausschließlich privaten Problemen stehen die innerbetrieblichen Hilfssysteme zur Verfügung. Am Ende der Maßnahme kann auf Wunsch der Teilnehmer ein Abschlussbericht erstellt werden, der ausschließlich an die Adresse des zuständigen und zuweisenden Arbeitsmediziners gesandt wird.

Bewertung und Fazit

Die allermeisten Menschen, die uns in unserem Projekt begegnen, wissen sehr genau, wo ihre Defizite und Schwachstellen liegen und was sie im Äußeren und Inneren an einem erfüllten und zufriedenem Leben hindert. Es geht ihnen nicht gut, aber sie versuchen zu funktionieren, weil sie es so gelernt haben. Erst die gesundheitliche Krise ist der Weckruf, der dann Einhalt gebietet oder sogar erzwingt. Das Programm lädt dazu ein, inne zu halten und über neue Wege nachzudenken. Mit welchem Mut und welcher Energie der allergrößte Teil der Teilnehmer diese Chance ergreift und nicht nur nachdenkt, sondern auch handelt, verdient Respekt. Die Effekte sind größer, als von uns erhofft. Bei mehr als zwei Dritteln der Teilnehmer ist im Rahmen der Wiederholungswoche eine signifikant sichtbare und spürbare Verbesserung ihrer gesundheitlichen Situation zu erkennen. Dies spiegelt sich auch in den zumeist deutlich verbesserten Ergebnissen der zweiten Testreihe wider.

Einer der eingesetzten abschließenden Fragebögen beschäftigt sich ebenfalls mit der Wirkung des Programms auf den Einzelnen und beinhaltet folgende Fragen (Skalenbewertung 1 bis 6: sehr geholfen bis gar nicht geholfen):

- Das Programm hat mir geholfen, meine gesamte Lebenssituation zu analysieren und zu verstehen.
- Das Programm hat mir geholfen, neue (Lebens-) Ziele zu entwickeln.
- Das Programm hat mir geholfen, meine beruflichen Anforderungen besser bewältigen zu können.
- Das Programm hat mir geholfen, mein Privatleben positiver zu gestalten.
- Das Programm hat mir geholfen, eine gesunde Balance zwischen Arbeit und Freizeit herzustellen.
- Das Programm hat mir geholfen, meiner Gesundheit mehr Aufmerksamkeit zu schenken.
- Das Programm hat mir geholfen, die Gefahren von Stress und Burn-out zu reduzieren.

Auch hier finden sich bei der Auswertung überwiegend sehr positive Aussagen der Teilnehmer. Natürlich stellt sich bei dem hier skizzierten Programm die Frage, ob die unzweifelhaft positiven Effekte sich in Verhalten und Einstellung verfestigen und weiter entwickeln. Wir setzen darauf, dass der »Trainingszeitraum« eines halben Jahres ausreicht, individuellen Veränderungen in der Lebensgestaltung ein ausreichend stabiles Fundament zu geben.

Literatur

Bauer, J. (2012): Arbeit – Warum unser Glück von ihr abhängt und wie sie uns krank macht, Karl Blessing Verlag, München.

Bengel, R./Strittmatter, R./Willmann, H. (2011): Was erhält den Menschen gesund? Antonovskys Modell der Salutogenese. Bundeszentrale für gesundheitliche Aufklärung, Band 6, Köln.

Bergner, T. (2007): Burn-outprävention, Schattauer, Stuttgart.

Berschneider, W. (2003): Sinnzentrierte Unternehmensführung, Orthaus Verlag, Lindau am Bodensee

DHS Jahrbuch 2015, Pabst, Lengerich, 2015.

Hautzinger, M. (1998): Depression, Hogrefe Verlag, Göttingen.

Kabat –Zinn, J. (2006): Gesund durch Meditation, Fischer Taschenbuch, Frankfurt a.M.

Kabat-Zinn, J. (2009): Achtsamkeit für Anfänger, Arbor Verlag, Freiamt.

Kaluza, G. (2005): Stressbewältigung, Trainingsmanual zur psychologischen Gesundheitsförderung, Springer Medizin Verlag, Heidelberg.

Kypta, G. (2006): Burn-out erkennen, überwinden, vermeiden, Carl-Auer Verlag, Heidelberg.

Lütz, M. (2011): Irre! Wir behandeln die Falschen, Goldmann, München.

Nhat Hanh, T. (2004): Jeden Augenblick genießen, Theseus Verlag, Stuttgart.

Schmid, W. (2004): Mit sich selbst befreundet sein, Suhrkamp Verlag, Frankfurt a.M.

Schmidt-Traub, S. (2008): Angst bewältigen, Springer Medizin Verlag, Heidelberg.

Spitzer, M. (2014): Rotkäppchen und der Stress, Schattauer, Stuttgart.

Steiner, V. (2007): Energy – Energiekompetenz, Knaur Taschenbuch, München.

Teismann, T. (2014): Grübeln – Wie Denkschleifen entstehen und wie man sie löst, Balance Ratgeber, Köln.

Unger, H.-P./Kleinschmidt, C. (2007): Bevor der Job krank macht, Kösel Verlag, München

Unger, H.-P./Kleinschmidt, C. (2014): Das hält keiner bis zur Rente durch, Kösel Verlag, München.

Watzlawick, P. (1983): Anleitung zum unglücklich sein, R. Piper & Co. Verlag, München.

Wirtschaftlicher Erfolg durch exzellentes Gesundheitsmanagement

Prof. Dr. Gunther Olesch, Geschäftsführer Human Resources, Information Technology, Facility Management, Phoenix Contact GmbH & Co KG, Blomberg

Gesundheitsthemen haben heute eine ausgeprägte mediale Präsenz. Es gibt zahllose Zeitschriften und Fernsehsendungen zum Thema Fitness, die sich eines großen Interesses erfreuen. Das Thema Gesundheit macht auch vor den Unternehmen nicht halt. Wenn Betriebe in Zukunft erfolgreich sein wollen, müssen sie ihr nicht bilanziertes, aber dennoch höchstes Kapital – den Menschen und seine Gesundheit – stärker fokussieren.

Die Altersstruktur der deutschen Bevölkerung

Human Resources muss weiter moderne Konzepte zum Thema Gesundheitsmanagement entwickeln und ausbauen. Das Ziel ist eine Ausgewogenheit von Arbeit, Gesundheit und persönlicher Lebenserfüllung. Gründe für die Entwicklung und den Ausbau von Gesundheitsmanagement liegen in der Altersstruktur der deutschen Bevölkerung (siehe Abbildung 1). Sie wird immer älter. Im Jahre 2025 wird die größte Altersgruppe in Deutschland 60 Jahre alt sein.

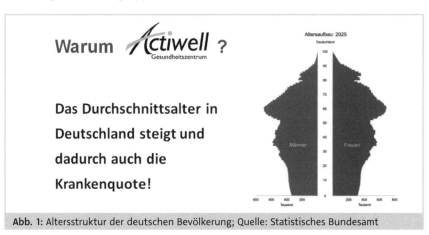

Abb. 1: Altersstruktur der deutschen Bevölkerung; Quelle: Statistisches Bundesamt

Je höher das Alter eines Menschen, umso höher ist das Risiko, seine physische und psychische Fitness einzubüßen oder zu erkranken. Das schlägt sich in geringerer Leistungsfähigkeit und höherem Krankenstand im Unternehmen nieder und kostet viel Geld. Daher sind gesundheitsfördernde Maßnahmen des Unternehmens neben dem traditionellen Betriebsärztlichen Dienst sowie der Arbeitssicherheit notwendig.

Die Vision bei Phoenix Contact bei Aufnahme des Betrieblichen Gesundheitsmanagements im Jahr 2000 war, den durchschnittlichen Krankenstand von 3,6 Prozent auch bei der älter werdenden Belegschaft zu halten. So nimmt zum Beispiel die Erkrankungsrate bei Muskeln und Skelett bei über 40-Jährigen um 1,8 Prozent, bei über 50-Jährigen um 4,6 Prozent zu. Der 25-Jährige bekommt eine Grippe, die in vier Tagen kuriert ist. Der 50-Jährige erleidet einen Bandscheibenvorfall, dessen Genesung Monate dauern kann. Hier soll ein modernes Gesundheitsmanagement präventiv entgegenwirken (Olesch, 2015). Wir nennen es Personalentwicklung für den Körper (siehe Abbildung 2).

Abb. 2: Bei Phoenix Contact besteht die Vision, den Gesundheitszustand der älter werdenden Mitarbeiter auf dem Niveau der Jüngeren zu halten.

Personalentwicklung für den Körper

Der arbeitende Mensch hat private Bedürfnisse, die höchst unterschiedlich sein können. Die meisten erwachsenen Menschen haben drei Lebensinhalte: Arbeit, Familie und Freizeit. Ihre private Situation übt einen starken Einfluss auf ihr berufliches Leistungsvermögen aus. Wenn ein Mitarbeiter das Werksgelände betritt, bringt er neben seiner Arbeitskraft seine Sorgen und Nöte mit. Wenn ein Unternehmen keine Möglichkeiten bietet, den Einklang zwischen beruflichen und privaten Interessen seiner Mitarbeiter zu fördern, kann durch unzureichende Leistung ein finanzieller und motivatorischer Nachteil entstehen. Daher sollte ein modernes Unternehmen Arbeitszeitmodelle anbieten, die die Leistungsfähigkeit der Mitarbeiter steigern und sich mit ihren privaten Interessen vereinbaren lassen.

High-Potentials und Generation Y haben dezidierte Ansprüche an einen Arbeitgeber. Sie wollen gute Entwicklungsmöglichkeiten, hohe Eigenverantwortung, abwechslungsreiche Tätigkeiten und ihre privaten Bedürfnisse erfüllen können. Um gute Mitarbeiter zu binden und zu gewinnen, ist eine ausgeprägte Work-Life-Balance-Strategie notwendig. Bei wachsender Wirtschaft kommt der Arbeitsmarkt in Bewegung. So wird Work-Life-Balance ein Imagefaktor sein, um als attraktiver Arbeitgeber zu gelten (Frickenschmidt/Quenzler, 2012). Daher sollte das HR-Management über entsprechende Konzepte verfügen.

Im Folgenden wird Work-Life-Balance als Begriff für alle Maßnahmen definiert, die eine Ausgewogenheit zwischen beruflichem und privatem Leben erzeugen, die psychische und physische Gesundheit stärken und letztendlich zum Leistungserhalt sowie -steigerung des Mitarbeiters beitragen. Dadurch profitieren das Unternehmen sowie Mitarbeiter. Eine Win-win-Situation wird erreicht.

Ganzheitliches Gesundheitsmanagement

Ein Element der Corporate Culture bei Phoenix Contact lautet: »Unsere Unternehmenskultur fördert Vertrauen und die Entwicklung der Mitarbeiter zum Erreichen vereinbarter Ziele«. Unter Entwicklung der Mitarbeiter wird neben klassischen fachlichen sowie verhaltensorientierten Maßnahmen wie Trainings, Coaching, Job-Enrichment auch die gesundheitliche Verfassung betrachtet. Drei Aspekte stehen beim Gesundheitsmanagement – Personalentwicklung für den Körper – dabei im Vordergrund:
1. Sportliche Aktivitäten und Gesundheitstraining,
2. Prävention und Wiedereingliederung,
3. Beratung bei privaten Problemen.

Um ein optimales Gesundheitsmanagement einzuführen und aufrecht zu erhalten, sind finanzielle Mittel notwendig. Daher sind intelligente Lösungen gefragt, um die Kostensteigerung des Human-Resources-Managements möglichst gering zu halten. Aus diesem Grund hat das Personalmanagement den Schulterschluss mit den Krankenkassen gesucht. Diese sind interessiert, Prävention zu betreiben, was unter dem Strich günstiger ist, als hohe Kosten für Therapien bei Erkrankten und deren Rehabilitation zu tragen. Ein Krankenkassenmitglied, das auch im höheren Alter gesund ist, entlastet das Budget der Sozialversicherer ungemein. Daher wurde das Gesundheitsmanagement unter Federführung des Human-Resources-Managements, speziell dem Betriebsärztlichen Dienst, und den Krankenkassen gemeinsam erarbeitet. Dadurch waren Letztere zu Beginn bereit, einen Teil der Kosten zu übernehmen.

Um Betriebliches Gesundheitsmanagement erfolgreich einzuführen, sollten die potenziellen Kunden (Mitarbeiter) vor einer Implementierung des Gesundheitsmanagements befragt werden, in welcher Form sie sich selbst daran beteiligen würden. In einem Fragebogen wurden die Fitness-Aktivitäten beschrieben, die angeboten werden sollten. Die überwältigende Beteiligung sowie die Antworten bewiesen, wie groß das Interesse der Mitarbeiter am Gesundheitsmanagement war. Über ein Drittel der Belegschaft teilte mit, dass sie an den Aktivitäten teilnehmen wird. Davon bevorzugten 50 Prozent das Bewegungstraining, 30 Prozent das Entspannungstraining und 20 Prozent die Ernährungsberatung. 82 Prozent der Mitarbeiter teilten mit, dass sie ein- bis zweimal die Woche trainieren würden (siehe Abbildung 3).

Abb. 3: Befragung zur Teilnahme von Mitarbeitern am Gesundheitsmanagement.

Für die Umsetzung wurden professionelle Gesundheitsdienstleister in der jeweiligen Region der Werke von Phoenix Contact zur Umsetzung des Gesundheitsmanagements ausgewählt. Die Dienstleister stellen technische Geräte, Trainer und Physiotherapeuten zur Verfügung.

Sportliche Aktivitäten und Gesundheitstraining
Folgende Aktivitäten werden angeboten:
- Gesundheitscheck mit Zielvereinbarungen,
- Training Herz-Kreislauf,
- Training Muskulatur und Gelenke,
- Entspannungstrainings,
- Ernährungsberatung,
- Gesundheitstraining am Arbeitsplatz sowie
- Gesundheitswochen.

Alle Mitarbeiter durchlaufen zunächst einen einstündigen Check, in dem ihr Gesundheitszustand im Detail untersucht wird. Wenn gesundheitliche Defizite diagnostiziert werden, werden gemeinsam mit den Physiotherapeuten Maßnahmen vereinbart. Daraufhin startet ein inhaltlich und zeitlich abgestimmtes Trainingsprogramm für Herz-Kreislauf und Muskulatur sowie Gelenke. Das Training kann ein halbes Jahr bis zwei Jahre dauern. Bei zusätzlichem Übergewicht findet eine Ernährungsberatung statt. Bei Stressbelastung wird als Entspannungstraining Progressive Muskelrelaxation oder Autogenes Training angeboten. Zusätzlich kann ein Raucherentwöhnungstraining mitgemacht werden. Nach Ablauf der vereinbarten Trainingsdauer wird wieder ein Gesundheitscheck vorgenommen, um den Fortschritt festzustellen. Wenn die Ziele erreicht wurden, kann das Training theoretisch beendet werden. In der Praxis zeigt sich aber, dass die Teilnehmer ihr Training fortsetzen. Es bilden sich Gruppen von Mitarbeitern, die auch jenseits des Trainings Kontakte pflegen, was den sozialen Zusammenhalt der Mitarbeiter fördert.

Auch am Arbeitsplatz werden bei Phoenix Contact physiotherapeutische Trainings durchgeführt. Gerade hier sind falsche Körperhaltungen und -bewegungen Ursache für gesundheitliche Nachteile. Darüber hinaus gibt es in der Nähe der Arbeitsplätze spezielle Liegen für eine aktive Erholungspause, die von den Mitarbeitenden gerne genutzt werden. Zusätzlich finden Aktionswochen statt, in denen Mitarbeiter verschiedene Gesundheitsangebote wahrnehmen und sich umfassend informieren können (siehe Abbildungen 4 und 5).

Arbeitsplatzbezogenes Training

Verhaltenstraining am Arbeitsplatz

Bewegungsanalysen vor Ort

Abb. 4: Gesundheitstrainings am Arbeitsplatz

Abb. 5: Entspannungsliegen für Mitarbeiter zur aktiven Erholungspause

Die Ergebnisse der vielfältigen Trainingsmöglichkeiten werden jährlich bei den verschiedenen Teilnehmern gemessen. Eine Langzeitstudie wurde über fünf Jahre mit 380 Mitarbeitern, die durchgehend trainiert haben, durchgeführt. Dabei offenbarten sich ermutigende Ergebnisse: Die Muskelkraft der Trainierenden verbesserte sich um 20 Prozent, die Ausdauer um elf Prozent, die Beweglichkeit der Gelenke um 13 Prozent sowie das subjektive Wohlbefinden um 18 Prozent.

Das Besondere am Ergebnis ist, dass bei jährlichen Kosten von 430.000 Euro eine Einsparung von 620.000 Euro durch den geringeren Krankenstand erfolgte, woraus ein Ertrag von 190.000 Euro in fünf Jahren resultiert. Das führt zu einer Rendite von 15,8 Prozent. Das Gesundheitsmanagement hat sich als ein großer Erfolg für die Gesundheit der Mitarbeiter und für die geringere Kostenentwicklung des Unternehmens und der Krankenkassen erwiesen.

Betriebliche Mitarbeiterberatung
Die Mitarbeiter können neben den beruflichen Belastungen auch private erfahren. Daher wurde eine Mitarbeiterin eingestellt, die anderen Mitarbeitern bei persönlichen und arbeitsplatzbezogenen Anliegen behilflich ist. Dazu zählen berufliche Stresssituationen, Konflikte am Arbeitsplatz oder Veränderungsprozesse. Auch für Themen wie Scheidung, Trennung, finanzielle oder familiäre Schwierigkeiten wurde hier eine erste Anlaufstelle geschaffen. Denn die Belastungen können Mitarbeiter nicht beim Betreten des Werksgeländes ablegen. Sie beeinträchtigen ihre Leistung und das Wohlbefinden am Arbeitsplatz. Die Beraterin zeigt Lösungswege auf und gibt einen Überblick auf relevante Hilfsangebote in der Region.

Prävention und Wiedereingliederung

Durch frühzeitiges Erkennen von gesundheitlichen Einschränkungen soll langfristig die Arbeitsunfähigkeit der Mitarbeiter vermieden werden. Darüber hinaus sollte ein Unternehmen ein Betriebliches Eingliederungsmanagement (BEM) aufbauen. Handlungsbedarf besteht grundsätzlich dann, wenn Beschäftigte mehr als sechs Wochen ununterbrochen oder wiederholt arbeitsunfähig sind.

Bei Phoenix Contact wird der Prozess vom Personalmanagement angestoßen. Nach einer Vorklärung wird mittels eines Einladungsschreibens zu einem Präventionsgespräch Kontakt mit dem Mitarbeiter aufgenommen. Die Teilnahme am Präventionsgespräch ist freiwillig. Gegebenenfalls können weitere Fachkräfte wie Betriebsarzt, Mitarbeitervertretung oder Führungskraft auf Wunsch des Mitarbeiters hinzugezogen werden. Nach Erfassung der Ausgangssituation stimmen sich alle Beteiligten dahingehend ab, wie die Arbeitsunfähigkeit überwunden werden kann. Es werden auch Hilfen und Leistungen abgesprochen, um einer erneuten Arbeitsunfähigkeit vorzubeugen. Dieses können betriebsinterne Maßnahmen sein, wie zum Beispiel Arbeitsplatzanpassung, Unterstützungsmaßnahmen durch einen Rehabilitationsträger, Zuschüsse für Arbeitshilfen im Betrieb oder ergänzende medizinische Leistungen zur Rehabilitation. Sofern Letztere notwendig werden, sind externe Servicestellen wie Integrationsämter, Rentenversicherungsträger oder Berufsbildungsträger hinzuzuziehen. Der Prozess wurde seit 2009 systematisiert und im Rahmen einer Betriebsvereinbarung festgelegt (siehe Abbildung 6).

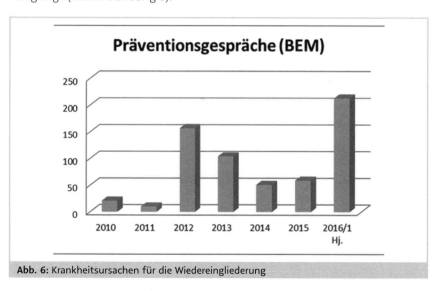

Abb. 6: Krankheitsursachen für die Wiedereingliederung

Mit einer stufenweisen Wiedereingliederung können Mitarbeiter nach längerer schwerer Krankheit von mehr als sechs Wochen sukzessive in den Arbeitsprozess gewöhnt werden. Die Arbeitsaufnahme startet mit wenigen Stunden täglich und steigert sich entsprechend dem Leistungsvermögen der Mitarbeiter bis zur vollen Erwerbstätigkeit. Während der Maßnahme erhält der Mitarbeiter weiterhin Geld von der Krankenversicherung beziehungsweise von der Rentenversicherung.

Der Prozess im Unternehmen startet mit einer Vorstellung beim Betriebsarzt, der die Hausarztempfehlung nochmals mit den Arbeitsplatzanforderungen abgleicht. Der innerbetriebliche Wiedereingliederungsplan wird zudem mit der zuständigen Führungskraft besprochen. In wöchentlichen Feedbackrunden dokumentieren Führungskraft und Mitarbeiter den Verlauf der sukzessiven Arbeitsaufnahme und regen gegebenenfalls Änderungen am Wiedereingliederungsplan mit dem Betriebsarzt an. Während des Wiedereingliederungsprozesses werden alle Möglichkeiten zum Erhalt des Arbeitsplatzes (Hilfsmittel, Anpassung des Arbeitsplatzes, Ergonomie) und zusätzliche Trainingseinheiten im oben beschriebenen Actiwell-Gesundheitszentrum ergriffen. 95 Prozent aller langfristig Erkrankten können entweder am selben Arbeitsplatz, an einem angepassten Arbeitsplatz oder an einem anderen Arbeitsplatz die volle Erwerbstätigkeit aufnehmen. Abbildung 7 zeigt die Krankheitsursachen der Mitarbeiter in Wiedereingliederungsmaßnahmen.

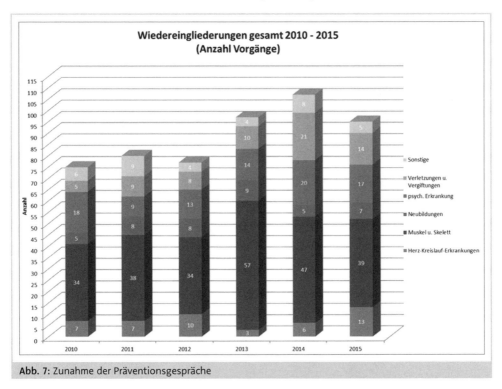

Abb. 7: Zunahme der Präventionsgespräche

Führungskräfte mit Vorbildfunktion

Es ist elementar wichtig, dass die Unternehmensleitung das Gesundheitsmanagement in die Unternehmensstrategie verankert. Das Führungsleitbild von Phoenix Contact enthält sieben Dimensionen. Eine davon ist »Respekt und Wertschätzung« (Olesch, 2016):

- Wir sind verantwortlich für ein positives Arbeitsklima, sinnhafte Arbeit und menschliche Anteilnahme.
- Wir wollen, dass unsere Mitarbeiter gesund bleiben. Deshalb wird auf ein ausgewogenes Verhältnis von Arbeit, Lernzeit und Freizeit geachtet.

Dieses Führungsleitbild wird von der Unternehmensleitung in speziellen Führungsseminaren persönlich trainiert. Nichts kann diese direkte und authentische Vermittlung ersetzen. Es ist die beste Methode Gesundheitsstrategien zum Leben zu erwecken. Um den nachhaltigen Erfolg des Betrieblichen Gesundheitsmanagements weiterhin zu gewährleisten, nimmt die Geschäftsführung selbst an Aktionen als Vorbild teil. Die Treppe muss von oben gefegt werden, daher ist das Verhalten des Topmanagements zum Thema Gesundheit mit entscheidend.

Für das Konzept des Gesundheitsmanagements erhielt Phoenix Contact bei 650 eingereichten Innovationsvorschlägen von der Europäischen Union den ersten Platz mit einer Prämie von 70.000 Euro. Darüber hinaus gab es für diese Initiative 2010 den ersten Preis für Betriebliches Gesundheitsmanagement des Fraunhofer Instituts und 2015 von der Bertelsmann Stiftung. Durch solche Veröffentlichungen wird auch das Employer Branding gestützt (Lemmer, 2011).

All das kann nur aber erreicht werden, wenn das Gesundheitsmanagement in die Unternehmensprinzipien eingebunden ist und in der Führungskultur gelebt wird. Dafür muss in der Unternehmensleitung jemand die Verantwortung übernehmen. Bei Phoenix Contact ist es der Geschäftsführer für Personal.

Unterstützung durch Arbeitszeitmodelle

Arbeitszeitmodelle dienen der Work-Life-Balance, weil sie dabei helfen, Arbeit und privates Leben besser miteinander zu vereinbaren. Auf der einen Seite braucht ein Unternehmen eine hohe Flexibilität, um auf dem globalen Markt schnell reagieren zu können. Auf der anderen Seite müssen die Arbeitszeitmodelle den Bedürfnissen der Mitarbeiter und ihrer privaten Zeitgestaltung entsprechen. Hier entsteht ein Spagat, der nicht immer optimal erreicht werden kann. Daher sind pragmatische Modelle gefragt.

High-Potentials wünschen sich Freiraum und Eigenverantwortung bei der Arbeit. Daher sollten Arbeitszeitmodelle mit einem großen täglichen Zeitkorridor, ohne Kernzeiten und feste Pausen, eingerichtet werden (Olesch, 2011). So hat der Mitarbeiter die Freiheit, entsprechend der Auftragssituation sowie seiner Bedürfnisse seine Arbeitskraft einzusetzen.

- Gleitzeit und Zeitkonten: Im Unternehmen gibt es einen Gleitzeitkorridor 1, in dem die meisten Angestellten tätig sind. Er beginnt um 6 Uhr, endet um 20 Uhr und bietet einen Freiraum von 14 Stunden. Im Gleitzeitkorridor 2 beginnt die Arbeitszeit um 12 Uhr und endet um 22 Uhr. Hier sind primär Mitarbeiter tätig, die mit Partnern in anderen Zeitzonen als der mitteleuropäischen zusammenarbeiten – vorausgesetzt die Kundensituation lässt es zu. Alle Mitarbeiter haben in der Regel einen Arbeitskontorahmen von plus/minus 70 Stunden, der auf plus/minus 140 Stunden ausgeweitet werden kann. Dabei arbeiten High-Potentials primär mit einer 40-Stunden-Woche als Alternative zur 35-Stunden-Woche. Wenn seitens eines Mitarbeiters der Wunsch besteht, ein größeres Zeitkonto aufzubauen, so kann er das bei seinem Vorgesetzten anmelden. Wenn die betriebliche Situation es zulässt, kann er sich pro Jahr 210 Stunden zusätzlich ansparen, um eine Auszeit zum Beispiel für einen verlängerten Urlaub, für den Hausbau oder für die Pflege von Angehörigen zu nehmen.

- Teilzeit und Jobsharing: Um Mitarbeitern Freiraum zu bieten, wird auch Teilzeitarbeit mit Job Sharing angeboten. Voraussetzung ist dabei, dass die Bedürfnisse von Kunden und Geschäftspartnern erfüllt werden und ein gemeinsamer Arbeitsplatz mit einer anderen teilzeitnehmenden Person genutzt wird. Es gibt zwei Möglichkeiten: In einer Vier-Tage-Woche werden pro Tag durchschnittlich sieben Stunden und in der Woche somit 28 Stunden gearbeitet. Bei einer Turnusteilzeit findet ein wöchentlicher Mitarbeiterwechsel an einem Arbeitsplatz statt.

- Telearbeit: Mitarbeiter, deren Aufgaben nicht generell eine Ortspräsenz erfordern, können auch zu Hause tätig sein. Das gilt beispielsweise für Hardware-, Software- sowie Konzeptentwickler oder auch Mitarbeiter im Außendienst. Wichtig ist das notwendige Equipment wie Notebooks, um diese auch im Homeoffice nutzen zu können. Dadurch wird den Mitarbeitern ein Freiraum geschaffen, betriebliche und private Interessen in eine Ausgewogenheit zu bringen. Viele Mütter und auch Väter nehmen es wahr, um sich um ihre Kinder zu kümmern.

Literatur

Frickenschmidt, S./Quenzler, A. (2012): Wahre Schönheit kommt von innen. In: Personalführung, Nr. 8, 2012.

Lemmer, R. (2011): Wertvolles Gütesiegel. In: Personal, Nr. 2, 2011.

Olesch, G. (2010): Erfolgreich im Personalmanagement. Bachem Verlag.

Olesch, G. (2011): Innovation durch Human Resources und Unternehmenskultur. In: Innovationsfähigkeit sichern. Hrsg.: Happe, G.; Gabler Verlag.

Olesch, G. (2016 a): Der Weg zum attraktiven Arbeitgeber. Haufe Verlag, 2. Auflage 2016.

Olesch, G. (2015): Personalstrategie als Erfolgstreiber. In: Praxishandbuch Personalmanagement, Hrsg.: Wagner, D.; Haufe Verlag.

Olesch, G. (2016 b): Unternehmenserfolg durch Mitarbeiter- und Führungsprofile. In: Personalwirtschaft, Nr. 01, 2016 b.

Chancen für Männergesundheit bei gendersensibler Gestaltung des BGM

Dr. Klaus Mucha, Diplom-Psychologe, Beauftragter für Betriebliches Gesundheitsmanagement, Suchtprävention und Ergonomie, Bezirksamt Tempelhof-Schöneberg, Berlin

Scheinbare Männerprivilegien, wie bessere Bezahlung, Vollzeit-Dauerstellen, mehr Leitungsstellen, werden teuer bezahlt – unter anderem mit größerem Gesundheitsverschleiß und entsprechend kürzerer Lebenserwartung. Männergesundheit darf aber nicht isoliert in der Arbeitswelt betrachtet werden. Männer sind auch Lebenspartner und Väter. Erst die Balance zwischen subjektiv unterschiedlichen und subjektiv unterschiedlich wichtigen Lebensbereichen trägt zur Gesundheit oder zum Kranksein von Männern bei. Es kommt darauf an, Geschlechterungerechtigkeit zu beseitigen und das Arbeitsleben geschlechtergerecht zu teilen.

Einleitung

Was kann gendersensibel gestaltetes Betriebliches Gesundheitsmanagement (BGM) leisten? Schon der Blick über den Bauch(nabel) der Männer hinweg Richtung Frauen ist ein Fortschritt für Gesundheit von Männern und Frauen am Arbeitsplatz, aber Adam und Eva arbeiten ja nicht nur, sondern es gibt ja noch mehr Stunden als den Acht-Stunden-Arbeitstag. Diesen Horizont soll der folgende Beitrag ausleuchten.

Frauen waren hinsichtlich Gesundheit Männern schon immer um Jahre voraus. Was sagt uns Eva heute?

- Will sie, dass Adam endlich täglich oder wenigstens dieses erste Mal Obst (aus regionalem ökologischem Anbau) zu sich nimmt?
- Wusste sie nicht schon längst: »An apple each day keeps the doctor away«? Ging es gar nicht um die Verführung (zum Ein-Fleisch-Sein, 1. Mose 2, 24)?
- Warum blieb Adam das abgebissene Stück Apfel im Halse stecken (Adamsapfel, Schildknorpel des Kehlkopfs, Prominentia laryngea, ist bei Männern deutlicher ausgeprägt als bei Frauen)?
- Hatte Adam schon zu biblischen Zeiten Widerstand gegenüber gesunder Lebensführung und hielt Obst eher für Nahrung für Frauen und Kinder oder Kranke? Männer brauchen Currywurst, zumindest in Berlin, oder wenn Apfel, dann flüssig als Appelkorn?

Führt uns also die Frage nach den Chancen für Männergesundheit zurück zu den Ursprüngen, zur Genesis? Ging und geht es um die Verständigung, um lesbare Ich-Botschaften zwischen Adam und Eva? Wenn sie sich nur endlich dazu bekennten, dass sie von unterschiedlichen Planeten kommen (angeblich Mars und Venus, wobei es auch umgekehrt sein darf). Entscheidend wäre ja, dass sie sensibel und konstruktiv damit umgingen und Gendergerechtigkeit zum gemeinsamen Ziel erklärten. Es kommt nicht darauf an, irgendwelche planetarischen Biografien zu verteufeln, sondern bewusst sensibel mit Lebensgeschichten und unterschiedlichen Sozialisationen und auch ein paar kleinen biologischen Unterschieden umzugehen. Weit reichende Unterschiede geschlechtsspezifischer Art sind laut Hells (2016) schon im Säuglingsalter zu beobachten, und das bedeutet jenseits der Sozialisation (ebd.).

Männergesundheit in der Arbeitswelt
Die Fakten sind bekannt und nachlesbar (Weißbach/Stiehler, 2013, Jacobi, 2002). Hanisch (2005) beschreibt eindrucksvoll, wie Erwerbsarbeit als männliche Sinnstiftung sich im 19. Jahrhundert entwickelte und eine zentrale Quelle männlicher Identität wurde. Das setzte sich im 20. Jahrhundert fort. Im Zuge der Globalisierung des neoliberalen Kapitalismus begann sich der organisierte zum flexiblen Kapitalismus zu verändern (ebd.), was einherging mit der Zunahme prekärer Arbeitsverhältnisse nicht nur für Frauen, sondern auch für Männer. »Der flexible Mensch« (so der Buchtitel von Sennett) wird gebraucht, was der menschlichen Psyche widerspricht, die Verlässlichkeit, Sicherheit, Identifikation braucht (Sennett, 1998a; Westermayer/Mucha, 2008). Prekär wurden nicht nur die Arbeitsverhältnisse, sondern wurde auch das männliche Selbstbewusstsein, das aus der Arbeit entsprang (Hanisch, 2005).

Wenn Männergesundheit wirklich eine Chance bekommen soll, dann müssten programmatische Vorhaben wie Gender-Mainstreaming im Betrieblichen Gesundheitsmanagement (Handreichung der Senatsverwaltung für Inneres Berlin, 2006) viel überzeugender umgesetzt werden, wobei ja nicht Frauenförderung plus Männerförderung gemeint sein darf, sondern echte Geschlechtergerechtigkeit und geschlechtersensible Gestaltung des Arbeitslebens als Renaissance einer Humanisierung der Arbeitswelt.

Scheinbare Männerprivilegien, wie bessere Bezahlung, Vollzeit-Dauerstellen, mehr Leitungsstellen, werden teuer bezahlt mit »vaterlosen« Kindern beziehungsweise »abwesenden« Vätern, größerem Gesundheitsverschleiß und entsprechend kürzerer Lebenserwartung und erweisen sich als tragische Lebensfallen. Das scheinbar »starke« Geschlecht dopt sich am Arbeitsplatz (DAK Gesundheitsreport, 2009), um höhere Leistung zu bringen. Die durch psychische Störungen bedingten Fehlzeiten haben laut erstem und einzigem Männergesundheitsbericht (Weißbach/Stiehler, 2013) zugenommen, und zwar deutlich stärker bei Männern als bei Frauen. Es ist ein großes Verdienst der Stiftung Männergesundheit, endlich die psychische Gesundheit von Männern in den Mittelpunkt zu rücken. Es geht darum, auch das Arbeitsleben geschlechtergerecht zu teilen. Nur so werden Männer und Frauen ausbalanciert arbeiten und leben und ihre Gesundheit erhalten (Mucha, 2008).

Zur Lage von Vätern

Männergesundheit darf nicht isoliert in der Arbeitswelt betrachtet werden. Männer sind auch Lebenspartner und Väter. Erst die Balance zwischen subjektiv unterschiedlichen und subjektiv unterschiedlich wichtigen Lebensbereichen trägt zur Gesundheit oder zum Kranksein von Männern bei. Ein 2016 erschienenes Schwerpunktheft des Deutschen Jugendinstituts (DJI Impulse Nr. 112) mit dem Titel »Neue Väter: Legende oder Realität?«, das erstaunlicherweise fast ausschließlich von Frauen gemacht ist, fächert sehr differenziert auf, in welcher psychischen Lage sich Väter befinden. Björn Süffke (2008) hält es in einer persönlichen Mitteilung an den Autor auch für interessant, dass die Resonanz auf das Buch gerade bei Frauen sehr positiv sei.

Viele Väter möchten mehr Zeit mit der Familie verbringen, bleiben aber in der alten Ernährerrolle verhaftet (Possinger, 2016). Die Fakten, die Possinger aus verschiedenen Quellen zusammenträgt, sind erdrückend: 60 Prozent der Eltern entscheiden die erzieherische Arbeitsteilung (Kinderbetreuung), Teilzeit- oder Elternzeit nach ökonomischen Gesichtspunkten (Allensbach, 2015, zitiert nach Possinger, 2016). Der »Gender Pay Gap« schlägt voll durch. Holst hält fest, dass selbst in Führungspositionen Frauen zu 27 Prozent schlechter bezahlt werden als Männer (Holst u.a., 2015). Hinzu kommen traditionelle Geschlechternormen:

- Fast 40 Prozent der Deutschen halten Frauen für besser geeignet in der Kindererziehung als Männer.
- Über 60 Prozent denken, Frauen könnten kranke Kinder besser pflegen (Bild der Frau, 2013, zitiert nach Possinger, 2016).
- Nur elf Prozent der Männer mögen es, wenn Frauen Karriere machen.
- 77 Prozent der Frauen wollen, dass der Mann beruflich kompetent ist und die Familie versorgen kann (Bundesministerium für Familie, Senioren, Frauen und Jugend, 2014, zitiert nach Possinger, ebd.).

Meuser (2016) ist der Auffassung, dass sich der neue Vater erst entpuppe. Er konstatiert eine große Distanz zwischen Anspruch und Verhalten, dennoch seien heute viele Väter daheim sehr präsent (ebd.). Mütter fühlten sich unter Umständen bedroht in ihrer familiären »Definitionsmacht«, wenn Väter sich mehr engagierten. Dann zeigten Frauen »mütterliches Gatekeeping«. Interessant ist sein Bericht (ebd., S. 10) über US-amerikanische Studien, die zeigten, dass Veränderungen der Geschlechterverhältnisse nicht von der gebildeten Mittelschicht ausgingen, sondern aus ökonomischen Gründen: Nicht so gut qualifizierte Männer können ihre Familien nicht mehr allein ernähren, sondern die Berufstätigkeit und das Einkommen der Frauen sichern erst zusammen mit der/dem des Mannes die Familie materiell ab. Deshalb entwickelten sich eher in diesen Schichten Veränderungen.

Dialektik von Sein und Bewusstsein

Koppetsch/Speck 2015 haben bei ihrer Untersuchung von heterosexuellen Paaren, bei denen die Frau die finanzielle Familienernährerin war, drei Milieus (Speck, 2016) unterschieden, die wohl deutlich machen, wie Sein und Bewusstsein in langfristigen Auseinandersetzungsprozessen stehen.

- Im traditionalen Milieu, in dem Frauen meist in einfachen Dienstleistungsberufen beschäftigt (ebd.) sind (z. B. Frisörin) werde Arbeitslosigkeit des Mannes als Krise erlebt. Es verändere aber nichts an den Leitbildern. Es werde an der Ordnung festgehalten, dass der Mann der Ernährer sein solle. Diese Ordnung solle wieder hergestellt werden.
- Im familistischen Milieu zeigt sich der innovativste Umgang mit der Erwerbskrise des Mannes. Hier fände tatsächlich ein Rollentausch statt, wenn die Frau Familienernährerin sei (ebd.). Speck erklärt das mit der in diesem Milieu von Mann und Frau gemeinsam getragenen Idee von der Gleichwertigkeit oder sogar Höherwertigkeit von Selbstverwirklichung in Familien- und Hausarbeit im Vergleich zur Erwerbsarbeit. Dieses Bewusstsein und bewusste so Sein scheint das unerschütterliche Fundament zu bilden, auch wenn sich in der Arbeitswelt des Mannes etwas gravierend ändern sollte.
- Demgegenüber erscheint das »individualisierte Milieu« (ebd.), in dem Frauen in gut bezahlten Berufen arbeiteten und Männer Kreative, Künstler, Geisteswissenschaftler in prekären Arbeitsverhältnissen seien – beide haben den »Lebensschwerpunkt außerhalb der Familie« (ebd.) – eine idealistische Seifenblase aus hoch bewerteter individueller Unabhängigkeit und Selbstverwirklichung zu sein, in der Mann und Frau so lange gefangen bleiben, bis sie materiell platzt.

Was heißt das für Männer- (und auch Frauen-) Gesundheit im Sinne Geschlechtersensibilität?

Zerle-Elsäßer und Li (2016) stellen das »Vereinbarkeitsdilemma« dar, unter dem Männer leiden, weil sie sich im Konflikt befinden zwischen Arbeit und Familie: konkret zu viel Arbeit und zu wenig Zeit für ihre Kinder und Frauen. Deutsche Lösungen wie das Elterngeld helfen wenig. Da verspricht ein Blick über den Gartenzaun zum Beispiel in die Niederlande mehr, den Jurczyk (2016) ermöglicht. Sie spricht sich dafür aus, an der Organisation des gesamten Lebenslaufs anzusetzen und geschlechtlich konnotierte Muster von Normalbiografien abzuschaffen. Stattdessen sollten »Ziehungsrechte« (ebd.) den Beschäftigten die Option für Freistellungen über die gesamte Erwerbsbiografie hinweg ermöglichen. Explizit fordert Jurczyk darüber hinaus gesunde Arbeitsbedingungen. Und über den nächsten Gartenzaun geblickt, entdeckt man den Beweis für die alte Erkenntnis, die Menschen dort abzuholen, wo sie sich befinden: In Großbritannien, so Liel, konnte die Beteiligung von Vätern an Elternprogrammen gesteigert werden, indem die Akquise in Kneipen betrieben wurde (Liel, 2016).

Adler/Lenz (2016) zeigen, dass geschlechtsspezifische Normen und neoliberale Arbeitsbedingungen dafür verantwortlich seien, dass immer noch eine Kluft zwischen Wunsch und Wirklichkeit klafft. Erforderlich seien der Abbau des Maternalismus und eine väterfreundliche Arbeitswelt (ebd.). Theunert (2015) merkt an, dass es ein erweitertes, ein relationales Verständnis von Gleichstellungspolitik und Gender Mainstreaming brauche, welches frauenspezifische, männerspezifische und geschlechterübergreifende Teilstrategien unter einem gemeinsamen Dach zu verbinden weiß, wenn Jungen, Männer und wirklich als Teil der Lösung – und nicht nur als Teil des Problems – betrachtet und als Handelnde angesprochen werden sollen. Dem kann ich nur zustimmen.

Eigene empirische Untersuchungsergebnisse
(Geschlechtsspezifische) Ergebnisse aus zwei Mitarbeiterbefragungen (Mucha, 2011) werfen ihrerseits vielfältige Fragen auf, die in Workshops mit den Befragten zu diskutieren waren, um daraus einerseits bereichsspezifische Maßnahmen abzuleiten und umzusetzen. Geschlechtsspezifische Aspekte spielten dabei eine untergeordnete Rolle, obwohl zum Beispiel explizit für in der Hierarchie unten stehende, ungelernte, ältere Frauen in einem Bereich gezielt eine Maßnahme umgesetzt wurde. Es ging und geht bei verhältnisorientiertem Betrieblichen Gesundheitsmanagement (BGM) vornehmlich um die Verbesserung von Arbeitsbedingungen im Sinne des Arbeitsschutzgesetzes oder der Gemeinsamen Deutschen Arbeitsschutzstrategie und nicht so sehr um Befriedigung von Selbstoptimierungs-Bedürfnissen, zum Beispiel Ermäßigung von Fitnessclubbeiträgen. Andererseits kommt der intensiven Auseinandersetzung mit den Befragungsergebnissen in den Workshops und Gesprächen mit Führungskräften große bewusstseinsverändernde Bedeutung oder doch zumindest Sensibilisierungsrelevanz zu.

Männer schätzten bei der Mitarbeiterbefragung (MAB, 2005) im Bezirksamt Tempelhof-Schöneberg von Berlin die Arbeitsplatzunsicherheit signifikant größer ein als Frauen. Das kann als ein Zeichen der höheren Bedeutung, einen sicheren Arbeitsplatz zu haben, interpretiert werden, die Männer in ihrer Männerrolle oder auch (Familien-)Ernährerrolle empfinden. Alle anderen Gesundheitsgefährdungen, wie Zeitdruck, störende Unterbrechungen, fachliche Überforderungen, physikalische und ergonomische Umgebungsbelastungen, werden von Männern und Frauen ähnlich eingeschätzt.

Die Gesundheitspotenziale Identifikation, Information und Beteiligung, Arbeitsorganisation, faire Beurteilung, fachliche Unterstützung durch Führung, Arbeitsklima nehmen Frauen signifikant positiver wahr als Männer (ebd.). Es wundert deshalb auch nicht, dass der zentrale Gesundheitsindikator »Arbeitsfreude« bei Frauen stärker messbar ist als bei Männern. Allerdings empfinden sie hochsignifikant mehr psychische Erschöpfung und körperliche Beeinträchtigungen (Kopf-, Rücken-, Nackenschmerzen) als Männer.

Inwiefern hier Mehrfachbelastungen von Frauen zum Ausdruck kommen und Arbeitsfreude aufgrund von Teilzeit-Abwechslung zur Familienarbeit empfunden wird, kann nur vermutet werden. Männern geht es jedenfalls am Arbeitsplatz hinsichtlich der Gesundheitspotenziale und dem wichtigen Indikator »Arbeitsfreude« nicht so gut. Leider sind keine vertieften Befragungen hinsichtlich möglicher unerfüllter Familien- und Vaterbedürfnisse durchgeführt worden.

Der prozentuale Anteil der Männer, die im höheren Dienst arbeiten, ist fast doppelt so hoch wie bei den Frauen (MAB, 2010). Fast die Hälfte der Männer hat Führungsaufgaben, Frauen nur zu einem Drittel (ebd.). 50,7 Prozent der Frauen sind teilzeitbeschäftigt, Männer nur zu 11,8 Prozent (ebd.). Diese Fakten zeigen, wie weit zumindest dieser Teil der Arbeitswelt von Gendergerechtigkeit und Work-Life-Balance entfernt sein dürfte. 46 Prozent Männer und 49 Prozent Frauen geben an, Kinder oder eine andere Person (zehn Prozent bzw. 19 Prozent) zu betreuen (ebd.). Vielleicht könnte das ein Hinweis sein auf die auch bei Männern tatsächlich empfundene Mehrfachbelastung oder zumindest auf das Leiden unter Rollenerwartungen, zumal auch nicht Teilzeitbeschäftigte in 35 Prozent der Fälle Betreuungsaufgaben wahrnehmen (ebd.).

Leider lassen sich die Ergebnisse der beiden Mitarbeiterbefragungen nicht völlig vergleichen, weil der Standardfragebogen der Berliner Verwaltung, der 2010 verwendet wurde, sehr wohl auf dem Fragebogen zur Diagnose betrieblicher Gesundheit der Gesellschaft für Betriebliche Gesundheitsförderung (BGF Berlin GmbH) basiert, der 2005 zum Einsatz kam, aber nicht identisch ist. 2010 gibt es keinen signifikanten geschlechtsspezifischen Unterschied in den »Skalen zu Wohlbefinden«, die Tendenz von 2005 ist gerade noch erkennbar. Frauen fühlen sich wohler hinsichtlich Arbeitsfreude und Arbeitszufriedenheit, während der allgemeine Gesundheitszustand, insbesondere die somatischen Beschwerden, eher schlechter ist als die Selbsteinschätzung der Männer (MAB, 2010).

Interessante geschlechtsspezifische Ergebnisse
Geschlechtsspezifische Ergebnisse liegen hinsichtlich der Zusammenhänge von Work-Life-Balance, Gereiztheit und negativer Gesundheit vor.

- Bei Frauen gibt es die deutlichste negative Korrelation (-.39) zwischen Gereiztheit und Work-Life-Balance.
- Bei Männern ist diese Korrelation nur schwach (-.21), wie übrigens alle Korrelationen gesundheitlicher Beschwerden mit der Skala Work-Life-Balance bei Männern (ebd.). Diese Skala erklärt bei Männern nicht viel über deren gesundheitliche Beschwerden beziehungsweise Männergesundheit.
- Die stärkste Korrelation bei Männern gibt es zwischen Transparenz und negativer Gesundheit (-.44, ebd.), gefolgt von -.42 zwischen Arbeitsorganisation und negativer Gesundheit (ebd.). Transparenz und gute Arbeitsorganisation sind also für Männer hinsichtlich des Fehlens gesundheitlicher Beschwerden am Arbeitsplatz entscheidendere Ressourcen als Work-Life-Balance.

Geschlechtsspezifische Unterschiede lassen sich feststellen hinsichtlich der Zusammenhänge von Belastungen und gesundheitlichen Beschwerden: Während Frauen gereizt reagieren unter Zeitdruck und sozialen Belastungen im Bürgerkontakt (Korrelationen von .38 bzw. .40), führen bei Männern umgebungsbedingte Belastungen zu somatischen Beschwerden und negativer Gesundheit (Korrelationen von .46 bzw. .47, ebd.). Männer sind eher ganztags am Arbeitsplatz. Möglicherweise ist das die Erklärung für diese hohen Korrelationen.

Wohlbefinden am Arbeitsplatz hängt für Männer und Frauen mit der Ressource Anforderungsvielfalt zusammen:
- Bei Frauen gibt es hier die hoch signifikanten Korrelationen mit Arbeitsfreude (.65) und positiver Gesundheit (.66, ebd.), bei Männern ebenfalls hoch signifikant (.61 bzw. .64, ebd.).
- Die Ressource Work-Life-Balance korreliert zwar signifikant mit Arbeitszufriedenheit, aber deutlich schwächer (.40 bei Frauen und .30 bei Männern).

Welche Belastungen spielen für Wohlbefinden eine Rolle? Bei Männern korrelieren hoch signifikant mit Arbeitszufriedenheit:
- Informationsdefizite (-.46),
- umgebungsbedingte Belastungen (-.41) und
- soziale Belastungen im Bürgerkontakt (-.41).

Für Frauen gibt es überhaupt keine hoch signifikanten Korrelationen, aber auch bei ihnen korreliert Arbeitszufriedenheit signifikant mit umgebungsbedingten Belastungen (-.34, ebd.). Diese Belastungen korrelieren mit dem identischen Wert mit dem allgemeinen Gesundheitszustand, mit positiver Gesundheit (-.33) und mit Arbeitsfreude (-.31) (ebd.). Und mit diesem identischen Wert korreliert »Behinderungen durch unzureichende Ausstattung« mit Arbeitszufriedenheit. Umgebungsbedingten Belastungen sollte also eine größere Aufmerksamkeit gewidmet werden.

Ein sensationelles geschlechtsspezifisches Ergebnis gilt es zu erwähnen, und zwar hinsichtlich des Beteiligtseins beziehungsweise Betroffenseins als Führungskraft mit Mobbing. Bei der Berliner Polizei sind 81 Prozent der befragten Führungskräfte gar nicht mit Mobbing befasst (Mucha, 2012). Hier gibt es einen identischen Wert für Frauen und Männer. Aber während sich die jeweils restlichen 19 Prozent bei Männern aufteilen (zehn Prozent in der Funktion als Vorgesetzter, sieben Prozent als Opfer, ein Prozent als Opfer und Täter, ein Prozent als Täter), gaben Frauen als Führungskräfte an, wenn sie mit Mobbing zu tun hatten, dann ausschließlich als Opfer, also die kompletten 19 Prozent. Eine zur Verschlusssache erklärte und mit Sperrvermerk versehene Bachelorarbeit (2013), die den Fragebogen (Mucha, 2012) als Wiederholungsbefragung einsetzte, kommt zu dem Ergebnis, dass Mobbing bei der Polizei kein Einzelfall sei und durchaus Unterschiede zwischen Männern und Frauen vorhanden seien.

Männer richtig ansprechen

Viele Wege führen nach Rom. Auch Männer müssen dort abgeholt werden, wo sie sich bewusstseinsmäßig befinden. Das kann die Raucherecke, der Fußballplatz oder die Betriebsfeier mit Alkoholausschank sein. Mit denjenigen ist zu arbeiten, die schon motiviert sind. Die Hoffnung bleibt, dass positive Modelle wirken und gewinnbringende Animation früher oder später doch Neugierde weckt. Persönliche Ansprache und warme Kommunikation anstelle von elektronischer oder papierener hat nachhaltigere Effekte.

Männer lassen sich leichter über Sport und Fitness ansprechen. Einige sind tatsächlich in Sportvereinen oder unorganisiert sportlich aktiv. 2006 wollten wir unsere männlichen Kollegen im Bezirksamt mit einem entsprechenden Fitness-Angebot und einer ansprechenden Einladung animieren, was aber nicht auf Resonanz stieß. Unabhängig von diesem offiziellen Angebot im Rahmen des Betrieblichen Gesundheitsmanagements (BGM) entwickelte sich eine regelmäßig über Jahre gut besuchte Fußballtruppe, die Freitagnachmittag meistens in einer Sporthalle, manchmal auch auf einem Fußballplatz kickte, ja sich sogar an Turnieren beteiligte. Wegen Arbeitsüberlastung und im Zuge des demografischen Wandels schlief diese Initiative wieder ein. Einige Teilnehmer (eine Frau war sporadisch auch dabei) spielten zusätzlich oder lieber beim SV Senat (Betriebssport) oder in Vereinen (zum Beispiel FC Internationale Berlin), auch längst über Ü 50.

Die Bundeszentrale für gesundheitliche Aufklärung hat diese Zeichen der Zeit erkannt und kooperiert mit dem Deutschen Fußballbund, um insbesondere Männer über 50 Jahren zu aktivieren. Die Empfehlung der Weltgesundheitsorganisation (WHO), sich wenigstens an fünf Tagen pro Woche mindestens eine halbe Stunde zu bewegen, verwirklichen nicht einmal ein Viertel der deutschen Männer.

Fazit und Ausblick

Natürlich ist es wichtig, Betriebliches Gesundheitsmanagement, Konflikt- und Suchtberatung und ergonomische Gestaltung der Arbeitsplätze geschlechtersensibel zu verwirklichen, aber man darf den Blick für das Ganze nicht aus den Augen verlieren. Andernfalls wäre der Schock groß, wenn mal die Lupe aus der Hand gelegt wird. Ähnliche Bauchschmerzen wegen des »Gender-Hype« äußert Schütz (2016), der den Blick auf die eigentlichen Probleme versperre. Gegen wen oder was, fragt er, richtet sich die Umerziehungspolitik und Gendergesinnungspolitik? Es gebe doch Sorgen, die wenig Anlass bieten, zwischen Mann und Frau zu unterscheiden. Und zumindest in diesem Punkt gebe ich ihm Recht, weil es hilft manchem Verantwortlichen – ein nicht selten krampfhaftes Diskutieren ums Gender-Klein-Klein – vorzüglich dabei, von wichtigen Baustellen abzulenken.

Es kommt nicht darauf an, Geschlechterverhältnisse zum hunderttausendsten Mal zu beschreiben, sondern Geschlechterungerechtigkeit zu beseitigen. Das heißt nicht: Männer dürfen nicht Sportschau gucken und dabei Bier trinken und Frauen nicht High Heels tragen und blond sein. Es kommt doch auf viel Wichtigeres an, nämlich gemeinsam zu erkennen und sich dagegen zu wehren, ausgebeutet zu werden und mehr oder weniger körperlich und psychisch krank zu werden. Es kommt darauf an, gemeinsame Handlungsperspektiven zu entwickeln (Bundesministerium, 2015), um sich aus Ungerechtigkeiten – und nicht nur Geschlechterungerechtigkeit – zu befreien. Wenn das erreicht ist, dann hätten wir endlich paradiesische Zustände und Adam und Eva würden gemeinsam Obstsalat genießen, den sie zubereitet hätte. Anschließend würde er das Geschirr spülen, sie vielleicht die defekte Sparlampe austauschen, er dem Töchterchen die Windeln wechseln.

Literatur

Adler, M. A./Lenz, K. (2016): Väter und Familienpolitik im internationalen Vergleich. DJI Impulse 112, 1, S. 32–38.

Bachelorarbeit (2013): Konflikte zwischen Männern und Frauen im täglichen Dienst. Mobbing. Hochschule für Wirtschaft und Recht Berlin, Fachbereich Polizei- und Sicherheitsmanagement. Berlin (nicht öffentlich).

Bundesministerium für Arbeit, Soziales und Konsumentenschutz der Republik Österreich (Hrsg.) (2015): Podiumsdiskussion »Vernetzung und Kooperation von Männer- und Frauenorganisationen«. In: Dasselbe: Männerpolitik. Tagungsdokumentation zur Internationalen Konferenz in Wien 2014. Eigendruck: Sozialministerium. S. 162–174.

Deutsches Jugendinstitut (2016): Neue Väter: Legende oder Realität? Impulse – Das Bulletin des Deutschen Jugendinstituts, Nr. 112, 1/2016. München.

DAK-Gesundheitsreport (2009): Doping am Arbeitsplatz. Eigendruck.

Hanisch, E. (2005): Männlichkeiten. Eine andere Geschichte des 20. Jahrhunderts. Wien: Böhlau.

Hell, B. (2016): Weit reichende Unterschiede: Welche Studien- und Berufsinteressen haben Frauen und Männer? Forschung & Lehre 23, 8, S. 700 f.

Jacobi, G. H. (2002): Praxis der Männergesundheit: Prävention, Schulmedizinische Fakten, Ganzheitlicher Zugang. Stuttgart: Thieme.

Jurczyk, K. (2016): Atmende Lebensläufe ermöglichen. DJI Impulse 112, 1, S. 14–17.

Krainz, U./Buchner, M./Strasser, I. (Hrsg.) (voraussichtlich 2017): Kritische Männerarbeit in Theorie und Praxis. Journal für Psychologie. (in Vorbereitung)

Liel, C. (2016): Wenig Hilfe für Väter. DJI Impulse 112, 1, S. 29–31.

MAB 2005: Mitarbeiterbefragung im Bezirksamt Tempelhof-Schöneberg von Berlin. Unveröffentlichter Gesamtbericht.

MAB 2010: Mitarbeiterbefragung im Bezirksamt Tempelhof-Schöneberg von Berlin. Unveröffentlichter Gesamtbericht.

Meuser, M (2016): Der neue Vater entpuppt sich erst. Interview, geführt von Birgit Taffertshofer. DJI Impulse 112, 1, S. 8–10.

Mucha, K. (1990): Rezension von Rotthaus, 1987, Erziehung und Therapie in systemischer Sicht. Dortmund. Familiendynamik 15, 2 »Soziale Elternschaft«, S. 178–180.

Mucha, K. (2002): Berliner Studie belegt Mobbing bei der Polizei. Aktuelles Interview mit dem Autor. Personalführung, 35, 3, S. 6–7.

Mucha, K. (2009): Chancen für Männergesundheit im Betrieblichen Gesundheitsmanagement durch Gender-Mainstreaming? Tübingen: Netzwerk Männergesundheit. Newsletter 29.

Mucha, K. (2011): Betriebliches Gesundheitsmanagement im Öffentlichen Dienst. In: Bamberg, Eva, Ducki, A./Metz, A.-M. (Hrsg.), Gesundheitsförderung und Gesundheitsmanagement in der Arbeitswelt. Ein Handbuch. Göttingen: Hogrefe. S. 581–593.

Mucha, K. (2012): Mobbing. Eine empirische Untersuchung. Saarbrücken: Südwestdeutscher Verlag für Hochschulschriften.

Mucha, K. (2012a): Von der betrüblichen Gesundheitsförderung zum Betrieblichen Gesundheitsmanagement. In: Bruder, K.-J. et al. (Hrsg.), Macht – Kontrolle – Evidenz. Gießen: Psychosozial-Verlag. S. 55–78.

Possinger, J. (2016): Gefangen in traditionellen Rollenmustern. DJI Impulse 112, 1, S. 4–7.

Schütz, M. (2016): Love me, Gender … Aufhören! Der Gender-Hype versperrt den Blick auf die eigentlichen Probleme des Wissenschaftsbetriebs. DIE ZEIT 18, zit. n. ZEIT-online 5.5.16.

Senatsverwaltung für Inneres Berlin (2006): Gendersensible Gestaltung des Betrieblichen Gesundheitsmanagements. Handreichung. Eigendruck. Berlin.

Sennett, R. (1998): Der flexible Mensch. Die Kultur des neuen Kapitalismus. Berlin: Berlin-Verlag.

Sennett R. (1998a): Der charakterlose Kapitalismus. ZEIT-Gespräch. DIE ZEIT Nr. 49, S. 28 f.

Speck, S. (2016) Zu schade für die Hausarbeit? Interview, geführt von Susie Reinhardt. Psychologie heute 43, 8, S. 12–15.

Süffke, B. (2008): Männerseelen. Ein psychologischer Reiseführer. Ostfildern: Patmos.

Weißbach, L./Stiehler, M. (Hrsg.) (2013): Männergesundheitsbericht 2013. Im Fokus: Psychische Gesundheit. Bern: Huber.

Westermayer, G./Mucha, K. (2008): Identifikation als Gesundheitspotenzial. Erfolgreiche Organisationsentwicklung mit dem »3 I's Konzept«. In: Busch, R., & Senatsverwaltung für Inneres und Sport Berlin (Hrsg.), Gesundheitsforum 2007. Dokumentation der 4. Tagung zum Betrieblichen Gesundheitsmanagement in der Berliner Verwaltung vom 12. November 2007. Schriftenreihe des Weiterbildungszentrums der Freien Universität Berlin, Bd. 5, Berlin: S. 65–99.

Zerle-Elsäßer, C./Li, X. (2016): Das Vereinbarkeitsdilemma. DJI Impulse 112, 1, S. 11–13.

Literatur

Alpers, Gabriele N.: Beanspruchungen, Ressourcen und Gesundheit von Mittleren Führungskräften, 244 Seiten, 51,95 Euro, Verlag Peter Lang 2013, ISBN 978-3-631-60474-8

Die Verantwortung von Vorgesetzten erstreckt sich nicht zuletzt auf das Wohlbefinden der Mitarbeiter. Wer aber kümmert sich um ihre eigene Gesundheit? Was sind die wichtigsten Beanspruchungen, was die Ressourcen von Führungskräften? Wie schätzen sie selbst ihre Gesundheit ein? Zu welchem Ergebnis kommt dagegen ein Check-Up beim Präventivmediziner? Die in diesem Buch dargestellten Untersuchungsergebnisse beantworten alle diese Fragen ausführlich. Die Befragung der Führungskräfte hat unter anderem auch ergeben, dass die allgemeinen Beanspruchungen in den letzten fünf Jahren im Durchschnitt gestiegen sind. Deswegen und in Anbetracht der demografischen Entwicklung sind sowohl ein durchdachtes individuelles wie ein umfassendes Betriebliches Gesundheitsmanagement unerlässlich.

Buchenau, Peter (Hrsg.): Chefsache Prävention I, 325 Seiten, 29,99 Euro, Springer Gabler 2014, ISBN 978-3-658-03612-6

Verantwortungsvolles Handeln im und mit dem eigenen Unternehmen bedeutet, auch Prävention zur Chefsache zu machen. Prävention ist hier nicht nur als Mittel zur Gewinnmaximierung zu verstehen, sondern nimmt das Wohlergehen eines Unternehmens als ein von Menschen bewegtes, lebendiges System in den Blick. 15 Unternehmensberater, Trainer und Coaches stellen ihre Erfolgsrezepte zum Thema Prävention vor und zwar bezogen auf ihr jeweiliges Spezialgebiet.

Celen, Laura: Geschlechterungleichheiten in Führungspositionen. Erklärungsansätze und Gestaltungswege zur Integration von mehr Frauen in Führungsetagen, 143 Seiten, 44,99 Euro, Verlag Studylab, ISBN: 978-3-946458210

Qualifiziertes Personal wird aufgrund des demografischen Wandels zunehmend knapper. Die Spitzenpositionen der Wirtschaft erweisen sich als überwältigende Männerdomänen. Frauen sind in den oberen Führungsetagen deutscher Unternehmen noch immer weitestgehend unterrepräsentiert – trotz ihrer enorm gestiegenen Qualifikation. Was sind die Ursachen für den Ausschluss von Frauen aus dem obersten Management? Die Autorin konzentriert sich auf die personal- und betriebswirtschaftlichen Erklärungsansätze. Dabei empfiehlt sie das Gender-Diversity-Management als ganzheitlichen Ansatz für Firmen, um vorhandene Potenziale zu erkennen und zu nutzen. Sie spricht weitere Handlungsempfehlungen aus, die die verschiedenen Bedürfnisse der Unternehmen berücksichtigen.

DIN e. V. (Hrsg.)/Stefan, Dr. Herold: Das Arbeitgeberhandbuch zum Betrieblichen Eingliederungsmanagement: Empfehlungen, Vorlagen und Checklisten zum gezielten Handeln, 220 Seiten, 78,00 Euro, Verlag Beuth, 2015, ISBN: 978-3-410251446

Nach §84 Abs. 2 SGB IX ist der Arbeitgeber zur Durchführung eines Betrieblichen Eingliederungsmanagements verpflichtet. Das neue Handbuch unterstützt den Arbeitgeber bei der Einführung und Umsetzung des BEM. Es zeigt sowohl die notwendigen Zusammenhänge zum Arbeitsschutz als auch weit reichende rechtliche Anforderungen und Konsequenzen auf. Die detaillierte Beschreibung der einzelnen Handlungsschritte ermöglicht ein schnelles, ressourcenschonendes und rechtsgültiges Vorgehen.

Drath, Carsten: Resilienz in der Unternehmensführung. Was Manager und ihre Teams stark macht. 464 Seiten, 35,95 Euro, 2014, Haufe-Lexware, ISBN: 978-3-648049471

Wer die Stärkung der Resilienz in den Fokus seiner Führung nimmt, kann sowohl eigene Widerstandsfähigkeit und Ausgeglichenheit sowie die seiner Mitarbeiter fördern und das subjektive Stressempfinden so vermindern. Basierend auf der Analyse langfristig erfolgreicher Unternehmen sowie aktuellen Erkenntnissen verschiedener Forschungsgebiete stellt der Autor Resilienz-Konzepte vor, die speziell für Führungskräfte relevant sind.

Härtl-Kasulke, Claudia: Personales Gesundheitsmanagement: Das Praxisbuch für Personalverantwortliche, Führungskräfte und Trainer, 384 Seiten, 39,95 Euro, Verlag Beltz, 2014, ISBN: 978-3407365569

Dieses Praxisbuch begleitet Personalentwickler, Führungskräfte und Trainer mit vielen konkreten Beispielen und Methoden bei der Umsetzung des personalen Gesundheitsmanagements. Nach den wichtigsten theoretischen Informationen erhalten die Leser einen guten Einblick in das Personale Gesundheitsmanagement durch konkrete Best-Practice-Beispiele. Sie erfahren, wie die Prozesse initiiert, gesteuert und erfolgreich im Unternehmen mit allen beteiligten Personen durchgeführt werden können. Es werden Lösungen für die individuelle und die organisationale Ebene vorgestellt. Die Methoden eignen sich sowohl für Trainer und Berater, die diese ihren Teilnehmern nahebringen wollen, als auch für Personalverantwortliche und -entwickler, die die Methoden gleich selbst anwenden möchten.

Hanisch, Ernst: Männlichkeiten: Eine andere Geschichte des 20. Jahrhunderts, 459 Seiten, 35,00 Euro, Verlag Böhlau Wien, 2005, ISBN: 978-3-205773146

Die wohl tiefste Krise der Männlichkeit breitete sich im 20. Jahrhundert aus. Nach einer Phase übersteigerter Virilität, nach den Exzessen männlicher Gewalt in zwei Weltkriegen, ethnischer Säuberungen und Genoziden, nach den Herausforderungen verschiedener Frauenbewegungen, mussten die Männlichkeitsbilder im letzten Drittel des 20. Jahrhunderts neu konturiert werden. Das Buch untersucht, am österreichischen Beispiel, die Veränderungen der Männlichkeitsrollen, ihre Dekonstruktion und Rekonstruktion konkret am historischen Material. Ernst Hanisch rekonstruiert die Veränderungen der großen Männlichkeitsrollen, des Kriegers, des Liebhabers, des Vaters, des Homo Fabers und Berufsmenschen, des Sportlers.

Holzträger, Doris: Gesundheitsförderliche Mitarbeiterführung, 275 Seiten, 29,80 Euro, Rainer Hampp Verlag 2012, ISBN 978-3-86618-815-0

Warum lohnt sich gesundheitsförderliche Mitarbeiterführung aus betrieblicher Sicht? Welche Rolle erfüllen die Führungskräfte im mittleren und unteren Management in der Betrieblichen Gesundheitsförderung? Wie sieht die Gestaltungspraxis von BGF-Maßnahmen für Führungskräfte aus? Wie kann eine gesundheitsförderliche Mitarbeiterführung effizienter ausgestaltet werden? Diesen Fragen geht die vorliegende Untersuchung durch eine Literaturanalyse und durch eigene Fallstudien zu ausgewählten Maßnahmen für Führungskräfte wie Gesundheit Check-up, Handbuch zur Umsetzung von Mitarbeitergesprächen und Zielvereinbarungen für Führungskräfte in nationalen Großunternehmen nach.

Jacobi, Günther et al. (Hrsg.): Praxis der Männergesundheit: Prävention, Schulmedizinische Fakten, Ganzheitlicher Zugang, 428 Seiten, 35,95 Euro, Verlag Thieme, 2002, ISBN: 978-3-131322319

Männer sind anders. Auch, wenn es um die Gesundheit geht, denn sie haben häufiger chronische Krankheiten, ein geringeres Gesundheitswissen, geben weniger Geld für Wellness, Gymnastik, Kuranwendungen aus, holen sich seltener Rat in Gesundheitsfragen bei Ärzten oder Vertretern anderer Heilberufe, haben eine sieben Jahre kürzere Lebenserwartung als Frauen, praktizieren häufiger Extremsportarten, setzen sich häufiger Risiken durch Nikotin, Alkohol und falscher Ernährung aus. In sehr anschaulichen und erfrischend praxisnahen Beiträgen nehmen über 60 Autoren Stellung zur Diagnostik der häufigsten Funktionsstörungen und Männerkrankheiten, zur Wiederherstellung der Männergesundheit, zu verbesserter Lebensqualität und zu mehr körperlicher Fitness, zu gezielter Prävention, zu Wellness und zu Maßnahmen des Anti-Aging, zur Männergesundheit in einem zukünftig umstrukturierten Gesundheitswesen.

Kobel, Bianca: Gendersensible Personalentwicklung – Frauen für die Führung gewinnen, 88 Seiten, 16,95 Euro, Carl-Auer Verlag 2016, ISBN 978-3-89670-999-8

Obwohl die Gleichstellung der Geschlechter seit 1999 gesetzlich verankert ist, hat sich der Frauenanteil in Führungspositionen bisher nur sehr langsam erhöht. Jetzt sind Unternehmen von der Politik aufgefordert, Frauen gezielt für Führungspositionen zu gewinnen und/oder dahin zu entwickeln. Diese Arbeit stellt einen Bezug zwischen der aktuellen politischen Debatte zum »Gender Mainstreaming« und der wirtschaftlichen Notwendigkeit her und beantwortet die Fragen mit lösungsorientierten, praxisnahen Konzepten und Instrumenten. Der systemische Ansatz bietet hierzu nicht nur wertvolle Methoden und Denkanstöße, sondern ist mit seinem Verständnis von Haltung und Reflexion am Puls der Zeit.

Koschwitz, Johannes: Gesunder Arbeitsplatz und betriebliche Gesundheitsförderung. Wie sich das Verhalten von Führungspersönlichkeiten auf Mitarbeiter auswirkt. (Akademische Schriftenreihe Bd.V295559), 1. Auflage 2015, 24 Seiten, Grin Verlag Berlin. ISBN: 978-3-656935278

Hierbei handelt es sich um eine Studienarbeit im Fachbereich Psychologie und Sozialpsychologie der FOM Hochschule für Oekonomie & Management. Die Arbeit beschäftigt sich mit dem Einfluss von Autoritätspersonen auf ihr Umfeld. Unter Betrachtung eines gesunden Arbeitsplatzes wird dies in Verbindung zur betrieblichen Praxis gestellt und mögliche Handlungsfelder werden aufgezeigt.

Lemke, Edwin/Williamson, Janice: Wertschätzung lernen: Ein Praxisbuch zum betrieblichen Gesundheitsmanagement und zum Selbstcoaching für Führungskräfte, 196 Seiten, 19,90 Euro, Books on Demand, 2. Auflage 2012, ISBN: 978-3-844819601

Diese Sammlung wertschätzenden Verhaltens stellt einen Werkzeugkoffer dar unter dem Gesichtspunkt, Wertschätzung zu erlernen. Wertschätzendes Verhalten ist oft knapp, weil Menschen nicht wissen, wie sie wertschätzen sollen – und deshalb manchmal schlechte Erfahrungen gemacht haben. Ziel der Autoren ist es, Hinweise und Informationen zu geben, damit der Leser sein erworbenes Wissen praktisch und erfolgreich in seiner (Arbeits-)Umgebung umsetzen kann. Ein weiteres Ziel der Autoren liegt darin, Führungskräfte, die ja Wohlbefinden, Gesundheit und Anwesenheit der Mitarbeiter beeinflussen, für diesen Prozess zu sensibilisieren. Dieses Buch gibt praktische Tipps für situative und individuelle Führung und dient als Informationsquelle und Ratgeber für Führungskräfte, die einen Unterschied machen wollen.

Matyssek, Anne Katrin: Für ein gesundes Unternehmen! Wie Sie als Geschäftsleitung das betriebliche Gesundheitsmanagement voranbringen, 52 Seiten, 9,90 Euro, Books on Demand, 2013, ISBN: 978-3-848260775

Was bringt der Geschäftsführung oder dem Vorstand ein Betriebliches Gesundheitsmanagement (BGM)? Nur wenn die Leitung hinter dem Gesundheitsmanagement steht, kann es wirklich ein Erfolg werden. Das Heft nimmt allen BGM-Akteuren einen Teil der Überzeugungsarbeit ab. Statt mit Geheimrezepten oder Wunderpillen aufzuwarten, zeigt es klar und ohne Schnickschnack, wie das gesamte Unternehmen von dieser Form der Organisationsentwicklung profitieren kann – angefangen bei der Geschäftsleitung.

Olesch, Gunther: Der Weg zum attraktiven Arbeitgeber: Employer Branding in der Unternehmenspraxis, 232 Seiten, 39,95 Euro, Haufe-Lexware, 2. Auflage 2015, ISBN: 978-3-648070659

Ein erfolgreicher Personalpraktiker zeigt innovative Wege für erfolgreiches HR-Marketing und gelungene Personalarbeit. Das Buch erklärt die Auswirkungen von Trendthemen wie Industrie 4.0, demografischer Wandel und Globalisierung auf das Personalwesen.

Ruckriegel, Karl-Heinz / Niklewski, Günter/Haupt, Andreas: Gesundes Führen mit Erkenntnissen der Glücksforschung – inkl. Arbeitshilfen online. 312 Seiten, 2014, 29,95 Euro, Haufe-Lexware; ISBN: 978-3-648055885

Führungskräfte sind täglich großen Herausforderungen ausgesetzt, zunehmend auch hohen psychischen Belastungen. Doch wie erreicht man dennoch ein sinnerfülltes (Berufs)Leben? Mit Erkenntnissen aus der aktuellen Glücksforschung sowie aus der Psychologie und der Managementlehre spannt das Buch einen faszinierenden Bogen: von der Analyse heutiger Arbeitsbedingungen und ihren gesundheitlichen Auswirkungen bis hin zu konkreten Handlungsempfehlungen für eine gesundheitsorientierte Betriebsführung. Im Fokus stehen dabei Gesundheit, Lebensqualität, Mitarbeitermotivation und Unternehmensproduktivität.

Schmidt, André: Strategisches Betriebliches Gesundheitsmanagement: Ein Balanced-Scorecard-Ansatz, 118 Seiten, 24,90 Euro, IbidemVerlag, 2015, ISBN: 978-3-838208367

Das bewährte Managementinstrument Balanced Scorecard unterstützt strategieorientiertes Handeln: Es übersetzt eine Strategie in ein ausgewogenes Ziel und Kennzahlensystem und schafft damit einen Rahmen für den Managementprozess. André Schmidt adaptiert den Balanced-Scorecard-Ansatz für das Betriebliche Gesundheitsmanagement. Er zeigt verschiedene Möglichkeiten auf, gesundheitsrelevante Themen in die Balanced Scorecard einzubinden, und beschreibt die Schritte zur Entwicklung einer an das Betriebliche Gesundheitsmanagement angepassten Balanced Scorecard. Ferner erläutert er, wie Unternehmen dieses Instrument in ihr Managementsystem integrieren und damit ihr Betriebliches Gesundheitsmanagement strategisch ausrichten und steuern können. Mithilfe des hier skizzierten Balanced-Scorecard-Ansatzes kann dieses dem zunehmenden ökonomischen Legitimationsdruck standhalten und die Zukunftsfähigkeit von Unternehmen in Zeiten des demografischen Wandels und einer sich verändernden Arbeitswelt sichern.

Schröder, Jörg-Peter: Gesunde Führung statt Burn-out: Vom starren Organigramm zum lebendigen Organismus, 224 Seiten, 24,99 Euro, steinbach medien network, 2013, ISBN: 978-3-869745008

Die Symptome in vielen Unternehmen sind gleich: Getrieben von Terminen und Effizienz geht Führungskräften oft die Orientierung für das Wesentliche verloren. Darunter leiden nicht nur die Ergebnisse, sondern auch alle Mitarbeiter; sie können ausbrennen und krank werden. Die Ursache erschöpfter Organisationen liegt häufig in der Führung. Vielen Führungskräften wird bewusst, dass sie nicht mehr so weitermachen können wie bisher. Die bisher vorherrschende Fokussierung auf Unternehmenszahlen und -erfolg haben unter anderem zu einem rapiden Anstieg arbeitsplatzbedingter Erkrankungen wie Burn-out geführt. Es ist an der Zeit, einen systemischen Transformationsprozess einzuleiten, um mit Herz und Seele sowie Verstand einen ernstzunehmenden Schaden für Unternehmen und die Gesellschaft abzuwenden. In diesem Umdenk-Buch wird dargestellt, wie gesunde Führung, Kreativität und Eigenverantwortung den Erfolg des Unternehmens anders ermöglichen kann und sich Unternehmen durch Schaffung einer gesunden Führungskultur zukunftsgerichtet reorganisieren können, um Stress und Burn-out vorzubeugen.

Spreiter, Michael: Burn-out-Prävention für Führungskräfte, 397 Seiten, 49,95 Euro, Haufe-Lexware, 2013, ISBN 978-3-648-03707-2

Internationalisierung, verstärkter Wettbewerb, Personalabbau – die steigenden Anforderungen an Unternehmen verlangen nach einem realistischen Weg für gesundheitsorientiertes und erschöpfungsvorbeugendes Arbeiten. Führungskräfte stehen dabei vor der Aufgabe, sich selbst vor einem Burn-out zu schützen und ihre Mitarbeiter dabei zu unterstützen, keine dauerhafte, massive Erschöpfung zu erleiden. Manager lernen hier einen aktiven, ressourcenorientierten Führungsstil kennen, um Burn-out erfolgreich vorzubeugen und mehr Leistungsfreude zu gewinnen.

Szebel-Habig, Astrid/Kaps, Rolf Ulrich: Mit Gender Management zum Unternehmenserfolg. Grundlagen, wissenschaftliche Beiträge, Best Practice, 304 Seiten, 39,95 Euro, Haufe Lexware, 2016, ISBN: 978-3-648080245

Trotz gewachsener Sensibilität für Geschlechterfragen verfügt die Mehrzahl der Unternehmen noch nicht über praktikable Vorgehensweisen, die eine gewinnbringende Integration der Geschlechterperspektive in betriebliche Prozesse gestattet. Als Unternehmensstrategie trägt Gender Management dazu bei, ungenutzte Leistungspotenziale auszuschöpfen und neue Märkte zu erschließen. Die Arbeitsmotivation wird gesteigert und die Mitarbeiterbindung erhöht. Dadurch verbessern sich die Unternehmenskultur und das Image nachhaltig.

Weißbach, Lothar /Stiehler, Matthias (Hrsg.): Männergesundheitsbericht 2013: Im Fokus: Psychische Gesundheit, 280 Seiten, 29,95 Euro, Hogrefe, 2013, ISBN: 978-3-456852690

Im Gegensatz zu den allgemein sinkenden Krankenständen haben die durch psychische Störungen bedingten Fehlzeiten zugenommen – und zwar deutlich stärker bei Männern als bei Frauen. Obwohl psychische Erkrankungen bei Männern auf dem Vormarsch sind, liegt der Schwerpunkt der Gesundheitsberichterstattung meist bei den Frauen. Diese Informationslücke schließt der zweite Männergesundheitsbericht aus dem Blickwinkel vieler wissenschaftlicher Disziplinen.

Wendling, Jochen: Werkzeugkasten für ein zukunftsorientiertes Betriebliches Gesundheitsmanagement (BGM). Oder die Antwort auf die Frage »Warum sich BGM für Unternehmen lohnt«, 122 Seiten, 48,00 Euro, Diplomica Verlag, 2009, ISBN: 978-3-836669351

Steigende Ausgaben im Gesundheitswesen, hohe Arbeitsausfallkosten bedingt durch Krankheit und der demografische Wandel haben dazu geführt, dass Unternehmen und Krankenkassen seit einigen Jahren versuchen die Bereiche Arbeit und Gesundheit besser in Einklang zu bringen. Das »Zauberwort« heißt BGM. Doch wie muss eine Gesundheitsförderung aussehen um den zukünftigen Herausforderungen der Arbeitswelt gerecht zu werden? Von der Arbeitsunfähigkeitsanalyse, dem Arbeitskreis gesundes Unternehmen über die Demografieberatung, der Ergonomischen Arbeitsplatzanalyse bis zu Präventionsangeboten u.v.m zeigt der Autor an Beispielen aus der Praxis, welche »Werkzeuge« für die Implementierung und die nachhaltige Durchführung von BGM in Unternehmen zur Verfügung stehen. Das Buch richtet sich an Manager, Personalentwickler, Wirtschaftswissenschaftler und Betriebsräte gleichermaßen.

Arbeitshilfen: Links, Checklisten, Übungen

Gesunde Führung

Führungskräfte beeinflussen durch ihr Führungsverständnis und -verhalten maßgeblich das Betriebsklima und die Unternehmenskultur. Gesundheits- und mitarbeitergerechte Führung hat unterschiedliche Facetten. Damit Mitarbeiter weder über- noch unterfordert werden, gilt es, ihnen die Arbeit richtig zuzuweisen und ihre Fähigkeiten und Interessen auszuschöpfen. Können sich Arbeitnehmer im Job auch persönlich entfalten, binden sie sich eher langfristig ans Unternehmen. Ob der Vorgesetzte für die Mitarbeiter zur Ressource oder zur Stressquelle am Arbeitsplatz wird, also positiven oder negativen Einfluss auf sie nimmt, liegt am Führungsverhalten. Eine gesundheitsorientierte Führung lohnt sich für alle Beteiligten, denn wertgeschätzte und motivierte Mitarbeiter sind leistungsbereit und engagieren sich in ihrem Job.

Zahlreiche Broschüren, Leitfäden und Videos helfen Arbeitgebern dabei, sich ein gesundheitsförderliches Führungsverhalten anzueignen:

- Ergo-Versicherungen: Gesunde Führung:
  www.ergo-online.de/html/arbeitsorganisation/fuehrung/gesunde_fuehrung.htm
- Unfallkasse Bund: Führungskräfte als Zielgruppe der Gesundheitsförderung:
  www.uk-bund.de/downloads/ws_westerhoff_folien_fuehrung_bmi_nov07.pdf
- Deutsche Gesetzliche Unfallversicherung: Führung und psychische Gesundheit:
  www.dguv.de/medien/inhalt/praevention/fachbereiche/fb-gib/documents/broschuere_fuehrung.pdf
- Männergesundheit:
  https://bundesforum-maenner.de/, www.maennergesundheitsportal.de/, www.netzwerk-maennergesundheit.de/, www.stiftung-maennergesundheit.de/start.html
- Männergesundheit:
  https://bundesforum-maenner.de/wp-content/uploads/2015/09/Theunert_MaennerpolitischePerspektivenArbeit.pdf
- Selbstführung und Selbstfürsorge:
  www.aok-business.de/baden-wuerttemberg/gesundheit/fuer-ihr-unternehmen/gesunde-fuehrung/
- Gesunde Führung:
  www.corporate-health-netzwerk.de/bgm-wissen/gesunde-fuehrung/

Die nachfolgende Checkliste zeigt Ihnen, ob Sie Gesundheit als Führungsaufgabe wahrnehmen. Bewerten Sie in der nachfolgenden Tabelle ihr Führungsverhalten zunächst einmal selbst. Dafür geben Sie sich auf einer Skala von 0 bis 5 Punkten die entsprechende Punktzahl:

0 Punkte:	Diese Anforderung erfülle ich gar nicht.
1 Punkt:	Diese Anforderung erfülle ich ein wenig.
2 Punkte:	Diese Anforderung erfülle ich unterdurchschnittlich.
3 Punkte:	Diese Anforderung erfülle ich durchschnittlich.
4 Punkte:	Diese Anforderung erfülle ich überdurchschnittlich.
5 Punkte:	Diese Anforderung erfülle ich voll.

Zählen Sie dann Ihre Punkte zusammen und tragen Sie ein. Die Maximalpunktzahl beträgt 150 Punkte. Ist die Selbstbewertung erfolgt, wählen Sie nun eine Anzahl von Personen, die eine Meinung zu Ihrem Führungsverhalten abgeben können. Entscheiden Sie sich dabei für eine gute Mischung aus Fans, neutralen Personen und Kritikern. Dort, wo dies möglich ist, können auch verschiedene Hierarchiestufen hinzugezogen werden. Erläutern Sie den Sinn und Zweck Ihrer Vorgehensweise, und bitten Sie um eine pointierte Bewertung im Bereich der hohen oder niedrigen Zahlen. Denn Mittelwerte bringen nicht weiter.

Checkliste: Gesundheitskompetenz		
Anforderung an das Führungsverhalten	**Selbst-bewertung**	**Fremd-bewertung**
Ich lobe und zeige Anerkennung bei guter Arbeit.		
Der Mitarbeiter kennt die Bereichsziele. Und er weiß genau, was dabei vom ihm erwartet wird.		
Ich gebe meinem Mitarbeiter passende Aufgaben, die Qualifikation und Entwicklungsziele berücksichtigen.		
Mir ist das Wohlergehen des Mitarbeiters wichtig. Ich zeige bei etwaigen Problemen Anteilnahme.		
Der Mitarbeiter hat die Möglichkeit, das zu tun, was er am besten kann.		
Ich teile wichtige Informationen ehrlich, klar und umfassend direkt mit.		
Ich fördere den Mitarbeiter in seiner beruflichen und persönlichen Entwicklung.		
Ich bitte den Mitarbeiter um Rat und Hilfe.		
Ich bin stets erreichbar und tausche mich aktiv mit meinem Mitarbeiter aus.		
Ich weiß um die private Situation meines Mitarbeiters.		

Checkliste: Gesundheitskompetenz		
Anforderung an das Führungsverhalten	Selbst-bewertung	Fremd-bewertung
Ich gebe ihm das Gefühl, dass ich darauf vertraue, dass er seine Aufgaben bewältigen kann.		
Ich erkenne, wenn mein Mitarbeiter belastet ist.		
Ich vereinbare Aufgaben und Ziele, die realistisch sind.		
Ich höre aufmerksam zugewandt zu, wenn mein Mitarbeiter über seine Arbeit spricht.		
Ich vertraue meinem Mitarbeiter und verzichte auf übermäßige Kontrolle.		
Ich habe genügend Zeit für den Mitarbeiter.		
Ich erkenne aufkommende Konflikte und sorge zügig für deren Bereinigung.		
Ich sorge aktiv für ordentliche Rahmenbedingungen am Arbeitsplatz meines Mitarbeiters.		
Ich hole mir regelmäßiges Feedback im Mitarbeitergespräch.		
Der Mitarbeiter darf Fehler machen.		
Ich achte auf gesundheitsförderliche Arbeitsbedingungen.		
Ich gebe meinem Mitarbeiter regelmäßige und zeitnahe Rückmeldungen zur Qualität seiner Arbeit.		
Ich nehme seine Meinungen bzw. Ideen ernst und wichtig. Ich sage das auch und lasse mich darauf ein.		
Ich bin stets freundlich und respektvoll zu meinem Mitarbeiter.		
Ich mache es meinem Mitarbeiter leicht, frei und unbefangen mit mir zu reden.		
Ich weiß, was bei Problemen zu tun ist (z.B. bei Mobbing oder Stress) oder welche Hilfen in Anspruch genommen werden können?		
Ich setze mich für gesundheitsförderliche Aktivitäten ein – und mache auch selbst mit.		
Ich bitte, schlage vor und lade ein, anstatt anzuweisen.		
Ich bedanke mich oft.		
Ich gebe meinem Mitarbeiter umfängliche Entscheidungsfreiheit bei der Erledigung seiner Aufgaben.		

Checkliste: Gesundheitskompetenz		
Anforderung an das Führungsverhalten	Selbst-bewertung	Fremd-bewertung
Ich bin in gesundheitsbezogenen Mitarbeitergesprächen (Konfliktgespräche) geschult und führen Sie diese bei Bedarf durch?		
Ich helfe dem Mitarbeiter, Lösungen selbst zu finden.		

Ermitteln Sie nun die Abweichungen zwischen Ihrer eigenen Bewertung und derjenigen Dritter. Tragen Sie die sich daraus ergebenden Erkenntnisse in das dementsprechende Feld ein. Beschäftigen Sie sich nun vorrangig mit den hinderlichsten Diskrepanzen. Suchen Sie nach Erklärungen – doch suchen Sie nicht bei anderen nach Gründen und Schuld, sondern bleiben Sie ganz bei sich selbst. Dort, wo dies möglich ist, können Sie Ihr Umfeld nach Ursachen fragen – und auch um Hilfe bitten. Dort, wo es dann hilfreich und nötig ist: Ändern Sie was!

Gesundheitskompetenz von Führungskräften

Jede Führungskraft ist sowohl für ihre eigene Gesundheitskompetenz – erkennbar am eigenen Gesundheitsverhalten – verantwortlich wie auch für die Integration des Gesundheitsmanagements in unternehmerische Prozesse und Strukturen. Die Sensibilisierung der Mitarbeiter für gesundheitsrelevante Themen beginnt beim vorbildlichen eigenen gesunden Verhalten. Die nachfolgende Checkliste erlaubt Ihnen eine Einschätzung Ihres persönlichen Gesundheitsverhaltens – umso mehr Aussagen Sie mit Ja beantworten können, umso besser werden Sie Ihrer Aufgabe als Führungskraft gerecht.

Checkliste: Gesundheitskompetenz	
Ich versuche meine Gesundheit zu fördern.	
Ich treibe regelmäßig Sport.	
Ich achte auf eine gesunde und abwechslungsreiche Ernährung.	
Ich rauche nicht.	
Ich nutze regelmäßig ärztliche Vorsorgeuntersuchungen.	
Ich suche bei Krankheit ärztlichen Rat.	
Ich bin selten arbeitsunfähig erkrankt.	
Ich achte auf ein gesundes Gleichgewicht zwischen Arbeit und Freizeit.	
Ich nutze aktiv Entspannungstechniken.	
Ich trinke keinen Alkohol.	

Checkliste: Gesundheitskompetenz	
Ich erkenne Anzeichen von Belastung und achte darauf.	
Ich mache einen jährlichen Erholungsurlaub.	
Ich mache das dienstliche Mobiltelefon am Wochenende und nachts aus.	
Ich achte auf Pausen und Bewegung bei der Arbeit.	
Ich arbeite an einem ergonomischen Arbeitsplatz.	

Erkennen von Stresssignalen bei Mitarbeitern

Stresszustände produzieren im Menschen und in seinem Verhalten deutlich wahrnehmbare Signale, die vor allem ernst zu nehmen sind, wenn sie häufig oder dauernd auftreten. Einzelne Signale können, müssen aber nicht, zwingend auf belastenden Stress hinweisen. Als Führungskraft sollten Sie diese Signale erkennen, um frühzeitig das Gespräch zu suchen. Welche der aufgelisteten Stresssignale haben Sie an Mitarbeitern Ihres Führungs-/ Verantwortungsbereich in den letzten drei Monaten beobachtet?

Notieren Sie für sich, bei welchen Einzelpersonen oder Gruppen Ihnen die Signale besonders auffallen. (Skala: 1 = praktisch nie; 2 = selten, d.h. etwa einmal pro Monat; 3 = manchmal, d.h. etwa einmal pro Woche; 4 = häufig, d.h. mehrmals pro Woche; 5 = dauernd)

Checkliste Stresssignale		1	2	3	4	5
1	Sie klagen über Gesundheitsstörungen wie Kopfschmerzen, Magenprobleme etc.					
2	Sie wirken lustlos, ohne Engagement.					
3	Sie isolieren sich voneinander.					
4	Sie reagieren ungeduldig, gereizt.					
5	Sie verhalten sich offen aggressiv.					
6	Sie verhalten sich verdeckt aggressiv (»Mobbing«).					
7	Sie arbeiten schlecht zusammen.					
8	Sie fügen sich nicht in das Team ein.					
9	Sie erbringen ungenügende Leistungen.					
10	Sie konsumieren Drogen (Alkohol, weiche/harte Drogen).					
11	Sie fehlen wegen Krankheit.					

Checkliste Stresssignale

		1	2	3	4	5
12	Sie produzieren Arbeits- und Beinaheunfälle.					
13	Sie verursachen Betriebsstörungen.					
14	Sie verursachen Kundenreklamationen.					
15	Sie kündigen.					

Je häufiger Sie die Spalten 3, 4 oder 5 angekreuzt haben, desto deutlicher weisen die Signale auf Stress hin. Falls Sie als Führungskraft aktiv sein wollen, um die gesundheitlichen und materiellen Folgen der Stresssignale abzumildern oder ganz zu vermeiden, können Sie folgende Maßnahmen ergreifen:

- Beobachten Sie in der nächsten Zeit Stresssignale besonders aufmerksam. Besprechen Sie Stressphänomene mit Kollegen, Vorgesetzten und Mitarbeitern.
- Versuchen Sie mögliche Ursachen für Stressentstehung zu identifizieren. Nutzen Sie dazu die Checkliste »Stressursachen« in diesem Buch.
- Organisieren Sie Workshops zur Bestandsaufnahme und Erarbeitung von Maßnahmen zur Stressprävention und zum Stressabbau.
- Suchen Sie nach einer neutralen, externen Anti-Stress-Beratung zur Unterstützung bei Stressanalyse, Planung, Realisierung und Kontrolle.

Ermittlung von Stressursachen

Stress kann verschiedene mögliche Ursachen haben, die zum Teil auch miteinander wirken und sich gegenseitig beeinflussen. Im Folgenden finden Sie eine Liste mit Faktoren der Arbeit und des Arbeitsumfeldes, die Stress bewirken und gesundheitlich sowie materiell Schaden anrichten können.

Notieren Sie für sich, welche der folgenden Aussagen zutreffen (Skala: 1 = tritt überhaupt nicht zu; 2 = trifft eher nicht zu; 3 = trifft teilweise zu; 4 = trifft überwiegend zu; 5 = trifft völlig zu)

Checkliste: Stressursachen		1	2	3	4	5
1	Die Arbeitsmenge ist erdrückend (nicht einfach viel Arbeit!).					
2	Für seriöse Planung und Organisation der Arbeit fehlt den Mitarbeitern die Zeit.					
3	Die gestellten Ziele und Aufgaben überfordern die Mitarbeiter fachlich.					
4	Die Mitarbeiter empfinden ihre Arbeit als langweilig.					
5	Die Arbeit entspricht nicht den eigentlichen Interessen und Neigungen der Mitarbeiter.					
6	Den Mitarbeitern fehlt die Herausforderung.					
7	Die Mitarbeiter können die Planung und Gestaltung ihrer Arbeit nicht beeinflussen.					
8	Die Mitarbeiter haben zu wenig Entscheidungsfreiheit.					
9	Die Mitarbeiter erhalten keine ausreichende Unterstützung.					
10	Es gibt ungelöste Spannungen und Konflikte.					
11	Die Vorgesetzten kommunizieren nur »von oben nach unten«.					
12	Die Mitarbeiter bekommen kein echtes Feedback (Anerkennung und konstruktive Kritik).					
13	Vorschläge, Anregungen und Kritik der Mitarbeiter werden nicht ernst genommen.					
14	Die Mitarbeiter arbeiten unter schlechten äußeren Arbeitsbedingungen.					
15	Die Mitarbeiter werden in ihrer Arbeit häufig gestört.					

Je häufiger Sie die Spalten 3, 4 oder 5 angekreuzt haben, desto deutlicher weist dies daraufhin, dass die Ursachen für Stress (auch) in der Arbeit beziehungsweise im Arbeitsumfeld begründet sind. Falls Sie als Führungskraft aktiv sein wollen, um die gesundheitlichen und materiellen Folgen von Stress abzumildern oder ganz zu vermeiden, können Sie folgende Maßnahmen ergreifen:

- Notieren Sie Ihre Beobachtungen und besprechen Sie diese mit den Mitarbeitern.
- Verschaffen Sie sich einen Eindruck, wie unternehmensseitig mit Stressprävention und -abbau umgegangen wird (dabei hilft die Checkliste Stressabbau).

- Organisieren Sie Workshops zur Bestandsaufnahme und Erarbeitung von Maßnahmen zur Stressprävention und zum Stressabbau.
- Wenn Sie für die Umsetzung Unterstützung brauchen, besprechen Sie sich auch mit Kollegen und Vorgesetzten.
- Suchen Sie nach einer neutralen, externen Anti-Stress-Beratung zur Unterstützung bei Stressanalyse, Planung, Realisierung und Kontrolle.

Übung: Lösung eines Mobbing-Konfliktes

Ein erst seit wenigen Monaten in der Kreditabteilung der Sparkasse in einer norddeutschen Mittelstadt tätiger Mitarbeiter hat den Personalleiter um ein Gespräch gebeten. Inhalt des Gespräches: Er werde in der Abteilung gemobbt. Anfangs habe er sich, aus einer Großbank in Sachsen in die Sparkasse gewechselt, mit allen Kollegen gut verstanden, aber in letzter Zeit sei »Sand ins Getriebe« gekommen. Zunächst sei er von Kollegen in seinem Fachgebiet unberechtigt kritisiert und von seinem Abteilungsleiter wegen seines Dialektes nicht mehr zu Kundengesprächen hinzugezogen worden. Bei sozialen Kontakten werde er nicht eingeladen, von gemeinsamen Kantinenbesuchen ausgeschlossen. Er habe versucht, das Verhalten der Kollegen anzusprechen, sei aber als »Geisterseher« gebrandmarkt worden. Danach hätten alle Kollegen eine Woche lang »als Strafe« nicht mit ihm gesprochen. Das habe ihn so mitgenommen, dass er wegen massiver Kopfschmerzen eine Woche krank gemeldet habe. Vom Abteilungsleiter sei er danach als »Simulant« bezeichnet worden. Er könne deswegen nicht mehr in der Abteilung arbeiten.

Die Aufgaben für den Personalleiter lauten:
1. Klärung des Sachverhaltes,
2. Erstellung eines Konfliktlösungsplans,
3. Einrichtung eines institutionalisierten Verfahrens.

Bitte versuchen Sie, diese Aufgaben mit den im Praxisratgeber enthaltenen Informationen anzugehen. Anschließend vergleichen Sie bitte Ihre Lösung mit dem folgenden Vorschlag zur Vorgehensweise.

Vorschlag zur Vorgehensweise

Klärung des Sachverhaltes

Es ist die Pflicht des Personalleiters, diesem schwerwiegenden Mobbingverdacht nachzugehen. Wenn er keine Erfahrung im Umgang derlei Konflikten hat, sollte er eine Beratungsstelle einschalten (z.B. Berufsgenossenschaften, Gewerkschaften, Betriebsrat etc.).

Wesentlich ist, dass der Personalleiter die Belange des Mobbing-Opfers ernst nimmt und versucht, den wirklichen Grund für die Mobbing-Handlungen herauszufinden. Der sächselnde Dialekt ist vermutlich nur Auslöser, Ursache kann eine ganz andere sein – z. B. Missgunst auf Karriereerfolge oder aber Angst vor Arbeitsplatzverlust. Während des Gesprächs muss er die Grundregeln der Gesprächsführung beachten und sich um eine sachliche, neutrale Haltung bemühen.

Erstellung eines Konfliktlösungsplans

Zur Konfliktlösung sollte der Personalleiter eine außerordentliche Besprechung als Pflichtveranstaltung einberufen, an dem die gesamte Abteilung teilnimmt. Es muss deutlich werden, dass die Besprechung absolute Priorität hat. Zu Beginn der Besprechung muss er klar machen, dass der Verdacht des Mobbings gegenüber einem Mitarbeiter vorliegt (ohne diesen und vertrauliche Details zu nennen) und verdeutlichen, dass Mobbing im Unternehmen nicht akzeptiert wird, eine Straftat ist und rechtliche Konsequenzen hat.

Im gemeinsamen Gespräch in der Gruppe sollten dann Beispiele für Mobbing erarbeitet, gemeinsame Lösungen und Verhaltensrichtlinien, die ein problemloses gemeinsames Arbeiten ermöglichen, festgehalten werden. Idealer Weise werden diese Ziele schriftlich (z. B. Flipchart) festgehalten, um die Verbindlichkeit zu verdeutlichen.

Einrichtung eines institutionalisierten Verfahrens

Auch wenn sich das Verhalten der Kollegen schnell zum Positiven ändert, sollte der Personalleiter das Mobbing-Problem nicht unter den Teppich kehren – denn nicht alle gemobbten Mitarbeiter sind so mutig, Hilfe zu suchen. Wichtig ist es, auf das Betriebsklima zu achten und offene Kommunikation zu fördern. Ferner sollte der Personalleiter gezielte Maßnahmen zur Mobbing-Prävention einleiten (z. B. eine feste Mobbing- Sprechstunde einrichten, Fortbildungen zum Thema Mobbing organisieren etc.).

Gesundheitsbewusstes Verhalten

Der richtige Umgang mit Präsentismus

Gaby Hamm-Brink, Diplom-Sozialpädagogin, Coach und Standortleiterin, pme Familienservice GmbH, München
Mandy Simon, Diplom Psychologin, Fachberaterin und Coach, pme Familienservice GmbH, Berlin

Gibt es das überhaupt: einen richtigen Umgang mit dem Phänomen des Präsentismus in Unternehmen? Präsentismus ist in der täglichen Beratungsarbeit mit Einzelpersonen beim pme Familienservice ein großes Thema, mit vielen Unternehmen wird dabei gezielt an der Prävention gearbeitet. Der Umgang mit Betroffenen zeigt, dass die Dunkelziffer der Präsentismus-Fälle deutlich höher liegt, als es die aktuellen Zahlen in Studien vermuten lassen. Daraus ergibt sich eine immer größer werdende Brisanz für Unternehmen, gezielte Präsentismus-Prävention zu betreiben.

Erkenntnisgewinn aus drei Perspektiven

In diesem Beitrag wird eine Annäherung an das Thema Präsentismus aus zwei Praxisperspektiven versucht.

- Die erste ist die des EAP-Anbieters (Employee Assistance Program), der in der täglichen Arbeit die Motive und Auswirkungen des Präsentismus hautnah erlebt.
- Die zweite Perspektive ist die eines Großkonzerns, der sich einer konsequenten Ausrichtung der Präsentismus-Prävention auf die oberste Führungsebene verpflichtet.

Exkurs: Was Studien sagen

Zur besseren Einordnung des Themas werden nachfolgend zunächst einige Erkenntnisse aus aktuellen Studien skizziert. Welche Faktoren das Phänomen des Präsentismus verursachen oder fördern, wurde in hunderten von Studien erforscht. Die wichtigsten Einflussfaktoren, zu denen wir Studien gefunden haben, wollen wir im Folgenden kurz zusammenfassen. Dabei gliedern wir, in Anlehnung an Gattringer (2015), die Einflussfaktoren in vier Kategorien:

- die individuellen und motivationalen Einflussgrößen,
- die gesundheitlichen Aspekte,
- die soziografischen sowie
- die organisationsspezifischen Faktoren.

Individuelle, motivationale Faktoren: Es überrascht wenig, dass besonders gewissenhafte Menschen, also diejenigen, die sich mit ihrem Beruf im Übermaß identifizieren, bevorzugt zu Präsentismus neigen (Preisendörfer, 2010). Hansen und Andersen fanden zudem heraus, dass Menschen, die das Kranksein an sich schon kritisch sehen, mehr zu Präsentismus neigen als diejenigen, die dazu eine eher lockere, liberale Einstellung haben (Hansen/Andersen, 2009). Überraschend ist das Ergebnis von Johns (2011), dass sowohl Personen mit einer hohen emotionalen Labilität als auch Menschen, die glauben, dass es vor allem von ihnen alleine abhängt, wie gesund sie sind – die also im Fachterminus eine hohe interne Kontrollüberzeugung aufweisen –, nachweislich häufiger krank zur Arbeit gehen.

Gesundheitliche Aspekte: Wer sich insgesamt gesund fühlt, so mehrere Studien, neigt offenbar weniger dazu, im Krankheitsfall zur Arbeit zu gehen. Wer dagegen grundsätzlich eher krankheitsanfällig ist, kommt häufiger in die Situation, abwägen zu müssen, ob er trotz Krankheit zur Arbeit gehen soll. Je krankheitsanfälliger Arbeitnehmer sind, umso häufiger kommt es vor, dass sie auch dann arbeiten, wenn sie tatsächlich krank sind (Hansen/Andersen, 2009). Besonders betroffen sind Menschen, die unter chronischen Erkrankungen leiden oder bereits Krankenhausaufenthalte hinter sich haben (Hägerbäumer, 2011; MacGregor et al., 2008).

Soziodemografische Faktoren: In mehreren Untersuchungen wurde festgestellt, dass Frauen im Vergleich zu Männern häufiger trotz Erkrankung arbeiten. Personen unter 40 Jahren neigen mehr zu Präsentismus als ältere (Hansen/Andersen, 2009; Gosselin et al, 2013). Selbstbewusste und starke Menschen leisten es sich, zu Hause zu bleiben und sich auszukurieren. Menschen, denen es schwerfällt, den Wünschen und Erwartungen anderer Leute zuwider zu handeln, zeigen ein erhöhtes Risiko zur Arbeit zu gehen, auch wenn sie krank sind. Ein hoher Schulabschluss reduziert die Tendenz zu Präsentismus (Preisendörfer, 2010). Menschen in finanziellen Schwierigkeiten neigen dagegen dazu, von Präsentismus betroffen zu sein. Stress in der privaten Sphäre fördert Präsentismus: Auch wer in Betreuungsverantwortung für Kinder oder ältere Angehörige steht, geht eher krank zur Arbeit als in den Krankenstand (Johns, 2011; MacGregor et al., 2008).

Organisationsspezifische und arbeitsbezogene Faktoren: Hoher Zeitdruck im Beruf und überproportionaler Arbeitsumfang fördern die Tendenz zum Präsentismus (Biron et al., 2006). Neben der quantitativen Arbeitsbelastung spielt aber vor allem die qualitative, psychische Arbeitsbelastung eine (negative) Rolle und fördert die Tendenz, krank zur Arbeit zu gehen (Aronsson/Gustafsson, 2005). Faktoren mit nachgewiesenem schädlichen Einfluss sind weiterhin widersprüchliche Anforderungen und Rollenkonflikte (Biron et al., 2006; Aronsson/Gustafsson, 2005). Leistungs- und Erfolgsdruck fördern den Präsentismus. Aber auch ein Mangel an Karriereoptionen, interne Konflikte, verflochtene Arbeitsaufgaben sowie Fremdbestimmung in der Arbeitsgestaltung tragen dazu bei (Caverley et al., 2007).

Eine enge Zusammenarbeit im Team und ein hohes Verantwortungsbewusstsein gegenüber Kunden tragen ebenfalls dazu bei, dass eine Person mit höherer Wahrscheinlichkeit krank arbeitet. Auch das Gefühl der mangelnden Ersetzbarkeit durch Kollegen kann Präsentismus fördern. Denn Personen, die über genügend Vertretungsmöglichkeiten verfügen, sind nachweislich weniger gefährdet.

Was schützt laut Studien vor Präsentismus?
- Ein starkes soziales Umfeld und eine ausgeprägte Vertrauenskultur zu Kollegen (Hansen/Andersen, 2009; Hägerbäumer, 2011; Caverley et al., 2007);
- Große Handlungs- und Gestaltungsspielräume am Arbeitsplatz (Gosselin et al., 2013; Aronsson/Gustafsson, 2005);
- Arbeitszufriedenheit, Arbeitsfreude und ein starkes Verbundenheitsgefühl zur Organisation (Gosselin et al., 2013);
- Permanente Beschäftigungsformen statt prekärer Arbeitsverhältnisse (Aronsson/Gustafsson, 2005);
- Ersetzbarkeit am Arbeitsplatz;
- Balance zwischen gewünschter und tatsächlicher Arbeitszeit.

Präsentismus und persönliche Werte: Praxiserfahrungen
Der pme Familienservice berät Mitarbeiter aus mehr als 600 Unternehmen zur besseren Vereinbarkeit von Beruf und Privatleben. Das Thema des Präsentismus begegnet uns in allen Beratungsbereichen und Facetten: angefangen von »leichten« Auswirkungen in Form von Produktivitätseinbußen durch gedankliche Abwesenheit bis hin zu folgeschweren monatelangen Ausfällen, weil eine Behandlung durch Präsentismus lange verzögert wurde.

Nach unserer Erfahrung steht hinter dem Präsentismus häufig die individuelle Sehnsucht, es besonders gut machen zu wollen, andere nicht enttäuschen zu wollen. Diese Sehnsucht, ins Verhalten übersetzt, ist für die Betroffenen in vielen Kontexten als nützlich, mitmenschlich und ehrenwert beantwortet worden und sollte in der Beratung gewürdigt werden. Im zweiten Schritt geht es darum, zu betrachten, dass es auch Kontexte gibt, in denen dieses Verhalten sich schädigend und negativ auswirken kann. Im Folgenden illustrieren einige Beispiele aus der Beratungsarbeit des pme Familienservice das Verhalten von Präsentismus:
- Mitarbeiter haben sich auf einen Termin oder einen Vortrag intensiv vorbereitet und wollen diesen Auftritt trotz Erkrankung nicht verpassen.
- Große Handlungsspielräume und die Übernahme von Projekten, die grundsätzlich eher positive Auswirkungen auf die Salutogenese haben, führen zu überhöhtem Verantwortungsgefühl bei gleichzeitiger Vernachlässigung der Gesundheit.
- Mitarbeiter haben Sorge, dass sich während ihrer Abwesenheit ein Berg an Arbeit aufhäuft, den sie später noch schwerer wieder in den Griff bekommen.

- Mitarbeiter wollen ihre Kollegen nicht im Stich lassen und auch nicht für deren Mehrarbeit verantwortlich sein.
- Beschäftigte befinden sich (noch) in einer unsicheren Arbeitssituation und haben Sorge, dass ihr Arbeitsplatz nach einer Krankschreibung gefährdet sein könnte.
- Berufstätige Pflegende haben häufig das Gefühl, weder dem Arbeitgeber noch dem Angehörigen gerecht zu werden. Das hat zur Folge, dass sie ihre eigene Gesundheit hintanstellen und bei Erkrankungen nicht zu Hause bleiben.
- Junge Eltern fallen durch Infekte ihrer Kinder häufiger aus und wollen dann bei eigener Erkrankung nicht schon wieder fehlen.
- Mitarbeiter mit schweren Erkrankungen möchten gern weiter arbeiten, damit sie (auch von anderen) nicht nur auf die Erkrankung reduziert werden. Berufliche Belange lenken den Fokus auf Normalität.
- Mitarbeiter auf dem Weg in einen Burn-out geraten in einen Kreislauf, in dem ihnen das Gefühl für die persönliche Belastungsgrenze verloren geht. Ihre Leistungsfähigkeit ist bereits eingeschränkt, aber anstatt durch Abstand und Behandlung wieder zu gesunden, arbeiten sie weiter, machen Überstunden und verschärfen dadurch die Situation.
- Menschen mit psychischen Erkrankungen empfinden Scham und möchten nicht »auffallen«.

Führungskräfte zwischen Fordern und Fürsorge

Im Lebenslagencoaching des pme Familienservice melden sich häufig Führungskräfte, die sich um einen Mitarbeiter sorgen, der psychisch sehr belastet wirkt. Unserer Erfahrung nach steht hier meist die Sorge um den Mitarbeiter im Vordergrund, verbunden mit der Frage, wie man denn am besten mit ihm umgehen könnte. Es besteht eine große Hemmschwelle, das »aufgefallene« Verhalten anzusprechen: Führungskräfte möchten auf keinen Fall die Situation für den Mitarbeiter durch Druck verschlimmern. Das gilt besonders für krisenhafte Zuspitzungen.

In der Beratung dieser Führungskräfte besprechen wir die Einschätzung einer Suizidalität und leiten gegebenenfalls alles Notwendige zur Beratung oder Behandlung des Mitarbeiters in die Wege. In Bezug auf das Thema Präsentismus stellt sich häufig heraus, dass der Mitarbeiter schon monatelang in seiner Leistungsfähigkeit eingeschränkt ist, aber von sich aus noch keine Unterstützung sucht. Oftmals sind ganze Teams davon betroffen und bereits massiv unzufrieden. Führungskräfte suchen Unterstützung in der Vorbereitung von Gesprächen mit dem betroffenen Mitarbeiter. Obwohl es wichtig ist, individuell nach Lösungen zu suchen, hat der pme Familienservice einen Leitfaden zur Orientierung entwickelt. Entscheidend ist vor allem ein frühzeitiges Ansprechen, damit früher Unterstützung gesucht wird.

Denn unserer Erfahrung nach, entstehen oft unnötige Chronifizierungen, weil der Beginn einer Behandlung zu lange verschleppt wird.

Praxis der Präsentismus-Prävention bei der Siemens AG

Das Betriebliche Gesundheitsmanagement der Siemens AG basiert global auf einem Health Management System, das bis 2020 verbindlich eingeführt wird. Es verbindet und integriert den medizinischen Arbeitsschutz und die Gesundheitsförderung. Die freiwilligen Gesundheitsleistungen des Unternehmens werden damit auf eine vergleichbare systematische Managementbasis gestellt wie die gesetzlich geforderten. Gleichzeitig haben die einzelnen Organisationseinheiten weltweit größtmögliche Freiheit in der inhaltlichen Ausgestaltung der Gesundheitsmaßnahmen.

Über 100.000 Mitarbeiter allein in Deutschland sind nur mit großem Aufwand für individuelle Präventionsmaßnahmen zu erreichen. Daher ist der Einbezug der Führungskräfte absolut zentral, um nachhaltig zu arbeiten. Führungskräfte müssen als Multiplikatoren involviert werden, damit sie aus ihrer Rolle der Mitarbeiterfürsorge heraus angemessen handeln können. Das spiegelt sich bei Siemens in der Schwerpunktsetzung vieler BGM-Maßnahmen auf die Führung wider. Dr. Ulrich Birner, Leiter des Fachreferats »Psychosocial Health and Wellbeing« bei Human Resources der Siemens AG, macht aber auch deutlich, dass man hier nur mit geringen Aufmerksamkeitsspannen agieren kann, weil Führungskräfte extrem eingespannt sind. Die Herausforderung an ein Betriebliches Gesundheitsmanagement liegt auf der Hand: alle Interventionen müssen sehr präzise auf die Möglichkeiten und Bedürfnisse der Zielgruppe Führungskräfte abstimmt sein, damit sie wirksam werden.

Hier geht Siemens – neben etablierten Formaten – neue Wege über ein E-Learning-Konzept im Form des Serious Gaming, das demnächst als Kampagne weltweit zur Verfügung stehen wird: Die Führungskraft hat in simulierten Interaktionssituationen die Möglichkeit, die Gesprächsführung mit »Mitarbeitern« mit unterschiedlichem Leistungs- und Sozialverhalten zu üben. Dieses Simulieren im geschützten virtuellen Lernraum dient der Entstigmatisierung eines wichtigen betrieblichen Themas und der Qualifizierung von Führungskräften gleichermaßen. Angereichert um motivierende Spielelemente wird Grundlagenwissen vermittelt zu den Themen Gesundheitsprävention, Präsentismus sowie lösungsorientierte Gesprächsführung.

Da Arbeit ein salutogener Faktor ist, darf sie nicht vorschnell als Risikofaktor abgestempelt werden. Studien belegen, dass Lernen, Entwicklung und soziale Teilhabe, wie sie über gut gestaltete Arbeit vermittelt werden, wesentlich für die Prävention etwa von Burn-out und Depression sind. Das bedeutet im Umkehrschluss: Lange Krankheit hält von wichtigen salutogenen Faktoren fern. So gibt es zum Beispiel bei der Wiedereingliederung einen klaren Trend in den Gesundheitswissenschaften: die stufenweise Eingliederung, die dem Kontinuum »gesund-krank« gerecht wird. Die Eigenverantwortung der Mitarbeiter für ihre Gesundheit bleibt bei alledem unberührt. Das Unternehmen kann im Rahmen seiner Fürsorgepflicht nur Unterstützung bieten, diese Eigenverantwortung wahrzunehmen, also die Mitarbeiter ermuntern und befähigen, ihre eigene Gesundheitskompetenz zu stärken. Das Betriebliche Gesundheitsmanagement hat dabei zwei zentrale Handlungsfelder: die Gestaltung einer gesundheitsförderlichen Arbeitsumgebung für alle und die Stärkung der individuellen Gesundheitskompetenz. Dabei kann es durchaus passieren, dass Fehlzeiten vorübergehend steigen, weil die Mitarbeiter Symptome ernster nehmen und mehr Wert auf Gesundung legen. Eine gute und erfolgreiche gesundheitliche Aufklärung kann also kurzfristig paradoxe Effekte hervorrufen. Langfristig aber ist die Siemens AG damit auf einem guten Weg.

Schlussfolgerung und Empfehlungen für die Praxis

Die unterschiedlichen Perspektiven aus Studien und Praxis zeigen vor allem eines: Den Königsweg im Umgang mit Präsentismus gibt es nicht. Präsentismus als Verhalten von Beschäftigten hat viele Gründe und kann sich gesundheitsgefährdend, im Einzelfall aber auch strukturgebend und stabilisierend auswirken. Es gibt chronische und psychische Erkrankungen, bei denen es zieldienlich ist, weiter zu arbeiten, weil Arbeit einen strukturgebenden Schutz bedeutet. In den meisten Fällen hat Präsentismus jedoch negative Folgen für die Betroffenen, ihre Arbeitgeber und die Volkswirtschaft.

Was können und sollten Unternehmen also tun? Welche Maßnahmen sind besonders aussichtsreich? Organisationen, denen es mit der Präsentismus-Vermeidung ernst ist, sollten ihre Kultur und ihre Werte dahingehend überprüfen, ob sie nicht unbeabsichtigt dazu beitragen, Präsentismus zu fördern. Der Weg, den die Siemens AG beschreitet, setzt auf Prävention: Die Verbesserung der Gesundheitskompetenz der Beschäftigten soll dafür sorgen, dass diese durch Information und Schulungen gesundheitsbewusste Entscheidungen treffen. Auch wenn dies das kurzfristige Risiko birgt, dass der Krankenstand dadurch zunächst steigt. In diesem Sinne könnte eine Tabuisierung und Stigmatisierung psychischer Erkrankungen auch dadurch unterbrochen werden, dass Beispiele von gelungener Behandlung und Wiedereingliederung über interne Kommunikationsmedien – zum Beispiel die Mitarbeiterzeitschrift – gezielt dargestellt werden.

Eine weitere sinnvolle Maßnahme könnte in der Identifikation von Risikopersonen liegen, die besonders anfällig für ein gesundheitsgefährdendes Verhalten sind. Wenn für diese Gruppe Coaching- oder Trainingsmaßnahmen angeboten werden, kann dies sensibilisieren und unterstützen. In gezielten Trainings können Führungskräfte geschult werden, Risikopersonen zu identifizieren und konstruktive

Mitarbeitergespräche zu führen. Generell haben Führungskräfte im Unternehmen eine Schlüsselposition beim Umgang mit Krankheit und Präsentismus. Sowohl der Führungsstil als auch die eigene Vorbildfunktion sind entscheidend für das Verhalten der Mitarbeiter. Wenn Führungskräfte krankheitsbedingtes Fehlen sanktionieren oder selbst krank zur Arbeit gehen, fördert dies den Präsentismus. Eine Sensibilisierung für ihre Vorbildwirkung kann Führungskräfte ermuntern, Präsentismus bewusst und beispielgebend entgegenzuwirken.

Finanzielle Aspekte

Wirtschaftliche Motive für Präsentismus sind weit verbreitet. Besonders bei unteren und mittleren Einkommen schmerzen selbst kleine Verluste, sei es durch die Krankentagegeldregelung ab der siebten Woche in Deutschland oder durch den krankheitsbedingten Wegfall von Bonuszahlungen. Faire Arbeitsverträge können dazu beitragen, diese Effekte zu verringern. Wenn bei der Projektplanung die personellen Ressourcen im Unternehmen berücksichtigt werden, hilft dies den Mitarbeitern, die Organisation der Arbeit selbst zu managen. Das kann beispielsweise durch eine Projekt- und Personaleinsatzplanung erfolgen, die branchenübliche Fehlzeiten einkalkuliert, Vertretungsmöglichkeiten vorhält und das Erreichen der Ziele auch ohne ein gut gefülltes Überstundenkonto ermöglicht.

Leiharbeit und zeitlich eng befristete Zeitarbeitsverträge sollten eher die Ausnahme als die Regel sein. Denn fehlende Zukunftsperspektiven und finanzielle Unsicherheiten begünstigen Krankheiten. Andererseits lassen Mitarbeiter, die in einer Art »Dauerprobezeit« festhängen, sich meist erst dann krankschreiben, wenn ein Erscheinen bei der Arbeit nicht mehr möglich ist.

Der konstruktive Einsatz des Betrieblichen Wiedereingliederungsmanagements (BEM) unterstützt bei länger andauernden Krankheiten die Rückkehr: Return to Work-Manager begleiten Beschäftigte bei der schrittweisen Wiedereingliederung. Eine Sozialabteilung im Unternehmen oder ein externer Employee Assistance Provider (EAP-Anbieter) kann dabei unterstützen, gesundheitsbewusste Entscheidungen zu treffen, auch ohne dass der Krankenstand dauerhaft erhöht wird. Denn Beschäftigte treffen genau dann ungünstige Entscheidungen, wenn im Tunnelblick die Handlungsoptionen nicht mehr sichtbar sind.

Fazit

Wenn die Bedingungen stimmen und die Mitarbeiter im Flow sind, lassen sich viel Arbeit und herausfordernde Projekte so meistern, dass Präsentismus nicht zwingend zum Thema wird. Viel und herausfordernde Arbeit allein hat noch keinen Menschen in eine fundamentale Schieflage gebracht. Der beste Umgang mit Präsentismus besteht also zunächst darin, die Arbeitsbedingungen und den Arbeitskontext so auszurichten, dass kein Nährboden vorhanden ist. Doch bei allem, was Unternehmen proaktiv zur Präsentismus-Vermeidung tun können: die Verantwortung des Arbeitgebers hat Grenzen, und dies zu Recht.

Literatur

Aronsson, G./Gustafsson K. (2005): Sickness presenteeism. prevalence,attendance-pressure factors, and an outline of a model for research. Journal of Occupational and Environmental Medicine, 2005. 47(9): p. 958–966.

Biron, C., et al. (2006): At work but ill: psychosocial work environment and well-being determinants of presenteeism propensity. Journal of Public Mental Health, 2006. 5(4): p. 26–37.

Caverley, N./Cunningham, J.B.// MacGregor, J.N. (2007): Sickness presenteeism, sickness absenteeism, and health following restructuring in a public service organization. Journal of Management Studies, 2007. 44(2): p. 304–319.

Clausen, T., et al. (2012): Job demands, job resources and long-term sickness absence in the Danish eldercare services: a prospective analysis of register-based outcomes. Journal of advanced nursing, 2012. 68(1): p. 127–136.

Gattringer, E. (2015): Arbeiten trotz Krankheit – Einflussfaktoren und Folgen des Präsentismus; in Fakultät für Soziologie. 2015, Johannes Kepler Universität Linz: Linz.

Gosselin, E./Lemyre, L./Corneil W. (2013): Presenteeism and absenteeism: Differentiated understanding of related phenomena. Journal of occupational health psychology, 2013. 18(1): p. 75.

Hägerbäumer, M. (2011): Ursachen und Folgen des Arbeitens trotz Krankheit – Implikationen des Präsentismus für das betriebliche Fehlzeiten- und Gesundheitsmanagement. Inauguraldissertation zur Erlangung des Grades Doktor der Naturwissenschaften, Universität Osnabrück.

Hansen, C.D./Andersen, J.H. (2009): Sick at work – a risk factor for long-term sickness absence at a later date? Journal of epidemiology and community health, 2009. 63(5): p. 397–402.

Johns, G. (2001): Attendance dynamics at work: The antecedents and correlates of presenteeism, absenteeism, and productivity loss. Journal of Occupational Health Psychology, 2011. 16(4): p. 483.

MacGregor, J.N./Barton Cunningham, J./Caverley, N. (2008): Factors in absenteeism and presenteeism: Life events and health events. Management Research News, 2008. 31(8): p. 607–615.

Preisendörfer, P. (2010): Präsentismus. Prävalenz und Bestimmungsfaktoren unterlassener Krankmeldungen bei der Arbeit. German Journal of Human Ressource Management: Zeitschrift für Personalforschung, 2010. 24(4): p. 401–408.

Mentale Stärke und Stressmanagement als Schlüsselkompetenzen

Dr. Petra Bernatzeder, Diplom-Psychologin und Geschäftsführerin, upgrade human resources GmbH, München

Der Zusammenhang zwischen anhaltender Stressüberlastung und körperlicher oder seelischer Krankheit ist inzwischen von den Forschungsdisziplinen eindeutig belegt. Genauso eindeutig belegt ist, dass sich Gewohnheiten ändern lassen, wir müssen es nur wollen. Die im folgenden Beitrag vorgestellten Strategien ermöglichen einen systematischen, auf Dauer Erfolg versprechenden Aufbau mentaler Stärke und damit einen positiven Umgang mit dem Stress unserer Zeit.

Die Ausgangslage: Dauerläufer im Hamsterrad

Die Situation von Andreas B. spiegelt den Alltag vieler Menschen: Wieder einmal ist er morgens um 4:00 Uhr aufgewacht. Und das Gedankenkarussell hat sofort angefangen sich zu drehen. Um viele kleine und große Sorgen. Als ihn der Wecker dann zwei Stunden später aus dem Halbschlaf aufschreckt, ist er wie gerädert. Sein 16-jähriger Sohn, dem er vor dem Badezimmer begegnet, sagt mit dunklen Ringen unter den Augen: »Ich hab sehr lange gelernt«. Andreas B. denkt sich: Wahrscheinlich hat er wieder die ganze Nacht mit Facebook verbracht. Das ist eine seiner großen Sorgen.

Zwei Stunden später sitzt er in der ersten Besprechung des Tages. Andreas B., als Change-Manager eines IT-Unternehmens, ist in Gedanken jedoch bei der E-Mail des Projektleiters eines wichtigen Kunden. Sicher, er hätte sich schon längst in die besondere Problematik dieses Change Request bei der Einführung der neuen Software einarbeiten müssen. Andererseits sind die E-Mails dieses Projektleiters immer so formuliert, dass er sich schon aufregt, wenn er nur den Namen des Absenders im Postfach findet. Und irgendwie werden seine Aufgaben immer mehr, und gleichzeitig erledigt er immer weniger. Die Steuererklärung müsste auch längst abgegeben sein.

Wie soll er das alles eigentlich noch weitere 20 Jahre schaffen? Die Hypotheken für das Haus müssen abbezahlt werden. Seine Frau, die ihm nicht glauben will, dass der Sohn exzessiv chattet. Seine Schlafstörungen. Daneben sind die Spannungen mit dem neuen, übereifrigen Kollegen ja geradezu Kleinigkeiten. Und sein Arzt liegt ihm schon in den Ohren, sein Blutdruck sei zu hoch, die Zuckerwerte ebenfalls und er soll doch den Stress einfach etwas reduzieren. Leicht gesagt, aber wie sollte das funktionieren?

Viele Menschen – so auch Andreas B. – fühlen sich in diesen Zeiten wie Dauerläufer im Hamsterrad, das sich immer schneller dreht. Und schwierige Kunden-Situationen führen zu immer stärkerem Adrenalin-Ausstoß. Der Stress-Level ist dauerhaft erhöht.

Der erste und wichtigste Schritt: die Erkenntnis, dass es Lernfelder gibt
Sicher haben die Menschen viele Gewohnheiten, die dazu beitragen, dass sie nicht im Hamsterrad straucheln und manchmal auch die Geschwindigkeit reduzieren können. Manch einer hat dann aber doch einen dauerhaft hohen Stresspegel, fühlt sich erschöpft oder empfindet eine psychische Störung. Vom Auftreten einer psychischen Störung sind pro Jahr 28 Prozent der Menschen zwischen 18 und 79 Jahren in Deutschland betroffen, wobei die Häufigkeit der Störungen nach dem 65 Lebensjahr abnimmt (Jacobi et al., 2014).

Die gute Nachricht ist, wir alle können lernen, mit den Belastungen des Alltags besser umzugehen und in Balance zu bleiben. Viele Menschen haben jedoch noch nicht darüber nachgedacht, dass es da etwas gibt, was sie lernen könnten. Es ist in entsprechenden Seminaren oder Coachings ein wesentlicher Aha-Effekt, wenn deutlich wird,

- was Stress genau ist;
- wieso manche Stress empfinden, andere nicht und
- wie viele verschiedene Werkzeuge es für den Umgang mit Stress gibt.

Stress ist individuell und – in Maßen – durchaus gesund
Stress ist eine allgemeine, unspezifische, unwillkürliche Reaktion des Organismus auf Stress auslösende Situationen, sogenannte Stressoren. Stressoren sind alle – inneren oder äußeren – Anforderungen an eine Person, die als mögliche oder tatsächliche Gefährdung des Wohlergehens oder als Belastung bewertet werden. Innere Anforderungen sind zum Beispiel persönliche Antreiber wie »ich darf keinen Fehler machen«, »keine Zeit verlieren« und viele andere mehr. Äußere Anforderungen sind mögliche kritische Situationen wie zum Beispiel vor einem wichtigen Termin in den Stau zu geraten, einen Konflikt mit einem Kunden zu haben, etc.

Die Reaktionen des Menschen auf Stress spielen sich auf diesen Ebenen ab:
- Gedanken (»Wie soll ich das schaffen?«);
- Gefühle (wie zum Beispiel Unsicherheit);
- Verhalten (wie zum Beispiel Finger trommeln auf dem Tisch);
- Körper (wie zum Beispiel rote Flecken am Hals.

Aber der Dreh und Angelpunkt ist die persönliche Bewertung. Sie entscheidet darüber, ob eine Situation als Stress auslösend empfunden wird oder eben nicht.

Jeder ist also der »Dirigent« seiner eigenen Stressbelastung. Erst anhaltender Stress führt zu konstanten Veränderungen des Stoffwechsels und permanenter Alarmbereitschaft.

Was passiert im Körper mit dem Stressgeschehen?

Da der Stress an sich eine ganz normale Reaktion des Menschen auf eine Gefahrensituation ist, stellt der Körper über die Veränderung des Stoffwechsels die Energie bereit, die er für Flucht oder Angriff in früheren Zeiten brauchte. Diese Energie, die der Körper für diese komplexen Reaktionen bereitstellte, wurde damals durch das tatsächliche Handeln, zum Beispiel das Weglaufen vor dem gefährlichen Tier, abgebaut. Die Stoffwechselaktivitäten sind zwar in heutiger Zeit die gleichen geblieben, allerdings fehlt meist die Möglichkeit, diese Anspannung und Energie entsprechend abzubauen. Was kurzfristig hilfreich ist, wird – da es nicht entsprechend genutzt wird – längerfristig zur körperlichen oder seelischen Erkrankung (siehe Abbildung 1).

Kurzfristig hilfreich für Flucht und Angriff	Langfristig schädlich für die Gesundheit
▪ Aktivierung und Durchblutung des Gehirns	▪ Störungen der kognitiven Leistung und Gedächtnisfunktion
▪ Anspannung der Muskulatur	▪ Verspannungen (Rücken, Nacken)
▪ erhöhte Schmerztoleranz	▪ verminderte Schmerztoleranz
▪ Hemmung der Verdauung	▪ Magen-Darmbeschwerden
▪ Bereitstellung von Energie (Blutzucker, Fette)	▪ Erhöhte Blutfette, Diabetesrisiko
▪ kurzfristig erhöhte Immunabwehr	▪ Schwächung des Immunsystems: häufige Infekte, Auto-Immun-Erkrankungen
▪ reduzierter Speichelfluss, trockener Mund	▪ Tinnitus, Hörsturz, erhöhter Augeninnendruck
▪ Erweiterung der Bronchien, schnellere Atmung	▪ Bluthochdruck, Koronare Herzerkrankung, Gefäßverengung,
▪ Schwitzen	▪ Potenzstörung, Zyklusstörungen
▪ erhöhter Blutdruck, schnellerer Herzschlag	▪ Schlafstörungen
	▪ Erschöpfung, Depression

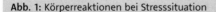

Abb. 1: Körperreaktionen bei Stresssituation

Stress muss sich nicht unbedingt schädlich auswirken. Bis zu einem gewissen Grad wirkt Stress sogar leistungsfördernd und positiv. Die Aktivierung unter Stress mit der Ausschüttung von Hormonen wie Adrenalin dient dem Menschen dazu, in wichtigen Situationen besonders aktiv zu agieren. Dies erlebt beispielsweise der Hochleistungssportler vor dem Startschuss. Dies erlebt aber auch der Referent kurz vor dem Auftritt am Rednerpult.

Ab einer gewissen Dosis jedoch wirkt sich Stress nachteilig für den Organismus und seine Leistungsfähigkeit aus. Das kann kurzfristig der Blackout in einer Prüfung oder die Erschöpfung nach dem Arbeitstag bis hin zum totalen Zusammenbruch sein. In vielen Organisationen herrscht immer noch eine Kultur, in der es um Aufbau von Druck geht. Das macht krank (siehe Abbildung 2).

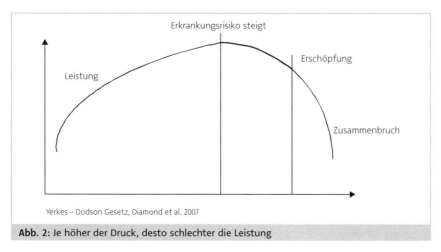

Yerkes – Dodson Gesetz, Diamond et al. 2007

Abb. 2: Je höher der Druck, desto schlechter die Leistung

Aber auch positiver Stress kann krank machen

Bis vor wenigen Jahren war man der Ansicht, dass »positiver« Stress unschädlich, nur der »negative« Stress krankmachend sei. Aktuelle Forschungsergebnisse (Hellhammer, 2011) machen jedoch greifbarer, welche Stoffwechselprozesse im menschlichen Körper bei Stress und Entspannung zusammenwirken (siehe Abbildung 3). Das Energieversorgungssystem ist eins davon. Bei besonderen Anforderungen schüttet die Nebenniere das Hormon Cortisol aus. Es wirkt an vielen unterschiedlichen Stellen im Körper – auch im Gehirn. Seine vielleicht wichtigste Funktion ist es, in die Energieversorgung des Gehirns sicherzustellen. Cortisol setzt Prozesse in Gang, die zur Freisetzung von Glucose führen. Glucose ist für das Gehirn ein wichtiger Treibstoff, der unter anderem dazu beiträgt, dass man sich besser konzentrieren kann.

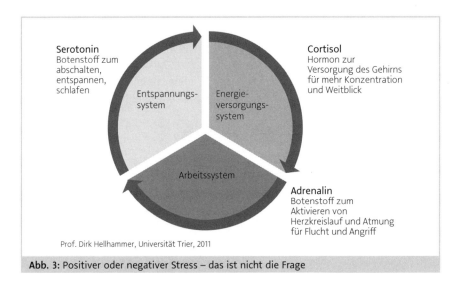

Abb. 3: Positiver oder negativer Stress – das ist nicht die Frage

Ganz anders wirkt dagegen das Arbeitssystem: Die im Gehirn und von der Nebenniere produzierten Botenstoffe Noradrenalin und Adrenalin versetzen einen Menschen in den Alarmzustand. Das Herz schlägt schneller und der Atemrhythmus steigt an. In diesem Zustand kann ein Mensch auch körperliche Belastungssituationen besser bewältigen. Hier wird Energie für Flucht oder Angriff bereitgestellt.

Das dritte System ist das Entspannungssystem. Das klingt erst mal so, als hätte es gar nicht direkt mit der Stressbelastung zu tun. Es macht jedoch die Bedeutung von Pausen deutlich; die Mittagspausen, der Feierabend, das Wochenende, die Urlaubszeit oder die Absenkung der Anspannung nach dem Ende eines aufreibenden Projektes. Damit ein Mensch, den Belastungen in der Arbeitszeit gewachsen ist, muss er in Pausen entspannen können und eben wieder »auftanken« (siehe Abbildung 4). Dafür sorgt das Entspannungssystem mit dem Botenstoff Serotonin, der beispielsweise auch für einen erholsamen Schlaf sorgt.

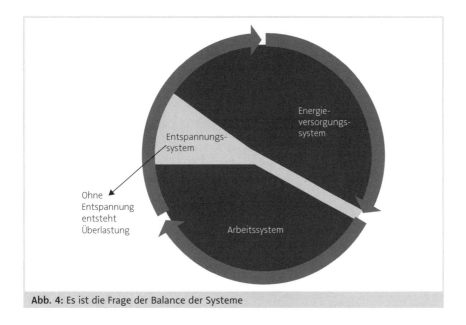

Abb. 4: Es ist die Frage der Balance der Systeme

Alle drei Stoffwechselsysteme sind voneinander abhängig und beeinflussen sich gegenseitig. Nur wenn sie immer wieder balanciert werden, kann ein Mensch dauerhaft schwierige Situationen gelassen bewältigen. Ist die Balance der Systeme dauerhaft in einer Schieflage, ist der persönliche Stress-Level ständig im Maximalbereich, dann wird ein Mensch durch Stress krank. Extremsportler wissen, dass sie Ruhephasen brauchen und halten diese auch ein. Viele gestressten Hamsterrad-Läufer glauben häufig, dass sie noch schneller rennen müssen, um endlich anzukommen. Dann am Wochenende oder im Urlaub, wenn die äußeren Anforderungen weniger werden, leiden sei unter häufiger unter Kopfschmerzen, Infektionen und ähnlichem. Der Körper signalisiert Überlastung.

Das wichtigste für unsere Gesundheit ist: zwischen Reiz und Reaktion eine Pause einlegen

Wir Menschen haben in dieser Pause zwischen dem bedrohlichen Reiz und der automatischen Stressreaktion – Angriff oder Flucht – die Freiheit zu wählen. Wahrscheinlich ist das eine der wenigen Möglichkeiten, uns von instinktgeleiteten Verhaltensweisen der Tiere zu unterscheiden. Wenn wir instinktiv reagieren, kann das in bestimmten Situationen lebenswichtig sein. Die (meisten) Autofahrer bleiben bei Rot an der Ampel stehen, ganz automatisch, selbst wenn der Fahrer telefoniert. Aber in anderen Situationen bis drei zu zählen – lohnt es sich wirklich, sich aufzuregen? – und damit zwischen Verhaltensalternativen entscheiden zu können, hilft gegen Aufschaukeln und reduziert den Stress-Level.

Strategien zur Stressbewältigung

Die vorgestellten, aus der Verhaltenspsychologie und Gehirnforschung entwickelten Strategien ermöglichen eine systematische, auf Dauer erfolgversprechende, individuelle Stressbewältigung und damit einen positiven Umgang mit dem Stress unserer Zeit. Man kann kritische Situationen auf zwei Arten bewältigen:

- Man verschafft sich in der aktuellen Belastungssituation eine »kurzfristige Erleichterung«. Diese Strategien der kurzfristigen Situationserleichterung dienen nahezu ausschließlich der emotionalen Distanz und Gelassenheit. Sie sind immer anwendbar, wenn die eigentlichen Ursachen für die Belastung in diesem Augenblick nicht zu beheben sind. Diese Strategien haben gemeinsam, dass sie eine kurzfristige Verbesserung unseres Befindens und damit eine Erweiterung des persönlichen Handlungsspielraums bewirken. Sie wirken aber auch langfristig, in dem unser System insgesamt stress-stabiler wird.
- Man verändert Belastungssituationen grundlegend und langfristig. Langfristige Bewältigungsstrategien dienen dazu, persönliche Verhaltensmuster zu verändern, die Ursachen der Stresssituation zu beseitigen und häufig auftretende oder voraussehbare Belastungen zu verhindern oder in ihrer Wirkung abzuschwächen.

Kurzfristige Erleichterung in »kritischen Situationen«

Kurzfristige Stressbewältigungsstrategien zielen auf den persönlichen Spannungsabbau, die emotionale Distanz in einer konkreten Situation ab. Nehmen wir das Beispiel von Andreas B. Er regt sich schon auf, wenn er den Namen des Kunden im E-Mail-Posteingang findet. Wichtig im ersten Schritt ist nun, bis drei zu zählen, und sich dann die Frage zu stellen »Was ist die positive Absicht, die der andere für sich persönlich mit dieser E-Mail hat?« Bei der möglichen Antwort geht es ausschließlich darum, dass Andreas B. emotionale Distanz gewinnt. Also kann sein: der E-Mail-Schreiber steht selbst unter Druck, muss sich intern rechtfertigen. Oder aber: Er hat bisher immer wieder mit anderen Partnern schlechte Erfahrungen gemacht. Oder …

Jeder verfolgt bei allen seinen Aktionen eine positive Absicht – für sich persönlich, sein eigenes System. Ein Autofahrer, der besonders langsam fährt; die Kassiererin im Supermarkt – sie alle haben für sich selbst einen guten Grund, dies zu tun (Parkplatz suchen, keine Fehler machen ...). Wenn ich mir diesen möglichen Grund vor Augen führe, stelle ich fest, dass viele Aktionen nichts mit mir zu tun haben. So gewinne ich emotionale Distanz und reduziere meinen Stresspegel.

Die Macht der Gedanken für die positive Selbstinstruktion

Viele kennen die positive Wirkung von Medikamenten, die gar keine sind – der Placebo-Effekt von Zuckerpillen ist manchmal sehr heilsam. Umgekehrt gelingt es auch: wenn man zutiefst überzeugt ist, etwas nicht zu können, funktioniert der »Nocebo-Effekt«. Wir wissen, dass Stress über unsere persönliche Bewertung entsteht. In einer kritischen Situation wie im obigen Beispiel Andreas B. vor einem schwierigen Kundengespräch, können wir uns noch intensiver in die Stressfalle schrauben, in dem wir denken: »Um Himmels willen, das kann ich nie schaffen!« Wenn wir hingegen einen positiven Satz wie »Das schaffe ich schon!« oder: »Es ist wie es ist – Ich hab' schon ganz anderes geschafft!« denken, werden wir auch körperlich einen Unterschied merken. Gedanken beeinflussen nicht nur unseren Stoffwechsel, sondern im Sinne einer sich selbst erfüllenden Prophezeiung auch den Erfolg unserer Aktion.

Mit positiven Selbstinstruktionen sind systematisch einsetzende Gedanken gemeint, die Selbstmotivation oder zumindest ein Relativieren der Situation zum Inhalt haben können. Beispiele: »Das packe ich!«, »Es gibt Schlimmeres!«, »Cool bleiben!« Wichtig ist, dass wir uns nach der Aktion selbst auf die Schulter klopfen, um die Wirkung im Gedächtnis abzuspeichern.

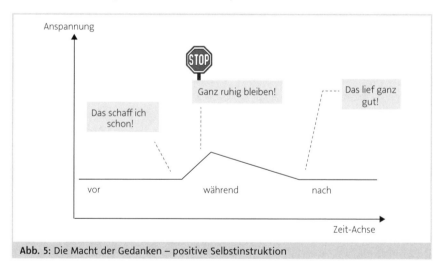

Abb. 5: Die Macht der Gedanken – positive Selbstinstruktion

Es gibt noch eine Reihe anderer Techniken zur kurzfristigen Senkung des Stresspegels wie zum Beispiel:

- Mentale Techniken als innere Ablenkung: Schwelgen Sie in positiven Bildern und unterbrechen Sie belastende Gedanken bewusst, indem Sie sich angenehme Ereignisse in der Zukunft vorstellen oder positive Erinnerungen ins Gedächtnis rufen. Beispiel: Ein schöner Urlaubstag.

- »Spontane Entspannung«: Versuchen Sie, sich kurz zu entspannen, indem Sie tief ausatmen oder einzelne Muskelpartien an- und entspannen, wobei Sie auf den Unterschied achten. Beispiel: Spannen Sie Ihr Gesicht an, schneiden Sie eine Grimasse und Entspannen Sie es wieder.
- Verringerung des Stressauslösers: Vermindern Sie das, was den Stress auslöst, in seiner Wirkung. Beispiel: Schließen Sie ein Fenster, durch das Lärm dringt, oder meiden Sie den Menschen, über den Sie sich momentan ärgern. Schaffen Sie räumliche oder gedankliche Distanz.
- Äußere Ablenkung: Verschaffen Sie sich Ablenkung durch Aktivitäten wie zum Beispiel einen Spaziergang, Aufmerksamkeitsveränderung, Aufräumen, etc.
- Abreaktion: Bauen Sie die durch Stress aufgebauten Energien gezielt ab. Beispiel: Machen Sie einen kurzen schnellen Rundgang um das Büro oder steigen Sie die Treppen auf und ab.

Die Fülle der Möglichkeiten ist groß, manchmal sind es ganz einfache »Tricks«. Aus der Erfahrung sei angemerkt: die Macht der Gedanken positiv zu nutzen, hat den größten Einfluss.

Strategien zum Aufbau von langfristiger Stress-Stabilität

Ein Ironman-Teilnehmer, der einen 40-Kilometerlauf, fast vier Kilometer Schwimmen und dann mal eben 180 Kilometer Radfahren ohne vorbereitendes Training mit seiner Lauf-, Schwimm- und Radfahrtechnik absolvieren will, die er sich seit Kindheit angewöhnt hat, wird – wenn überhaupt – als einer der Letzten ins Ziel kommen. Denken wir noch einmal an Andreas B. Viele Faktoren und Verhaltensmuster haben dazu beigetragen, dass er sich wie im Hamsterrad fühlt, drängende Sorgen ihn nachts wach halten, er das Gefühl hat, seine Arbeit nicht mehr zu schaffen, der Arzt ihm sagt, er soll den Stress reduzieren.

Im persönlichen Coaching werden die möglichen Ansatzpunkte für eine bessere Stabilität im Umgang mit Belastungen herauskristallisiert. Ein wesentlicher Ansatzpunkt ist häufig der persönliche Stresstreiber, also eine Einstellung, ein persönlicher Wert, der meist von Kindheit an unser Verhalten zusätzlich beeinflusst. »Sei stark!«, »Sei perfekt!«, »Ohne Fleiß kein Preis!« Gerade der Anspruch perfekt und ohne Fehler alle Arbeiten zu erledigen, schürt die Anspannung und erhöht in Folge die Fehlerquote.

Auch hier gibt es eine Reihe von Techniken, die zu einer besseren Stabilität im Umgang mit Belastungen beitragen wie zum Beispiel:
- Mentale Techniken aus der Hubschrauberperspektive: Pro Tag denken wir im Gehirn ungefähr 60.000 Gedanken. Wer lenkt diese eigentlich? Sie oder wer sonst? Begeben Sie sich doch ab und zu in die Hubschrauberperspektive und

beobachten Sie sich beim Denken fröhlicher oder weniger fröhlicher Gedanken. Wie hoch ist der Prozentsatz positiver Gedanken? Und bedenken Sie bitte: Ihre Gedanken steuern den Stoffwechsel und Sie haben die Chance zu lernen, diese bewusst zu steuern. Für Andreas B. war es sehr hilfreich, sich nachts wenn er wach lag, die Frage zu stellen und nicht zu beantworten: »Woher kommt mein nächster Gedanke?« Probieren Sie es einmal aus. Was entsteht in Ihren Gedanken? Genau: Nichts, Ruhe, Leere. Das ist eine Vorstufe zur Meditation.

- Positive Kraftfelder bauen: Dazu nützen Sie die Macht der Gedanken systematisch, indem Sie sich zu bestimmten Zeiten des Tages oder vor besonders kritischen Situationen ein passendes Kraftfeld bauen. Für diesen sogenannten Moment of Excellence stellen wir im Training oder Coaching die Frage: Gab es in Ihrem Leben eine Situation, in der Sie besonders erfolgreich waren und sich sehr wohl gefühlt haben? Versetzen Sie sich in diese Situation. Was sehen Sie, was hören Sie, was riechen und schmecken Sie, wie fühlt sich Ihr Körper an? Ankern Sie nun diese großartige Situation. Drücken Sie zum Beispiel zwei Fingerspitzen aneinander. Genießen Sie diesen starken und wohligen Zustand und aktivieren Sie ihn jeden Tag und wann immer sie ihn gebrauchen können. Für Andreas B. war es sehr wichtig, sich an eine konkrete, sehr erfolgreiche Verhandlungssituation zu erinnern. Diesen Moment of Excellence hat er immer wieder vor Kundengesprächen in Gedanken groß gezogen. Er ging konzentrierter, gelassener in die Verhandlungen und mit besten Ergebnissen wieder hinaus.
- Systematische Problemlösung und Entscheidungsfindung: Gehen Sie bei der Bewältigung von Problemen systematisch vor. Betrachten Sie das Problem von verschiedenen Seiten und formulieren das dahinter liegende Ziel und entwickeln einen systematischen Weg dahin. So lassen sich Probleme, auch bevorstehende, am effektivsten lösen. Beispiele: Sie sollen ein schwieriges Projekt übernehmen oder Sie müssen sich zwischen unterschiedlichen Angeboten entscheiden.
- Kommunikation: Sprechen Sie sich mit den Personen, mit denen Sie Schwierigkeiten haben, aus. Sie können gemeinsam am Problem arbeiten, an einer für beide Seiten gewinnbringende Lösung und so einen Konflikt bereinigen. Beispiel: Klären Sie mit dem E-Mail-Schreiber, dessen Nachricht im Posteingang Ihren Adrenalin-Pegel hebt, diesen Konflikt.
- Bewegung, Ernährung, Entspannung: Stresshormone stellen Energie für Angriff oder Flucht bereit. Nutzen Sie diese Energien. Bewegen Sie sich regelmäßig, lernen Sie Entspannungstechniken kennen und trainieren Sie sie regelmäßig. Damit erhöhen Sie Ihre Belastbarkeit und beugen Stressschäden vor.
- Ausgleichsaktivitäten: Dinge, die einem Spaß gemacht haben, wieder mal oder bewusst tun: zum Beispiel ins Kino gehen, Tanzen, Freunde treffen, etc.
- Häkchen setzen: Handwerker sehen am Ende ihres Tages in der Regel, was sie während der Arbeit geschafft haben. Dachdecker haben ein halbes Dach

gedeckt, Gärtner den Rasen gemäht. In den meisten Berufen unserer Zeit haben wir keine sichtbaren Ergebnisse, häufig eher im Gegenteil das Gefühl, »heute wieder nichts geschafft zu haben«! Unser Stoffwechsel braucht Erfolgswahrnehmungen, abgehakte Listen, grüne Punkte. Eine kurze Reflektion laut formuliert für sich selbst oder im Rahmen einer Teamsitzung zu Beginn, bevor man sich um die offenen Themen kümmert, sorgt langfristig für mehr Stress-Stabilität.

Dem persönlichen Zusammenspiel von Körper-Seele-Geist Priorität verleihen
Lohnt es sich, sich über bestimmte Dinge aufzuregen? Den Stau? Das Wetter? Den Langsam-Einparker? Den verspäteten Zug? Wo unsere Aufmerksamkeit hinfließt, fließt auch unsere Energie. Der Stress-Level wird immer höher.

Der Zusammenhang zwischen anhaltender Stressüberlastung und körperlicher beziehungsweise seelischer Krankheit ist inzwischen von den Forschungsdisziplinen eindeutig belegt. Genauso eindeutig belegt ist, dass sich Gewohnheiten ändern lassen, wir müssen es nur wollen. Mentale Stärke und Stressmanagement bedeutet, die Klaviatur des Zusammenspiels Körper-Seele-Geist zu entdecken und zu beherrschen. Dafür ist es nie zu spät. Man muss nur vor allem davon überzeugt sein, dass man den Rest des Lebens leichter, angenehmer, freier, entspannter leben will. Dann erhält der Ausbau dieser Schlüsselkompetenz, das Selbst- und Stressmanagement, die Priorität, die in der Zukunft unserer (Arbeits-)Welt so wichtig ist.

Literatur

Bernatzeder P./Nagel R. (2009): Erneuerbare Energie – Mental Body Energy für Führungskräfte. In: Koller, C./Rieß, S. (Hrsg): Jetzt nehme ich mein Leben in die Hand. Kösel Verlag.

Hüther, G. (2006): Die Macht der inneren Bilder – Wie Visionen das Gehirn, den Menschen und die Welt verändern. Vandenhoeck & Ruprecht Verlag.

Hüther, G. (2011): Biologie der Angst. Wie aus Stress Gefühle werden. Vandenhoeck & Ruprecht Verlag.

Jacobi, F. et al. (2014): Psychische Störungen in der Allgemeinbevölkerung. Nervenarzt 85:77.

Kraemer, H. (2010): Soforthilfe bei Stress und Burn-out. Kösel Verlag.

Wagner-Link, A. (2001): Aktive Entspannung und Stressbewältigung, Wirksame Methoden für Vielbeschäftigte, Expert Verlag, Renningen, 5. Auflage.

Prävention im betrieblichen Gesundheitswesen

Petra Kannengießer, stellvertretende Geschäftsleiterin und Bereichsleiterin Systeme, Globus Handelshof St. Wendel GmbH & Co. KG, St. Wendel

In den 46 SB-Warenhäusern in Deutschland arbeiten bei Globus aktuell rund 18.500 Menschen. Globus pflegt vier Themen besonders: Transparenz, Gestaltungsräume für alle Mitarbeiter, die Beteiligung am Unternehmenserfolg und Mitarbeiterförderung. Auf den nächsten Seiten werden die Implementierung des Betrieblichen Gesundheitsmanagements bei Globus, die damit verbundene Zielsetzung und beispielhaft einige Projekte vorgestellt.

Einführung des Betrieblichen Gesundheitsmanagements

1828 im saarländischen St. Wendel gegründet, gehört Globus als konzernunabhängiges Familienunternehmen zu den führenden Handelsunternehmen in Deutschland. Zur Mitarbeiterförderung zählen bei Globus neben vielfältigen Ausbildungs- und Entwicklungsmöglichkeiten auch die Vereinbarkeit von Beruf und Familie sowie ein Betriebliches Gesundheitsmanagement (BGM). Bei der Einführung des BGM war es dem Unternehmen wichtig, Aktionismus zu vermeiden und ein strategisch ausgerichtetes Konzept, das auf Nachhaltigkeit zielt, zu entwickeln. Der Schwerpunkt des BGM sollte von Anfang an auf der Prävention liegen, sich also hauptsächlich damit beschäftigen, die Entstehung gesundheitlicher Schäden zu vermeiden, bei den Mitarbeitern ein Bewusstsein für gesunde Lebensweisen zu wecken und sie dazu befähigen, diese auch umzusetzen.

Zur Ausarbeitung des Konzepts formierte sich 2012 ein Expertenteam aus Mitarbeitern der Globus SB-Warenhäuser Idar-Oberstein, Koblenz, Simmern und Zell, die gemeinsam an dem neuen Ansatz arbeiteten. Als Kooperationspartner und Berater unterstützten dabei zusätzlich die Betrieblichen Gesundheitsmanager der AOK. Alle BGM-Themen wurden und werden in regelmäßigen Teamsitzungen gemeinsam mit Gesundheitskoordinatoren und Betriebsräten sowie dem Kooperationspartner besprochen. Die so eingebundenen Betriebe haben dadurch einen organisatorischen und inhaltlichen Rahmen und können Themen im eigenen Haus dennoch am konkreten Bedarf ausrichten. Zusätzlich finden gemeinsame Schulungen in gemischten Gruppen statt und die Teilnehmer lernen voneinander. Diese Vorgehensweise fördert den betriebsübergreifenden Zusammenhalt und den Blick über den Tellerrand.

Um den Fokus des Betrieblichen Gesundheitsmanagements ganz auf den präventiven Ansatz auszurichten, wurde zu Beginn der BGM-Arbeit das übergeordnete Ziel »Erfolgreiches Unternehmen durch gesunde Mitarbeiter« formuliert und in fünf konkrete Teilziele heruntergebrochen:

- Förderung von Gesundheitsbewusstsein und Zufriedenheit der Mitarbeiter;
- Schaffung von Möglichkeiten für die Mitarbeiter, sich aktiv am BGM zu beteiligen;
- Sensibilisierung und Befähigung der Führungskräfte für das BGM-Konzept;
- Regelmäßige Information aller Mitarbeiter und
- Verbesserung der Gesundheitsquote.

Zur Projektsteuerung nutzt das Globus-Expertenteam verschiedene Kennzahlen. Dazu zählen beispielsweise die Gesundheitsquote sowie Zahlen zu Arbeitsunfällen, Langzeiterkrankungen, Fluktuation, Mehrarbeitsstunden und Arbeitsunfähigkeitsanalysen der AOK. Diese Kennzahlen werden ständig ergänzt durch weitere, flexible Erkenntnisse wie zum Beispiel die Rücklaufquote von Mitarbeiterbefragungen, die Inanspruchnahme von Gesundheitsangeboten oder die Anzahl durchgeführter BEM-Gespräche (Betriebliches Eingliederungsmanagement).

Interne Kommunikation des Betrieblichen Gesundheitsmanagements
Zum Projektstart wurde eigens ein Kommunikationskonzept erarbeitet, das der breiten und empfängerorientierten Kommunikation der BGM-Themen an die verschiedenen Zielgruppen dienen soll. Situativ werden nun die Mitarbeiterzeitung und »Schwarze Bretter« mit Informationen bestückt. Zudem ist das BGM als fester Tagesordnungspunkt bei Führungskräftesitzungen installiert. Im firmeneigenen Intranet sind die Unterlagen zum BGM außerdem zentral abgestellt und können von allen Mitarbeitern abgerufen werden. Zusätzlich erscheint in unregelmäßigen Abständen ein Gesundheits-Newsletter, der von den beteiligten Standorten abwechselnd erstellt wird, sodass auch hier Synergieeffekte genutzt werden können.

Einbindung von Führungskräften
Ein wesentlicher Erfolgsgarant für ein nachhaltiges Betriebliches Gesundheitsmanagement ist die Einbindung der Führungskräfte. Daher wurde schon bei den ersten strategischen Überlegungen ein entsprechendes Ziel formuliert.
- Im ersten Schritt wurde für alle Führungskräfte an den jeweiligen Standorten ein Kick-off-Workshop durchgeführt. Ziel dieser Maßnahme war es, das Projekt vorzustellen, für Unterstützung zu werben und vor allem, die Führungskräfte zu informieren, bevor die Information breit an alle Mitarbeiter gestreut wurde. So konnte das Globus-Expertenteam erreichen, dass die Führungskräfte – als erste Anlaufstelle der Mitarbeiter – aufgrund des Informationsvorsprungs auskunftsfähig waren. Außerdem ermöglichte diese Vorgehensweise in der Projektplanung von einem gleichen Wissensstand der Führungsmannschaft auszugehen und bestehende Strömungen zu berücksichtigen.

- Im zweiten Schritt folgte dann eine thematische Einführung in Form eines Tagesseminares durch einen Diplom-Psychologen, der die Zusammenhänge zwischen Führung und Gesundheit darstellte. Diese Maßnahme diente dazu, die Führungskräfte auf den gleichen Wissensstand zu bringen und gemäß der Zielformulierung auch zu sensibilisieren.
- Der dritte Schritt der Führungskräfteentwicklung diente der Befähigung zur Umsetzung des BGM-Konzepts. In Strategie-Workshops wurde beispielsweise die praktische Umsetzung von Begrüßungsgesprächen nach Abwesenheit von Mitarbeitern diskutiert. Ergänzt wurde dieser Workshop durch eine Kommunikationsschulung, die sicherstellen sollte, dass die Führungskräfte auch das entsprechende Rüstzeug für die Gesprächsführung besitzen.

Einen wesentlichen Erfolgsfaktor in diesem Zusammenhang liegt darin, dass die Führungskräfteschulungen immer eng an die bestehenden Unternehmenswerte gekoppelt wurden.

Mitarbeiterpartizipation

Ein weiteres Teilziel des Unternehmens war die Einbindung der Mitarbeiter in allen Bereichen des BGM. Im ersten Schritt wurde deshalb ein Mitarbeiterwettbewerb ausgelobt, um einen Slogan und ein Aktionslogo für die BGM-Aktivitäten zu finden. Als Preis wurde ein monatlicher Gutschein im Wert von 40 Euro für Obst und Gemüse für ein ganzes Jahr geboten. Dadurch sollten die Mitarbeiter gleich von Beginn an zu Eigeninitiative in Bezug auf das BGM motiviert werden.

Zusätzlich startete Globus in allen vier Märkten über zwei Wochen hinweg eine identisch geplante und durchgeführte Mitarbeiterbefragung, um einen Überblick über die gesundheitliche Situation und den vorhandenen Präventionsbedarf an den einzelnen Standorten zu erhalten. Die Befragungsergebnisse zeigten einen deutlichen Handlungsbedarf im Themenfeld »Ergonomie« auf. Auf dieser Basis dieser Ergebnisse erarbeitete das Expertenteam als erstes Projekt konkrete Maßnahmen zur Verbesserung dieses Bereichs, die in allen Häusern nach Wunsch und Bedarf umgesetzt werden konnten:
- Ausrufung des »Jahres der Ergonomie«;
- Angebot themenbezogener Gesundheitstage;
- Arztvorträge;
- Angebot einer arbeitsplatzbezogenen Rückenschule;
- Ergonomische Arbeitsplatzanalyse;
- Hebe- und Tragetraining sowie
- Ausbildung von ErgoScouts.

Die Bewegungsfachkräfte der AOK erarbeiteten zudem ein Konzept für die themenbezogenen Gesundheitstage.

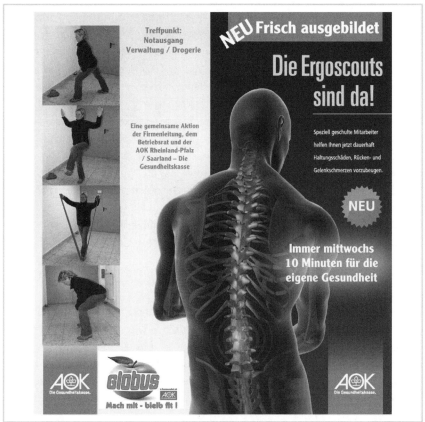

Abb. 1: Speziell geschulte Mitarbeiter unterstützen Kolleginnen und Kollegen mit Rücken-beschwerden

Einführung einer BGM-Hotline

Gemeinsam mit dem Eichenberg Institut für Gesundheitsmanagement und Personalentwicklung wurde für alle Mitarbeiter eine kostenlose Hotline ein. Diese unterstützt bei Problemen im Unternehmen oder Zuhause und berät beispielsweise bei körperlicher und seelischer Belastung, Trennung/Scheidung, Mobbing, Stress, Sucht oder Trauerfällen.

Kompetente Ansprechpartner des Eichenberg-Instituts stehen den Mitarbeitern und Führungskräften unter einer kostenlosen Nummer mit Rat und Tat zur Seite. Das Angebot können zudem Familienangehörige ersten Grades in Anspruch nehmen, womit Globus den Transfer des Angebots ins Privatleben erreichen konnte. Aus vielen Mitarbeitergesprächen wurde deutlich, dass der Fokus des BGM nicht nur auf die Arbeit gerichtet werden sollte, da nicht ausschließlich die betrieblichen Umstände zu Erkrankungen führen. Oftmals lagen und liegen die Ursachen im privaten Bereich beziehungsweise entstehen durch die Kombination von privaten und betrieblichen Begleitumständen. Informiert über die Hotline wurden die Mitarbeiter durch das Verteilen praktischer Hotline-Visitenkarten.

Projektbeispiele

Mit den Angeboten zum BGM hat Globus bei den Mitarbeitern »einen Nerv getroffen«. Diese sind von den Projekten so begeistert, dass viele Mitarbeiter sich mittlerweile mit eigenen Ideen engagieren und sich auch privat vermehrt des Themas Gesundheit annehmen.

Im Haus Zell an der Mosel beispielsweise bietet eine Mitarbeiterin einen Step-Aerobic-Kurs für ihre Kollegen an, es gibt eine Walking-Gruppe sowie eine Gymnastikgruppe. Eine Betriebsfußballmannschaft spielt auf Turnieren und eine Laufgruppe nimmt an Marathons und Laufevents in der Region teil. Dieses große Engagement hat selbst das Globus-Expertenteam überrascht und zeigt, dass das Unternehmen mit seinen Bemühungen auf dem richtigen Weg ist.

Umgesetzt wurden in Zell unter anderem zudem folgende BGM-Projekte:

- Massagestühle in den Mitarbeiteraufenthaltsräumen;
- Täglich kostenlos frisches Obst und Gemüse;
- Pausengymnastik;
- Individuell angepasster Gehörschutz für Mitarbeiter im Kutterraum der Metzgerei;
- Tag des Arbeitsschuhs;
- Test neuer Kassenstühle und Neuanschaffung »des besten Stuhls«;
- Kooperation mit der Deutschen Venenliga und Ausbildung zum examinierten Venentrainer.

Exkurs »Gesunde Ausbildung«

Bestehende Gesundheitsangebote richteten sich hauptsächlich an bereits belastete Personengruppen mit zum Teil schon vorhandenen Beschwerden, dienten also der »Reparatur«. Junge, beschwerdefreie Mitarbeiter hingegen erlebten das Thema Gesundheit im Betrieb relativ unbeteiligt und praktizierten Verhaltensweisen, auch wenn sie ungesund waren, über Jahre hinweg weiter, bis es zuletzt zu Schädigungen kam. Daher kam die Idee zur »Gesunden Ausbildung« auf.

Im Vorfeld erfasste das Expertenteam alle Auszubildenden eines Jahrgangs und nahm eine umfassende Analyse vor. Der gesamte Betrieb, die Ausbilder und die Führungskräfte wurden involviert. Ziel ist es, bei den jungen Menschen ein Gesundheitsbewusstsein zu schaffen, die vorhandene Gesundheitskompetenz zu festigen und zu gesundheitsförderlichem Verhalten zu befähigen. Das Hauptziel ist der persönliche (Gesundheits- und Kompetenz-)Gewinn für die Auszubildenden.

Wesentlicher Baustein für die Durchführung des Projekts war die Einbindung der Jugend- und Auszubildendenvertretung, die selbst Verantwortung übernimmt und in der Umsetzung auch einzelne Projektbausteine selbst durchführt. Gemeinsam wurde ein Konzept entwickelt, das alle drei Jahre der betrieblichen Ausbildung abdeckt und den Grundstein für eine dauerhaft gute Gesundheit bilden soll. Zu den Basismaßnahmen im Rahmen der gesunden Ausbildung zählen Informationen über Arbeitssicherheit durch Betriebsärzte, gefolgt von Entspannungstechniken, die während der Azubi-Sitzungen praktiziert werden.

Weitere Bausteine sind Stressprävention, Konfliktmanagement und Pausenmanagement sowie Suchtprävention und Suchtberatung. Zudem bietet das Unternehmen unter anderem »gesundes Kochen« inklusive Einkaufscoaching, Fahrsicherheitstraining, einen Raucherentwöhnungskurs und Ernährungsberatung an. Eingesetzt wird ein Gutscheinheft mit den frei planbaren Angeboten, das bei vollständiger Inanspruchnahme den zusätzlichen Anreiz einer Prämie bietet.

Langfristig wird ein Ziel sein, sämtliche Angebote immer wieder konsequent anzubieten, diese auf dem Prüfstand zu halten und Anpassungen vorzunehmen. Im November 2015 wurde Globus in Bamberg für unsere »Gesunde Ausbildung« mit dem BGHW-Präventionspreis 2015 der Berufsgenossenschaft Handel und Warenlogistik ausgezeichnet. Der Preis kürt jährlich besonders gelungene und vorbildliche Projekte zur Arbeitssicherheit und im Gesundheitsschutz.

Abb. 2: Im Rahmen der »Gesunden Ausbildung« kochen die Jugendlichen gemeinsam mexikanisch

Abb. 3: Die Auszubildenden beim gemeinsamen Aerobic

Exkurs »Venengesundheit«

In Kooperation mit der Deutschen Venenliga führen wir das Projekt »Venengesundheit« durch. Ziel ist es auch hier, ein Bewusstsein für die eigene Gesundheit zu schaffen, zu Eigeninitiative anzuregen und die Gesundheitskompetenz zu festigen. Als gezielte Präventionsmaßnahme bieten wir daher Venenscreenings an, die zweimal jährlich von der Venenliga durchgeführt werden. Mittels Ultraschall-Doppler-Verfahren werden Blutströmungsgeschwindigkeit und -richtung überprüft, zusätzlich gibt es einen Venen-Info-Counter, an dem eine phlebologische Assistentin informiert und berät. Durch Venenübungen lernen die Mitarbeiter außerdem, wie sie am Arbeitsplatz für gesunde Venen trainieren können.

Konsequent helfen – Umgang mit psychisch belasteten Mitarbeitern

Merle Kaase, Assistentin der Personalleitung, Stadtwerke Bielefeld GmbH, Bielefeld
Dipl. Psych. Michael Neumann, Leiter Personalentwicklung, Stadtwerke Bielefeld GmbH, Bielefeld

Immer die beste Lösung finden – das gilt in der Unternehmensgruppe Stadtwerke Bielefeld nicht nur im Umgang mit Kunden, sondern auch für die Mitarbeiter. Sie können sich auf ihren Arbeitgeber verlassen, auch wenn es um das schwierige Thema psychischer Belastungen geht. In der Unternehmensgruppe wird der Umgang mit psychisch belasteten Mitarbeitern formal geregelt und konsequent umgesetzt, um die beste Lösung für beide Seiten zu finden.

Basisdaten und Konzept

Als Infrastrukturdienstleister für die Stadt Bielefeld steht die Unternehmensgruppe Stadtwerke Bielefeld mit ihren vielseitigen Leistungen für ein lebenswertes Bielefeld. Den Mittelpunkt der wirtschaftlichen Tätigkeit und des regionalen Engagements der Unternehmensgruppe bilden die Bielefelder Bürger und ihre Bedürfnisse: Die Stadtwerke Bielefeld GmbH versorgt die Bevölkerung und Wirtschaft seit über 150 Jahren mit umfassenden Energiedienstleistungen im Bereich von Strom, Gas, Wasser und Wärme. Über die Tochterunternehmen werden außerdem Leistungen im öffentlichen Personennahverkehr (moBiel GmbH) sowie im Telekommunikations- (BITel Gesellschaft für Telekommunikation mbH) und Entsorgungsbereich (Interargem GmbH) angeboten und Bäder sowie eine Eisbahn (BBF Bielefelder Bäder und Freizeit GmbH) betrieben. Im zunehmenden Wettbewerb auf den Energiemärkten setzt die Unternehmensgruppe auf ihre lokale Verankerung und die Nähe zu ihren Kunden. Daraus entstand ein großer, regionaler Komplettanbieter, der auf die Kundenbedürfnisse ausgerichtete Produkte und Dienstleistungen aus einer Hand anbietet.

Ein wesentlicher Erfolgsfaktor sind dabei auch die 2.156 Mitarbeiter (Stand: Dezember 2015). Um ihren vielfältigen Anforderungen an einen verlässlichen und attraktiven Arbeitgeber gerecht zu werden, bietet die Unternehmensgruppe ihnen unter anderem ein gezieltes Betriebliches Gesundheitsmanagement (BGM) an, in dem auch Angebote für den Umgang mit psychischen Belastungen etabliert wurden. Sie leisten einen wesentlichen Beitrag zum zentralen Anliegen der Geschäftsführungen und des Betriebsrates, die Gesundheit und Arbeitsfähigkeit der Mitarbeiter zu erhalten und zu fördern. Erreicht wird dies durch einen ganzheitlichen Ansatz. Er kombiniert

- Maßnahmen der Gesundheitsförderung,
- des Arbeitsschutz- und Fehlzeitenmanagements,
- des Umgangs mit psychischen Störungen sowie
- Führung, Kommunikation und Mitarbeiterbeteiligung.

Arbeitsunfähig durch psychische Belastungen

Dass der Umgang mit psychischen Störungen und Belastungen im Betrieblichen Gesundheitsmanagement eine wesentliche Rolle einnimmt, ist nicht allein auf das soziale Engagement des Unternehmens für die Gesundheit der Mitarbeiter zurückzuführen. Denn wirtschaftlich betrachtet ist es für ein Unternehmen durchaus sinnvoll, in Präventions- und Bewältigungsmaßnahmen bei psychischen Belastungen zu investieren. Diese Kosten liegen deutlich unterhalb derer für Krankheitsvertretungen und Wiedereingliederungen nach psychisch bedingten Langzeiterkrankungen beziehungsweise Neubesetzungen bei Kündigungen oder Frühverrentungen. Psychische Erkrankungen sind dabei leider kein Einzelfall: Bereits 2013 führte die Bundespsychotherapeutenkammer 42 Prozent der Frühverrentungen im Jahr 2012 auf psychische Erkrankungen zurück (vgl. o.V. (BPtK), 2013).

Diese Tendenz setzt sich im BKK Gesundheitsreport 2015 fort: Im Jahr 2014 waren psychische Störungen der zweitwichtigste Grund für Arbeitsunfähigkeit in Deutschland (vgl. o.V. (BKK Dachverband), 2015). Hinzu kommt, dass die Arbeitsunfähigkeit durch eine psychische Erkrankung erheblich länger andauert als bei einer physischen: Die DAK berichtet in ihrem Gesundheitsreport 2016 von einer durchschnittlichen Dauer von 35,5 Tagen pro Fall (vgl. o.V. (DAK), 2016). Dies hat unter anderem damit zu tun, dass psychische Erkrankungen nach den Ausführungen der Bundespsychotherapeutenkammer nur selten auf eine einzige Ursache zurückzuführen sind (vgl. o.V. (BPtK), 2013). Eine wesentliche Rolle können dabei auch die Belastungsfaktoren in der Arbeitswelt einnehmen (vgl. o.V. (BPtK), 2013). Einige Beispiele sind

- die Arbeitsverdichtung mit wechselnden oder steigenden Leistungsanforderungen,
- ein steigender Zeit- und Termindruck,
- ein Wechsel der Inhalte und Rahmenbedingungen der Arbeit,
- die Ansprüche an soziale Kompetenzen der Mitarbeiter oder
- die Unvereinbarkeit von Berufs- und Privatleben durch Überlastung.

Damit wird deutlich, dass es für Unternehmen unumgänglich ist, sich bereits im Bereich der Prävention mit den psychischen Belastungen der Mitarbeiter auseinanderzusetzen. In der Unternehmensgruppe Stadtwerke Bielefeld wurde dazu in den vergangenen Jahren ein breitgefächertes präventives Hilfsangebot aufgebaut.

Formale Regelungen

Seit 2011 ist der Umgang mit psychisch erkrankten Mitarbeitern formal in der Betriebsvereinbarung Betriebliches Gesundheitsmanagement geregelt. Zunächst wird darin ein einheitliches Verständnis für den Begriff der psychischen Störungen in der Unternehmensgruppe geschaffen: Es handelt sich hierbei um eine erhebliche Abweichung im Erleben oder Verhalten der Betroffenen, die des Weiteren auch psychische Leiden mit sich führt. Über die formale Regelung werden mit der Zielsetzung »Helfen statt Kündigen« bewusst Themenschwerpunkte im Bereich der Betrieblichen Suchthilfe und -vorbeugung sowie der Hilfs- und Vorbeugungsangebote von psychischen Störungen gesetzt.

Hintergrund dieser Zielsetzung ist es, dass die Auswirkungen einer vom Arbeitgeber unerkannten psychischen Störung in der Regel zu ernsthaften Leistungs- und Verhaltensdefiziten und/oder zu Verstößen gegen betriebliche Regeln führen, die zu arbeitsrechtlichen Konsequenzen bis hin zur Kündigung führen können. Mit »Helfen statt Kündigen« ist der Maßstab gesetzt, die Gesundheit der Mitarbeiter zu erhalten, dem Auftreten von psychischen Störungen am Arbeitsplatz entgegenzuwirken und den Betroffenen ein rechtzeitiges Hilfsangebot zu unterbreiten. Außerdem wird betrieblichen Faktoren entgegengewirkt, die psychische Belastungen und Störungen verursachen können.

Einen weiteren wichtigen Aspekt der Betriebsvereinbarung stellt die festgesetzte Verantwortung der Führungskräfte dar. Denn entsteht zum Beispiel aufgrund einer länger andauernden Veränderung der Eindruck, dass ein Mitarbeiter psychisch instabil ist, so hat die Führungskraft entsprechende Handlungsschritte einzuleiten. In einem solchen Fall gehört es damit zu ihren Pflichten, den betroffenen Mitarbeiter direkt anzusprechen. Die Führungskraft trägt im betrieblichen Kontext die Verantwortung für die gesundheitliche Fürsorge und Entwicklung ihrer Mitarbeiter. Auf der anderen Seite verpflichtet sich die Unternehmensgruppe ihre Führungskräfte und alle weiteren, für die Umsetzung der Betriebsvereinbarung verantwortlichen, Personen hinsichtlich der betrieblichen Gesundheitsprävention ausreichend zu schulen beziehungsweise auszubilden.

Drei Bausteine: Prävention, Beratung, Notfallversorgung

Für den Umgang mit psychischen Belastungen bestehen drei Bausteine:

- die Prävention in Form von Schulungen und der psychosozialen Gefährdungsbeurteilung,
- die individuellen Beratungsangebote und
- die Notfallversorgung bei Extremereignissen.

Der erste Schritt der betrieblichen Prävention liegt in der Analyse von Faktoren und Merkmalen des Arbeitsalltags, die zu psychischen Belastungen führen können, wie beispielsweise

- äußere Arbeitsbedingungen,
- Termindruck,
- fehlende Transparenz von Entscheidungen und Abläufen,
- Ungewissheit über die Erwartungen an die eigene Arbeitsleistung bzw. divergente Arbeitsanforderungen,
- Informationsüberflutung,
- fehlende Kompetenzen oder auch
- Unterforderung und Monotonie.

Paragraf fünf des Arbeitsschutzgesetzes sieht dafür die psychosoziale Gefährdungsbeurteilung vor. Durch diese gesetzliche Verpflichtung spielt sie eine wichtige Rolle in der Unternehmensgruppe. Zugleich stellt die Gefährdungsbeurteilung aber auch eine besondere Herausforderung dar, weil sich die verschiedenen Arbeitsplätze hinsichtlich ihrer psychosozialen Belastungsfaktoren stark unterscheiden und eine Vielzahl einzelner Analysen der jeweiligen Arbeitsorganisation, -inhalte, Arbeitsmittel und Schnittstellen notwendig ist. Um diese anforderungsgerecht zu bewältigen, arbeitet die Unternehmensgruppe mit einem externen Dienstleister als Durchführungsbeauftragtem zusammen.

Intern werden die Analysen durch das Gesundheitsmanagement organisiert und durch die Personalentwicklung, den Betriebsrat, die Gleichstellung und den Unternehmensdatenschutz in Form einer Kommission begleitet. Im Vorhinein der Durchführung dient eine Auftaktveranstaltung dazu, den Mitarbeitern aus den zu analysierenden Bereichen die Beteiligten und den Ablauf vorzustellen beziehungsweise zu erläutern. Insbesondere der Hinweis, durch die Ergebnisse der psychosozialen Gefährdungsbeurteilung eine positive Veränderung im Arbeitsumfeld oder -alltag bewirken zu können, ist hier wichtig. Im Anschluss werden durch den externen Dienstleister Auftaktinterviews mit der Führungskraft des jeweiligen Bereiches und einzelnen freiwilligen Mitarbeitern im Einzel- oder Gruppengespräch durchgeführt.

Auf Basis dieser ersten Erkenntnisse über die Handlungsfelder in Bezug auf die psychosozialen Belastungen wird dann ein Fragebogen für die Gefährdungsbeurteilung erarbeitet. Die Entscheidung über die finale Gestaltung trifft der externe Dienstleister gemeinsam mit den Mitgliedern der Kommission. Werden dann die Fragebögen an die Mitarbeiter der zu analysierenden Bereiche verteilt, können sie diese über einen Zeitraum von circa 14 Tagen anonym beantworten und direkt zur Auswertung an den externen Dienstleister senden. Im Sinne des Datenschutzes findet keinerlei Auswertung der Fragebögen in der Unternehmensgruppe selbst statt. Die Auswertung basiert dabei nicht allein auf der Erstellung von statistischen Daten, sondern beinhaltet auch direkt die Benennung von Handlungsfeldern.

Diese Analyse präsentiert der externe Dienstleister im Anschluss vor der Kommission und schlägt gleichzeitig konkrete Gegenmaßnahmen zur Bearbeitung der Handlungsfelder vor, die gemeinsam modifiziert werden können. Abschließend entscheidet die Kommission über die Umsetzung der Gegenmaßnahmen. Um diese hinsichtlich ihres Erfolges zu prüfen, wird nach der vereinbarten Umsetzungszeit eine Zweitbefragung durchgeführt. Vor allem bei organisatorischen Themen, die nicht direkt sichtbar sind, ist eine erneute Abfrage sinnvoll.

Sensibilisierung für psychische Belastungen

Neben dieser gesetzlichen Verpflichtung im Bereich der Prävention, hat sich die Unternehmensgruppe im Rahmen ihrer Betriebsvereinbarung Betriebliches Gesundheitsmanagement dazu verpflichtet, diejenigen Mitarbeiter, die für die Umsetzung der Vereinbarung verantwortlich sind, im Bereich der betrieblichen Gesundheitsprävention zu schulen. Somit werden alle rund 130 Führungskräfte der Unternehmensgruppe im Umgang mit psychischen Störungen und Erkrankungen ausgebildet. Mithilfe eines weiteren externen Dienstleisters, der ebenfalls für einen Teil der individuellen Beratungsangebote sowie die Notfallversorgung zuständig ist, wird dabei Klarheit über die Rolle der Führungskräfte geschaffen.

Über eine allgemeine Einführung in das Thema der psychischen Gesundheit und Krankheit werden die Führungskräfte für psychische Belastungen am Arbeitsplatz und betriebliche Risikofaktoren zunächst sensibilisiert. Der zweite Fokus der Schulung liegt auf der Vermittlung von Interventions- und Handlungsmöglichkeiten im Führungsalltag und den Grenzen der Führungstätigkeit im Rahmen psychischer Belastungen von Mitarbeitern. Es wird verdeutlicht, dass die Führungskräfte zwar ihre Verantwortung in Form eines Fürsorgegespräches mit dem betroffenen Mitarbeiter wahrnehmen müssen, aber dann auf die professionellen, externen Ansprechpartner und ihre Beratungsangebote verweisen sollen, was zu einer eindeutigen – auch psychischen – Entlastung der Führungskräfte führt.

Für alle weiteren Mitarbeiter der Unternehmensgruppe, die gegebenenfalls im direkten Kontakt mit Betroffenen stehen, wurde eine Schulung zur Psychologischen Ersten Hilfe am Arbeitsplatz konzipiert. Zielgruppe der Schulung sind beispielweise die Mitarbeiter im Nahverkehrsunternehmen moBiel GmbH, die im Falle eines Verkehrsunfalls im Erstkontakt mit dem betroffenen Fahrer stehen und somit im Umgang mit akuten Psychotraumatisierungen geschult werden. Dazu werden auf Grundlage eines strukturierten Handlungskonzeptes und praktischer Übungen Erfahrungen für den Einsatzalltag vermittelt. Des Weiteren werden die Mitarbeiter auch für die Wahrnehmung von kritischen Verhaltensweisen von Betroffenen und gegenüber ihrem eigenen Stressverhalten bei derartigen Arbeitseinsätzen sensibilisiert.

Umgang mit Suchtgefährdungen und -erkrankungen
Ein weiterer Themenbereich der präventiven Schulungen liegt in einem speziellen Gebiet psychischer Erkrankungen: dem Umgang mit Suchtgefährdungen und -erkrankungen. Hier werden die Mitarbeiter über stimmungsverändernde Substanzen sowie über ihre Risiken aufgeklärt, um dem Auftreten von Suchterkrankungen entgegenzuwirken. Die Betriebliche Suchthilfe und Vorbeugung setzt sich in unternehmensinternen Beratungsangeboten fort, die von verantwortlichen Personen – den Suchtbeauftragten – durchgeführt werden.

Unternehmensextern wird dagegen der Betriebspsychologische Dienst durch den bereits erwähnten externen Dienstleister angeboten. Für diese besondere Leistung entschied man sich, da alle Mitarbeiter trotz aller Vorsichtsmaßnahmen und der Einhaltung aller Sicherheitsvorschriften Gefahren ausgesetzt sind, die psychische Störungen nach sich ziehen können. Der Dienst gliedert sich in die Beratung und die Notfallversorgung bei akuten Psychotraumatisierungen auf. Über eine telefonische Beratung oder in bis zu drei persönlichen Gesprächen pro Fall, die innerhalb von 24 Stunden vereinbart werden können, stehen den Mitarbeitern der Unternehmensgruppe werktags Diplom-Psychologen beziehungsweise approbierte Psychotherapeuten des externen Dienstleisters bei psychischen Belastungen zur Verfügung.

Belastungssituationen während der Arbeitszeit
Eine Beratung muss dabei nicht zwingend betriebliche Gründe haben, denn sie kann beispielsweise auch bei Belastungen durch familiäre Krisen oder ähnliches in Anspruch genommen werden. Ist ein Mitarbeiter während der Arbeitszeit extremen Belastungssituationen, wie einem gewalttätigen Übergriff, einem schweren Arbeits- oder Verkehrsunfall, ausgesetzt, so wird durch autorisierte Personen der Notfallbereitschaftsdienst des externen Dienstleisters eingeschaltet und die Fortsetzung der Arbeit ausgeschlossen. Die Beratung erfolgt dann entweder vor Ort oder telefonisch, wenn der alarmierte Diplom-Psychologe beziehungsweise approbierte Psychotherapeut des externen Dienstleisters im direkten Telefonat mit dem betroffenen Mitarbeiter zu dieser Einschätzung kommt. Der Mitarbeiter ist verpflichtet, an der Beratung durch den Notfallbereitschaftsdienst teilzunehmen, um qualifizierte Hilfe bei der Verarbeitung des Ereignisses zu gewährleisten und langfristige psychische Folgeerkrankungen möglichst zu verhindern. Falls es doch zu einer Langzeitbehandlung kommt, ist ebenfalls eine Begleitung durch den Betriebspsychologischen Dienst möglich, um den Kontakt

zum Unternehmen zu halten und die anschließende Wiedereingliederung in den Arbeitsalltag zu erleichtern.

Die Kosten für den Betriebspsychologischen Dienst basieren auf einer Jahrespauschale plus einen variablen Betrag je nach Anzahl der Beratungs- und Notfalleinsätze. Durchschnittlich ergibt sich für seit Einführung des Betriebspsychologischen Dienstes im Jahr 2012 eine jährliche Kostenbelastung in Höhe eines mittleren fünfstelligen Betrages bei durchschnittlich 21 Notfalleinsätzen pro Jahr. Die meisten davon sind auf fremdverschuldete Einsätze für das Nahverkehrsunternehmen moBiel GmbH zurückzuführen und liegen im Bereich des Fahrdienstes mit Bussen und Stadtbahnen.

Akzeptiert, anerkannt und geschätzt

Bis zu dieser konsequenten Anwendung der formellen Regelungen für den Umgang mit psychisch belasteten Mitarbeitern mussten allerdings zunächst zahlreiche Hemmnisse und Widerstände in der Unternehmensgruppe abgebaut werden.

- Zum einen wurden dazu alle Mitarbeiter umfangreich über Flyer, Informationen im Intranet und persönliche Ansprechpartner informiert.
- Zum anderen stand die Information und Einführung der Führungskräfte in die Thematik im Fokus, da ihnen durch die Betriebsvereinbarung eine enorme Bedeutung und Verantwortung im Umgang mit psychisch belasteten Mitarbeitern zukommt: Sie sind es schließlich, die die Betroffenen in Fürsorgegesprächen auf die Hilfsangebote hinweisen sollen.

Dabei wurde in der Kommunikation zur Einführung der Angebote vor allem auf eine Enttabuisierung psychischer Erkrankungen hingewirkt und somit auch ein Verständnis für die Betroffenen und die psychischen Belastungen geschaffen. Die wiederholte Ansprache der Hintergründe und Erläuterung der Hilfsangebote baute dabei die Hemmschwellen gegenüber der Thematik ab.

Die Erfolgsfaktoren für den Umgang mit psychischen Belastungen sind einfach, aber konsequent und zielgerichtet. Die Betriebsvereinbarung setzt direkt an den häufigsten Ursachen psychischer Belastungen am Arbeitsplatz an: der Verantwortung des Managements und ihren unternehmerischen Entscheidungen, denn das Führungsverhalten beeinflusst das Befinden, die Motivation und somit die psychische Gesundheit der Mitarbeiter. Daher griff die Unternehmensgruppe diese enorme Bedeutung auf und regelte formal nicht nur die operativen Maßnahmen an sich, sondern legte auch die Verantwortung der Führungskräfte fest.

Dass die Regelungen einen wirtschaftlichen Vorteil bringen, ist allerdings nicht durch ein direktes Controlling festzustellen. An dieser Stelle werden daher nur indirekte Effekte betrachtet, wie Kostenvergleiche zwischen dem Aufwand für die in Anspruch genommenen Dienstleistungen und den Kosten für Wiederbesetzungs- beziehungsweise Wiedereingliederungsprozesse nach Langzeiterkrankungen. Dass die Regelungen durchaus sinnvoll sind, zeigen aber immer wieder die zahlreichen Inanspruchnahmen durch die Mitarbeiter in der Unternehmensgruppe Stadtwerke Bielefeld.

Literatur

BKK Dachverband, (2015): Wichtigste Krankheitsarten für Arbeitsunfähigkeit in Deutschland in den Jahren 2012 bis 2014 (AU-Tage je 100 Pflichtmitglieder), S. 38, in: Knieps, F., Pfaff, H. (Hrsg.), 2015: BKK Gesundheitsreport 2015, Langzeiterkrankungen, Berlin.

Bundespsychotherapeutenkammer – BPtK (2013): BPtK-Studie zur Arbeits- und Erwerbsunfähigkeit – Psychische Erkrankungen und gesundheitsbedingte Frühverrentung, Berlin.

DAK (2016): Durchschnittliche Arbeitsunfähigkeitsdauer aufgrund von psychischen Erkrankungen im Zeitraum von 2006 bis 2015 (AU-Tage je Fall), S. 148, in: Rebscher, H. (Hrsg.), 2016: Beiträge zur Gesundheitsökonomie und Versorgungsforschung (Band 13), DAK-Gesundheitsreport 2016, Analyse der Arbeitsunfähigkeitsdaten, Schwerpunkt: Gender und Gesundheit, Heidelberg.

Literatur

Alidina, Shamash/Adams, Juliet: Achtsamkeit im Beruf für Dummies, 320 Seiten, 16,99 Euro, Wiley-VCH Verlag GmbH & Co. KGaA, 2015, ISBN: 978-3-527711130

Fühlen auch Sie sich von der Arbeitsflut und den vielen anscheinend gleich wichtigen Aufgaben geradezu überrollt? Wünschen auch Sie sich mehr Ruhe und Gelassenheit im hektischen Arbeitsalltag? Dann ist dieses Buch genau das richtige für Sie. Shamash Alidina und Juliet Adams zeigen Ihnen, wie Sie ganz einfach zu erlernende Achtsamkeitsübungen in Ihren Berufsalltag integrieren können. Eine achtsame Vorbereitung und Durchführung von Meetings und Präsentationen nimmt Ihnen den Stress, Ihre Konzentration steigt, die E-Mail-Flut und der Termindruck wirken nicht mehr so erdrückend, Sie können mit Ablenkungen besser umgehen und der achtsame Umgang mit schwierigen Kunden oder Kollegen führt zur Entspannung heikler Situationen. So können Sie konzentrierter und leistungsfähiger Ihre vielen Aufgaben erledigen.

Amler, Nadja: Produktivität, Präsentismus und Arbeitsfähigkeit: Konzepte und Instrumente, 464 Seiten, 39,90 Euro, Universität Erlangen Lehrstuhl für Gesundheitsmanagement, 2016, ISBN: 978-3-936863246

 Im Zuge der demografischen Entwicklung und den damit verbundenen Auswirkungen auf den Arbeitsmarkt gewinnt der Erhalt bzw. die Wiederherstellung der Arbeits- und Beschäftigungsfähigkeit von Erwerbstätigen zunehmend an Bedeutung. Unternehmen und Träger der Sozialversicherungen haben in der Zwischenzeit die Notwendigkeit zielgerichteter und frühzeitiger Maßnahmen erkannt und entsprechende Modellprojekte aufgesetzt. Diese werden jedoch oft nicht oder nur unzureichend evaluiert. Es fehlt schlichtweg an geeigneten Kennzahlen zur Abbildung der Leistungs- bzw. Arbeitsfähigkeit von Beschäftigten. Vor diesem Hintergrund besteht die Zielsetzung dieser Arbeit darin, die verschiedenen Möglichkeiten zur Messung von Arbeitsfähigkeit, Produktivität und Präsentismus aufzuzeigen und dann entsprechend ein geeignet erscheinendes Tool zur flächendeckenden Verwendung in Deutschland vorzuschlagen. Bestehende Konzepte werden erarbeitet und bewertet. Experten aus den unterschiedlichsten Bereichen werden hinsichtlich ihrer Erfahrungen im Zusammenhang mit der Messung von Arbeitsfähigkeit befragt. Im weiteren Verlauf der Arbeit werden diverse Weiterentwicklungen aufgezeigt.

Badura, Bernhard/Ducki, Antje /Schröder, Helmut/Klose, Joachim (Hrsg.): Fehlzeiten-Report 2013: Verdammt zum Erfolg – die süchtige Arbeitsgesellschaft?, 503 Seiten, 49,99 Euro, Verlag Springer, 2013, ISBN: 978-3-642371165

Suchtprobleme durch den Konsum von Alkohol, Medikamenten, Nikotin oder illegalen Drogen spielen in der Arbeitswelt eine größere Rolle als oft angenommen. Schätzungen gehen davon aus, dass bis zu zehn Prozent aller Beschäftigten Suchtmittel in missbräuchlicher Weise konsumieren – vor allem Alkohol oder Medikamente. Hinzu kommen »neue« Süchte wie Medien-, Informations- und nicht zuletzt die Arbeitssucht. Die Konsequenzen, etwa durch Fehlzeiten oder ein steigendes Sicherheitsrisiko, können für die Betriebe erheblich sein. Der Fehlzeiten-Report 2013 beschreibt die Suchtproblematik aus gesellschaftlicher, psychologischer und neurobiologischer Sicht und zeigt auf, was eine zukunftsorientierte betriebliche Personal- und Gesundheitspolitik leisten muss, um mit dem Thema Sucht kompetent umzugehen und eine gesundheitsförderliche Arbeitsatmosphäre zu schaffen.

Bannasch, Lutz/Junginger, Beate: Gesunde Psyche, gesundes Immunsystem. Wie Psychoneuroimmunologie gegen Stress hilft. 352 Seiten, 9,99 Euro, Knaur MensSana TB, 2015, ISBN: 978-3-426876466

Bannasch und Junginger zeigen im Zusammenspiel zwischen Arzt und Coach auf, wie man die wissenschaftlichen Erkenntnisse der Psycho-Neuro-Immunologie nutzen kann, um Körper, Geist und Seele nachhaltig wieder in Einklang zu bringen. Mit einem Test kann jeder feststellen, welcher Immuntyp er ist, was für ein typisches Verhalten im Leben und welche spezifische Anfälligkeiten für bestimmte Krankheiten damit in Verbindung stehen. Daraus lässt sich systematisch ableiten, mit welchen speziellen hochwirksamen Methoden man aus ganzheitlicher Sicht wieder gesund und leistungsfähig werden kann.

Eierdanz, Axel: Betriebliche Eingliederung von an Depression erkrankten Beschäftigten: Mit der stufenweisen Wiedereingliederung nach §74 SGB V und §28 SGB IX, 156 Seiten, 44,99 Euro, Grin Verlag GmbH, 2013, ISBN: 978-3-656296874

In der vorliegenden Arbeit ist die Perspektive von vier Krankengeldfallmanagern einer kleinen Krankenkasse zum Thema Betriebliche Eingliederung von an Depression erkrankten Beschäftigten mit der stufenweisen Wiedereingliederung' Gegenstand einer qualitativen Untersuchung. Zu diesem Zweck wurden Experteninterviews mit vier Krankengeldfallmanagern einer Krankenkasse durchgeführt. Ziel dieser Arbeit ist es, die Perspektive der Krankengeldfallmanager einer Krankenkasse zu dem Thema Betriebliche Eingliederung von an Depression erkrankten Beschäftigten mit der stufenweisen Wiedereingliederung nach 28 SGB IX i.V.m. 74 SGB V zu eruieren. Im theoretischen Bezugsrahmen dieser Arbeit wird das BEM-Verfahren nach § 84 Abs. 2 SGB IX auf der Einzelfallebene zunächst schematisch dargestellt, um dann in der schrittweisen Vorgehensweise detailliert in der Umsetzung im Betrieb unter Einbeziehung der innerbetrieblichen und überbetrieblichen Akteure aufgeführt zu werden.

Frey, Hannah: Gesund im Büro. 192 Seiten, 14,99 Euro, Verlag Herder GmbH, 2015, ISBN: 978-3-451613388

Viele Menschen leiden unter ungesunden Routinen, die sich in ihren Arbeitsalltag eingeschlichen haben: ständiger Stress, Bewegungsmangel, Büro-Ernährung, schädliche Haltung und Freizeitdefizite. Hannah Frey zeigt am typischen Tagesablauf eines Büroangestellten die Vielzahl gesundheitlicher Fallen auf. Zudem lädt sie die Leser mit Selbstreflexionen, Checklisten, Fragebögen und Übungen dazu ein, tatsächlich sofort etwas für sich, für gesundes Arbeiten zu tun.

Greiml, Elisabeth: Burn-out-Prävention. Handlungsfelder im Betrieb, 260 Seiten, 48,90 Euro, AV Akademikerverlag, 2013, ISBN: 978-3-639472981

Die psychischen Anforderungen, Belastungen und Beanspruchungen werden im betrieblichen Alltag immer bedeutsamer. Vor allem das Thema Burn-out wird sowohl in den Medien als auch in den Betrieben diskutiert. Die vorliegende Arbeit gibt einen Überblick über die aktuellen Forschungserkenntnisse zum Burn-out-Syndrom und listet die Einflussfaktoren, Ursachen, Symptome, Verlaufsformen und Burn-out-Folgen auf. Einen Schwerpunkt bildet das Betriebliche Gesundheitsmanagement, mit den Verbindungen zwischen dem gesetzlichen Arbeits- und Gesundheitsschutz und der Betrieblichen Gesundheitsförderung. Anhand der Erkenntnisse aus der Burn-out- und Stressforschung werden Handlungsfelder der betrieblichen Burn-out-Prävention erarbeitet. Dieses Buch richtet sich an Führungskräfte, Arbeitsmediziner, Arbeitspsychologen, Sicherheitsfachkräfte, Sicherheitsvertrauenspersonen, Arbeitnehmervertretungen und Behindertenvertretungen, die sich mit dem Thema Burn-out-Prävention beschäftigen.

Hillert, Andreas: Burn-out: Zeitbombe oder Luftnummer? Persönliche Strategien und betriebliches Gesundheitsmanagement, 144 Seiten, 24,99 Euro, Verlag Schattauer, 2014, ISBN: 978-3-794530427

Der Autor schaut hinter die Kulissen und beleuchtet die Hintergründe dieser Burn-out-Dynamik. Differenziert geht er auf die Grundlagen psychischer Gesundheit und die Kriterien seelischer Belastung ein. Mit Beispielen aus der Praxis zeigt der Autor, wie sich arbeitsbezogene Gesundheitsstörungen äußern. Ein detaillierter Fragenkatalog liefert konkrete Hinweise, um z.B. eine Burn-out-Gefährdung zu erkennen. Mit konstruktiven Konzepten betrieblicher Gesundheitsförderung plädiert der Autor für eine »Rehumanisierung« der Arbeitswelt. Er zeigt aber auch, was jeder Einzelne tun kann, um nicht auszubrennen. Ein Buch für Führungskräfte und Personalverantwortliche, Arbeitsmediziner und Betriebsräte, aber auch für Berater, Coachs und Therapeuten.

Hofmann, Mathias/Michel, Friederike/ Recknagel, Susanne/ Reisert, Louisa: Stress-Kompass. Strategisches Stress-Management für Ihr Unternehmen aufbauen – Konzepte und Umsetzung, 368 Seiten, 49,90 Euro, managerSeminare Verlags GmbH, 2015, ISBN: 978-3-958910041

Ein umfassender strategischer Ansatz, Stressmanagement im Unternehmen zu etablieren. Es gilt, Gesunderhaltung und Wohlbefinden als Change-Projekt im Unternehmen anzugehen. Die Autoren zeigen, wie die Umsetzung funktioniert: von der Projektplanung und -steuerung über ein zündendes Kick-off bis zum konkreten Umsetzen der Maßnahmen. Sehr viel Platz räumen sie dabei den Schulungskonzepten, Tools und Methoden ein, um das Stressmanagement beim einzelnen Mitarbeiter zur Wirkung zu bringen. Wie sehen Maßnahmen aus, um Führungskräfte, Mitarbeiter und Teams stressresistenter zu machen? Wie lassen sich interne Multiplikatoren erfolgreich schulen, um krankmachenden Stress gar nicht erst entstehen zu lassen? Darauf gibt das Buch eine Fülle von praxisbewährten Antworten.

Hüther, Gerald: Biologie der Angst. Wie aus Stress Gefühle werden, 130 Seiten, 18,00 Euro, Vandenhoeck & Ruprecht, 12. Auflage 2012, ISBN: 978-3-525014394

Die moderne Naturwissenschaft erklärt unser Seelenleben im Gehirn – überraschend trifft sie sich dabei mit alten Vorstellungen von Geist und Psyche. Nichts fürchten wir so sehr wie unsere ureigenen Ängste. Und doch sind es gerade unsere Ängste in all ihren Schattierungen, die unsere geistige und emotionale Entwicklung in Bewegung bringen. Angst und immer wieder nur Angst bewirkt im Menschen einen Stress-Reaktions-Prozess, der die Voraussetzungen schafft für die Lebensgestaltung auf geistiger, emotionaler und körperlicher Ebene. Der Autor führt die neuesten Erkenntnisse über die biologische Funktion der Stressreaktionen im Gehirn zu überraschenden Einsichten über die Herausbildung emotionaler Grundmuster wie Vertrauen, Glaube, Liebe, Abhängigkeit, Hass und Aggression.

Kernen, Hans /Meier, Gerda: Achtung Burn-out!, 278 Seiten, 54,90 Euro, Paul Haupt 2012, ISBN 978-3-258-07887-8

Was ist zu tun, damit wir über Jahrzehnte hinweg aktiv sein können und trotzdem gesund bleiben? Was können Betriebe unternehmen, um die Gesundheit ihrer Mitarbeiter zu schützen und zu pflegen? Und wie lässt sich durch gezieltes Erfassen und Fördern dieser Ressourcen die Leistungsfähigkeit des arbeitenden Menschen nachhaltig sicherstellen? Das sind die zentralen Fragen, die in dem praxisnahen Buch beantwortet werden.

Kraemer, Horst: Soforthilfe bei Stress und Burn-out: Neue Energie in wenigen Tagen – Coaching mit Neuroimagination – Strategien der Vorbeugung, 192 Seiten, 15,95 Euro, Kösel-Verlag, 4. Auflage 2010, ISBN: 978-3-466308835

Mit der von ihm entwickelten Methode der Neuroimagination hat der Autor schon viele Menschen schnell und effizient aus dem Burn-out herausgeführt: Aufgrund dieser nur wenige Tage beanspruchenden Methode kann ein Coaching, das die Selbstverantwortung stärkt, in nur kurzer Zeit bewirken, dass der Betroffene sich wieder nachhaltig gesund fühlt. Coaches, Therapeuten und Menschen, die einem Burn-out vorbeugen oder sich aus diesem Zustand schnell wieder herausbewegen wollen, finden in diesem Buch zahlreiche Beispiele, wie Kraft und Leistung auch unter Stress erhalten oder zurückgewonnen werden können.

Lauterbach, Matthias: Gesundheitscoaching. Strategien und Methoden für Fitness und Lebensbalance im Beruf, 255 Seiten, 29,95 Euro, Carl-Auer Verlag GmbH, 3. Auflage 2015, ISBN: 978-3-896704979

Beim Coaching stoßen Berater häufig auf gesundheitliche Probleme, die ihre Klienten beeinträchtigen oder sogar gefährden. Vom Coach werden dann besondere Kompetenzen verlangt: Zusammen mit den Klienten muss er einen veränderten Lebens- und Arbeitsstil entwickeln, der deren Gesundheit und Leistungsfähigkeit erhält und fördert.

Pirker-Binder, Ingrid (Hrsg.): Prävention von Erschöpfung in der Arbeitswelt: Betriebliches Gesundheitsmanagement, interdisziplinäre Konzepte, Biofeedback, 216 Seiten, 39,99 Euro, Verlag Springer, 2016, ISBN: 978-3-662486184

Das Buch beschreibt Ursachen und Methoden zur Vorbeugung von Erschöpfungszuständen im beruflichen Kontext. Dabei spannt es den Bogen von den humanen Ressourcen in wirtschaftlichen Unternehmen bis hin zur Prävention von Erschöpfung und Erhalt der Lebensenergie des einzelnen arbeitenden Menschen mit einem Ausblick auf neueste Anwendungen aus Biofeedback-, Mess- und Trainingsmethoden. Der erste Teil widmet sich der Perspektive von Unternehmen als soziale, lebende Systeme. Prävention wird als Führungselement, in der Unternehmenskultur und als strategische Managemententscheidung diskutiert. Im zweiten Teil liegt der Fokus auf einer Work-Life-Integration, einem Leben und Arbeiten im Flow. Der dritte Teil widmet sich neuen Mess- und Trainingsmethoden aus der Biofeedback- und Herz-Raten-Variabilitätsforschung und ihren Einsatz im modernen Präventionsmanagement von Unternehmen und der Arbeits- und wirtschaftspsychotherapeutischen Praxis.

Riechert, Ina: Betriebliches Eingliederungsmanagement bei Mitarbeitern mit psychischen Störungen, 212 Seiten, 29,99 Euro, Verlag Springer, 2016, ISBN: 978-3662491119

Dieses Buch unterstützt Personal- und Fallmanager, Interessen- und Schwerbehindertenvertretungen sowie Gesundheitsbeauftragte in Unternehmen dabei, die betriebliche Wiedereingliederung von Mitarbeitern nach psychischen Krisen zu steuern und sich durch Schwierigkeiten und Rückschläge nicht entmutigen zu lassen. Es liefert konkrete Handlungsempfehlungen, reale Fallbeispiele, Expertenkommentare eines Juristen und hilft, die Chancen des »Betrieblichen Eingliederungsmanagements« (BEM) zu erkennen und zu nutzen.

Scharnhorst, Julia: Burn-out – Präventionsstrategien und Handlungsoptionen für Unternehmen, 279 Seiten, 39,95 Euro, Haufe-Lexware, 2012, ISBN: 978-3-648030349

Die Diplom-Psychologin Julia Scharnhorst erläutert nicht nur medizinisch-psychologische Erkenntnisse zu psychischer Arbeitsbelastung und Stress, sondern geht auch auf rechtliche Aspekte von Burn-out ein. Sie gibt konkrete Handlungsempfehlungen im Umgang mit betroffenen Mitarbeitern.

Voelpel, Sven C. / Fischer, Anke: Mentale, emotionale und körperliche Fitness, 224 Seiten, 29,90 Euro, Publicis Publishing 2014, ISBN 978-3-89578-450-7

Wie können wir hohe Leistungen vollbringen, ohne uns derart zu verausgaben, dass irreparable Defizite entstehen? Dieses Buch bietet Tipps und Empfehlungen, Checklisten, Selbsttests, Strategien und Maßnahmen, mit denen wir unsere Fitness typgerecht optimieren können.

Wagner-Link, Angelika: Aktive Entspannung und Stressbewältigung. Wirksame Methoden für Vielbeschäftigte, 204 Seiten, 29,90 Euro, expert Verlag, 7. Auflage 2014, ISBN: 978-3-816931829

Die Autorin stellt ein wissenschaftlich fundiertes und in der Praxis bewährtes Stress-Modell vor, aus dem sie ein individuelles, systematisches Trainingsprogramm ableitet. Sie gibt Tipps zur Selbst-Analyse und zeigt konkrete Ansatzmöglichkeiten sowie eine Vielzahl bewährter und neuer Methoden zur Stressbewältigung und zur Erhaltung der Gesundheit. Die Methoden – Zeitmanagement, Problemlösungsstrategien, positives Denken, Einstellungsänderungen, die wichtigsten Entspannungstechniken und Blitzentspannung für den Arbeitsalltag – sowie ihr Einsatz werden so detailliert beschrieben, dass sie sich gut umsetzen lassen. Zusätzlich werden positive Ansätze zur Prävention und Gesundheitsförderung beschrieben.

Arbeitshilfen: Links, Checklisten, Übungen

Psychische Erkrankungen stehen mittlerweile an vierter Stelle der Statistik der Erkrankungsarten und an erster Stelle der Gründe für Frühverrentungen. Es gilt heute als gesichert, dass Depressionen umso häufiger auftreten, desto höher die Arbeitsintensität ist. Aber auch anderen Folgen von Dauerstress am Arbeitsplatz sind vorhanden: Herz-Kreislauf-Erkrankungen, Migräne, Tinnitus oder Rückenbeschwerden. Wem die Bewältigung nicht mehr gelingt, läuft Gefahr in den Burn-out zu rutschen.

Von jedem Menschen wird psychische Belastung anders wahrgenommen und verarbeitet. Was für den einen bereits schwer belastend sein kann, empfindet der andere als Herausforderung oder anregenden »Kick«. Es sind innere, psychische Prozesse, die eine wichtige Rolle dabei spielen, ob eine Situation als stressig erlebt wird. Neue neurobiologische Forschungen verweisen darauf, dass die jeweiligen Vorerfahrungen ganz entscheidend sind:

- Konnte eine solche Situation schon einmal bewältigt werden?
- War Hilfe von anderen zu erwarten?
- Konnte diese Situation von bedeutsamen Bezugspersonen bewältigt werden?

Wiederholte und intensive Erfahrungen von Niederlagen, Gefahren, Angst, Hilflosigkeit werden quasi »abgespeichert« und werden bei ähnlichen Erlebnissen automatisch abgerufen. Diese Reaktionsmuster sind allerdings durchaus wieder änderbar. Die individuellen Bewältigungsmöglichkeiten, das heißt die erlernten Muster mit Belastungen umzugehen, sind aber auch entscheidend geprägt von Arbeitserfahrungen. Soziale Unterstützung und positive zwischenmenschlichen Beziehungen gelten im Beruf und ebenso grundsätzlich das ganze Leben lang als entscheidende Faktoren, die vor einer ungesunden psychischen Überlastung schützen.

Zahlreiche Berufsgenossenschaften, die Unfallkassen, Verbände und Vereine haben zudem Broschüren und Checklisten für den Umgang mit psychischen Belastungen veröffentlicht:

- Informationen für Unternehmen der Handelskammer Hamburg zum Thema »Psychische Belastungen bei der Arbeit«:
  www.gesundheitswirtschaft.ihk.de/blob/kn_gesundheit/servicemarken/downloads/1683318/50d5b36be6c52c0f7d4fd92fcadebe5c/Broschuere_Psychische_Belastungen_bei_der_Arbeit_Informationen_-data.pdf
- Fachzeitschrift Forum Ausgabe 6/2012 der Deutschen Gesetzlichen Unfallversicherung zum Thema »Psychische Belastungen am Arbeitsplatz«:
  www.dguv-forum.de/files/594/12-36-029_DGUV_Forum_6-2012.pdf

- PraxisPapier 6/2011 der Deutschen Gesellschaft für Personalführung e.V. (Hrsg.) zum Thema »Mit psychisch beanspruchten Mitarbeitern umgehen – ein Leitfaden für Führungskräfte und Personalmanager«:
http://static.dgfp.de/assets/publikationen/2011/Umgang-mit-psychischer-Beanspruchung-Leitfaden.pdf
- IAG Report 1/2013 des Spitzenverbandes der Deutschen Gesetzlichen Unfallversicherung zum Thema »Gefährdungsbeurteilung psychischer Belastungen – Tipps zum Einstieg«:
http://publikationen.dguv.de/dguv/pdf/10002/iag-report-2013-01.pdf
- Informationen der Bundesanstalt für Arbeitsschutz und Arbeitsmedizin zur Psychischen Belastung und Beanspruchung im Berufsleben:
www.baua.de/cae/servlet/contentblob/673898/publicationFile/
- Deutsche Arbeitsschutzstrategie »Empfehlungen zur Umsetzung der Gefährdungsbeurteilung psychischer Belastung«:
www.gda-portal.de/de/pdf/Psyche-Umsetzung-GfB.pdf?__blob=publicationFile
- Praxisleitfaden der Deutschen Hauptstelle für Suchtfragen (Hrsg.) zum Thema »Qualitätsstandards in der betrieblichen Suchtprävention und Suchthilfe«:
www.dhs.de/fileadmin/user_upload/pdf/Arbeitsfeld_Arbeitsplatz/Qualitaetsstandards_DHS_2011.pdf
- Praxisleitfaden mit Beispielen und Checklisten von Diplom-Psychologen zum Thema »Psychologische Erste Hilfe bei Extremereignissen am Arbeitsplatz«:
https://www.esv.info/download/katalog/inhvzch/9783503097708.pdf
- Fach-Information der Berufsgenossenschaft Holz und Metall zum Thema »Psychologische Notfallversorgung«:
https://www.bghm.de/fileadmin/user_upload/Arbeitsschuetzer/Fachinformationen/Psychische_Belastungen/FI_0027_Psychologische_Notfallversorgung.pdf

Ausreichende Bewegung

Bewegen Sie sich genug, um Herz, Kreislauf und Muskeln fit und gesund zu halten? Denn nur, wenn diese Funktionssysteme des Körpers genügend Impulse bekommen und in Schwung gehalten werden, haben Sie lange Freude daran. Ist Stress dagegen die einzige Herausforderung für Ihr Herz und auf dem Schreibtischstuhl zu sitzen die härteste Belastung für Muskeln und Knochen, dann wird Ihr Körper Sie schon bald mit schmerzhaften Hilferufen belästigen.

Es ist ja nicht so, dass es keine Anleitungen gäbe, wie denn gerade ein sitzverwöhnter Büroarbeiter in Bewegung kommen kann. Krankenkassen, Berufsgenossenschaften, Zeitschriften und Gesundheitsdienstleister überschlagen sich mit Gesundheitstipps, Wochenplänen, Übungsvorschlägen etc. Hier sind nur einige Links:

- www.fitforfun.de/sport/motivationhoch3/fit-tipp/selbstcheck-bewegen-sie-sich-genug_aid_10238.html (in Kooperation mit der Techniker Krankenkasse)
- https://ich-beweg-mich.apotheken-umschau.de/
- www.healthyhabits.de/9-alltaegliche-gelegenheiten-fuer-mehr-bewegung/
- www.office-fitness.com/de/gesundheitspraevention/gesundheitstipps/tipps-fuer-mehr-bewegung/
- https://www.barmer-gek.de/barmer/web/Portale/Versicherte/Rundum-gut-versichert/In-Bewegung/Bewegungstipps/Bewegung-im-Alltag/Tipps-zu-Bewegung.html
- www.praevention-online.de/pol/Pol.nsf/7c76c359d0a3b467c1256790004c3eee/d4845570dd5cc321c1257c1a0036e319?OpenDocument (Berufsgenossenschaft Energie Textil Elektro Medienerzeugnisse (BG ETEM)

Aber bevor Sie in Bewegung geraten, müssen zwei Hemmnisse überwunden werden. Wenig Zeit und hoher Organisationsaufwand. Sie wollen ja, aber Sie finden keine Zeit, und wenn Sie Zeit haben, ist das Studio geschlossen, es regnet oder Sie finden die Laufschuhe nicht. Keine Zeit und hoher Aufwand sind aber eigentlich keine Hemmnisse, sie sind nur die Camouflage für den wirklichen »Feind«: den inneren Schweinehund.

Sich dessen bewusst zu werden und Strategien dagegen zu entwickeln, ist genauso wichtig für die Motivation, wie sich erreichbare Ziele zu setzen und Erfolgserlebnisse bewusst auszukosten. Motivation ist nichts Statisches, das man hat oder eben nicht hat. Genauso wie Motivation sinken kann, kann man sie auch wieder herstellen. Einfach auf »Reset« drücken.

Die folgende Checkliste soll ihnen helfen herauszufinden, ob Ihre Motivation schon ausreicht:

Checkliste: Motivation zum gesundheitsfördernden Verhalten

- Haben Sie sich über das »Wozu« Gedanken gemacht? Sie müssen erkennen, warum Sie körperlich aktiver werden möchten. Vielleicht spüren Sie schon die ersten negativen Anzeichen des Bewegungsmangels und wollen dringend etwas dagegen unternehmen. Und: Eigene Vorsätze lassen sich leichter und dauerhafter in die Tat umsetzen.

- Ist der Vorsatz sich mehr zu bewegen wirklich Ihr eigener? Oder drängen andere Menschen Sie zu mehr Bewegung? Vielleicht ist es gar nicht Ihr eigener Wunsch. Dann lassen Sie sich nicht nur von Anderen oder äußeren Umständen leiten, sondern nehmen Sie das als Anstoß, um sich eigene Argumente für mehr körperliche Aktivität zu suchen.

- Wie stark sind Ihre Vorsätze? Wandeln Sie Ihr allgemeines Vorhaben in ganz konkrete Vorsätze um und prüfen Sie, ob Sie dann noch genauso überzeugt sind: Zum Beispiel: Von nun an gehe ich zweimal in der Woche zum Walken. Oder: Ab sofort erledige ich meine Einkäufe zu Fuß. Oder: Ich nehme im Büro immer die Treppe. Oder: Ich fahre mit dem Fahrrad zum Büro.

- Welche Ziele wollen Sie durch mehr Bewegung erreichen? Formulieren Sie konkrete Ziele, die Sie spätestens innerhalb von sechs Monaten schaffen können. Schreiben Sie sich die Ziele auf. Wenn es Ihnen hilft, können Sie sich für erreichte Etappenziele kleine Belohnungen überlegen.

- Wie wollen Sie sich bewegen? Vielleicht reicht es Ihnen ja schon, Ihren Alltag bewegungsaktiver zu gestalten. Es muss nicht eine Sportart sein, die sie beginnen und die mehr Zeit und Aufwand bedeutet.

- Bei welchen Bewegungsarten, die Ihnen Spaß machen, möchten Sie anknüpfen (Biken, Walken, Klettern, Schwimmen, Rudern etc.? Finden Sie dann heraus, welche Angebote es in Ihrer Nähe gibt und probieren Sie es aus. Nur, was wir etwas gerne tun, tun wir auch langfristig.

- Haben Sie die Bewegung gut geplant? Planung ist wichtig, um nicht gleich wieder aufzugeben, weil man es aufgrund anderer Verpflichtungen ja doch nicht schafft. Organisieren Sie Ihre Bewegungstermine wie berufliche Termine und versuchen Sie, möglichst nichts dazwischen kommen zu lassen.

- Glauben Sie an sich selbst? Ein anderes Wort dafür ist Selbstwirksamkeit, also die Überzeugung, auch schwierige Herausforderungen zu meistern. Ihre Selbstwirksamkeit wird steigen, je weiter Sie mit Ihrem Bewegungsvorhaben kommen. Schon nach wenigen Wochen werden Sie die ersten Erfolge spüren und stolz darauf sein, die Herausforderung angenommen zu haben.

- Haben Sie sich Strategien überlegt, um mögliche Schwierigkeiten zu überwinden. Verpasste Termine, berufliche Verpflichtungen, Unlust und Antriebslosigkeit? Wie gehen Sie damit um?

- Auf welche inneren Kraftquellen können Sie bauen? Machen Sie sich Ihre inneren Ressourcen bewusst, die Ihnen bei Ihrem Bewegungsvorhaben helfen könnten. Sie brauchen einen starken Willen, vor allem, um langfristig dabeizubleiben. Mit Willensstärke werden Sie Barrieren und Schwierigkeiten überwinden, die vielleicht auf Sie zukommen; auch den inneren Schweinehund.

Gesundheitskompetenz

Jeder Mitarbeiter ist für seine eigene Gesundheitskompetenz – erkennbar am eigenen Gesundheitsverhalten – verantwortlich. Gesundheit beginnt immer beim vorbildlichen eigenen gesunden Verhalten. Die nachfolgende Checkliste erlaubt Ihnen eine Einschätzung Ihres persönlichen Gesundheitsverhaltens – umso mehr Aussagen Sie mit Ja beantworten können, umso besser werden Sie Ihrer Aufgabe als Vorbild für andere gerecht.

Checkliste: Gesundheitskompetenz	
Ich versuche meine Gesundheit zu fördern.	
Ich treibe regelmäßig Sport.	
Ich achte auf eine gesunde und abwechslungsreiche Ernährung.	
Ich rauche nicht.	
Ich nutze regelmäßig ärztliche Vorsorgeuntersuchungen.	
Ich suche bei Krankheit ärztlichen Rat.	
Ich bin selten arbeitsunfähig erkrankt.	
Ich achte auf ein gesundes Gleichgewicht zwischen Arbeit und Freizeit.	
Ich nutze aktiv Entspannungstechniken.	
Ich trinke keinen Alkohol.	
Ich erkenne Anzeichen von Belastung und achte darauf.	
Ich mache einen jährlichen Erholungsurlaub.	
Ich mache das dienstliche Mobiltelefon am Wochenende und nachts aus.	
Ich achte auf Pausen und Bewegung bei der Arbeit.	
Ich arbeite an einem ergonomischen Arbeitsplatz.	

Gesunde Ernährung

Die richtige Ernährung kann zum allgemeinen Wohlbefinden beitragen und dazu dienen, Gesundheit sowie körperliche und geistige Fitness zu erhalten. Da es oft schwierig ist, sich in der Fülle der verschiedenen Theorien und Meinungen zu einer gesunden Kost zurechtzufinden, hat die Deutsche Gesellschaft für Ernährung eine Art »Basisliste« zusammengestellt, deren Anwendung in jedem Fall zu einer gesunden Ernährung beiträgt. Gerade auch beim täglichen Essen in der Kantine oder generell bei der Verpflegung während der Arbeit sollte auf diese Basisliste geachtet werden.

Checkliste: gesunde und abwechslungsreiche Ernährung	
Lebensmittel	**Frequenz**
Reichlich Salate und Gemüse fettbewusst zubereitet	täglich
2 Portionen frisches Obst	täglich
2 bis 3 Portionen Beilagen bzw. Brot und Vollkornprodukte	täglich
1 bis 2 Portionen fettarme Milchprodukte (á 250 ml)	täglich
Streichfette nur in kleinsten Mengen (5 bis 10 g)	täglich
Mindestens 1,5 bis 2 Liter Flüssigkeit – bevorzugt zuckerfreie Getränke wie Wasser, Mineralwasser, Kräuter- und Früchtetees	täglich
Max. 2 bis 3 mal pro Woche Fleisch und 1 bis 2 mal pro Woche Wurstwaren	wöchentlich
1 bis 2 mal pro Woche Fisch natur gebraten, gegrillt, gekocht oder gedünstet	wöchentlich
2 bis 3 Stück Eier, inkl. Eier in verkochter Form (z. B.: für Teige etc.)	wöchentlich
Mindestens 1,5 bis 2 Liter Flüssigkeit – bevorzugt zuckerfreie Getränke wie Wasser, Mineralwasser, Kräuter- und Früchtetees	wöchentlich
Fettreiche Speisen und Lebensmittel (Gebackenes, Würste, Speck, Knabbergebäck, Sahne, fettreiche Käse etc.)	selten
Zuckerreiche Lebensmittel und Getränke, Süßigkeiten	selten

Übung: Mentale Stärke und Stressmanagement (Petra Bernatzeder)

Was sind die wesentlichen Lernwege zur Vermeidung von Stress?

1. Sie sollten erkennen, dass es einen Zusammenhang zwischen Stress-Stoffwechsel und Gehirnleistung gibt. Wenn Lern-, Konzentrations- und Problemlösefähigkeit nachlassen, Wortfindungsstörungen zunehmen, sind dies untrügliche Zeichen, dass die dafür verantwortlichen Gehirnareale, ausgelöst durch den Stress-Stoffwechsel, schrumpfen. Sie regenerieren wieder wenn die Stress-Stabilität zunimmt.

2. Sie sollten entscheiden, ob es sich wirklich lohnt, den Stoffwechsel mit Stresshormonen zu belasten. Vor allem bei Alltagssituationen, die eigentlich auch völlig unwichtig sind, wie zum Beispiel die falsch gewählte Kasse im Supermarkt oder überlaut telefonierende Menschen am Bahnsteig.

3. Sie sollten Prozesse bewusst steuern: Dazu ist es wichtig, zwischen dem möglichen Stressor und dem persönlichen Angriffs- oder Fluchtreflex eine Pause zu machen. Ein kleiner Moment der bewussten Wahrnehmung und ein »Stopp-Signal« mit der persönlichen Botschaft an sich selbst reichen schon, um das Gedanken-Karussell in eine andere, positive Richtung zu drehen.

4. Sie sollten mentale Techniken trainieren, die dazu beitragen, dass Stressoren Ihren persönlichen Stresspegel in Ruhe lassen. Es gibt eine Fülle von Techniken, die Sie einsetzen können. Sicher verwenden Sie einige, so wie Sie auch

Ihre Beine beim Laufen bewegen, ohne bisher darüber nachgedacht zu haben. Aber den persönlichen Werkzeugkasten zu ergänzen lohnt sich.

Wichtig ist auch für sich selbst herauszufinden, welche Art von Bewegung, Formen der Entspannung und Ernährung gut für Ihre Balance und Leistung sind. Nicht jedes »Rezept« passt wirklich zu jeder Persönlichkeit.

Eine Übung, die Sie zunächst zweimal täglich zehn Minuten lang trainieren und dann (wie Zähneputzen) in Ihr Tagesprogramm aufnehmen sollten, um Körper – Seele – Geist zu erfrischen, ist die folgende:

- Wählen Sie eine bequeme Sitzgelegenheit, die den Rücken angenehm stützt.
- Stellen Sie Ihre Füße nebeneinander auf den Boden. Prüfen Sie, dass Sie gut mit dem Boden verbunden sind und Ihre Füße spüren.
- Richten Sie Ihren Blick gerade aus, quasi auf den Horizont, vielleicht mit geschlossenen Augen.
- Atmen Sie einige Male tief ein und vor allem auch aus. Pressen Sie beim Ausatmen die restliche Luft aus Ihrem Unterbauch, in dem sie ihn einziehen. Konzentrieren Sie sich auf Ihre Atemzüge. Diese Bauchatmung fördert die Entspannung, mehr Sauerstoff fließt in Ihre Körperzellen.
- Klopfen Sie ganz leicht abwechselnd Daumen und Zeigefinger der rechten und linken Hand zusammen. Diese abwechselnde Bewegung der Finger aktiviert beide Gehirnhälften und trägt zu einer Vernetzung der Gehirnzentren bei.
- Denken Sie an eine schöne Situation, zum Beispiel ein besonders schönes Urlaubserlebnis, ein Spaziergang in der Natur – was riechen Sie, was schmecken Sie, was hören Sie, wie fühlt sich Ihr Körper an, vielleicht haben Sie auch einen bestimmten Geschmack auf der Zunge?
- Die Erinnerung, die Wahrnehmung einer schönen Situation mit allen Sinnen setzt Hormone frei, die einen entsprechend entspannten Stoffwechselzustand im Körper hervorrufen.

Mit dieser Methode erhalten Sie die Möglichkeit, ihre persönliche Stimmungslage mit der dazugehörigen Hormonbildung selbst zu beeinflussen. Entspannung, Tatkraft oder Konzentrationsfähigkeit können mit dieser »simplen« Übung von Ihnen gesteuert werden.

Autorenverzeichnis

Baumgardt, Hagen
Hagen Baumgardt ist Abteilungsreferent der Personalentwicklung bei der ARAG SE in Düsseldorf. Neben Tätigkeiten als
Coach und Organisationentwickler im Bereich Talentmanage-
ment, Führungstraining und Konfliktmanagement verantwor-
tet Hagen Baumgardt als Diplom-Psychologe »ARAGcare«.

Kontaktdaten:
Hagen Baumgardt
Referent Personalentwicklung
ARAG SE
ARAG Platz 1, 40472 Düsseldorf
Tel: +49 (0) 21 1 – 96 32 87 9
Fax: +49 (0) 21 1 – 96 32 86 6
E-Mail: hagen.baumgardt@ARAG.de
Internet: www.arag.de

Bernatzeder, Dr. Petra
Dr. Bernatzeder ist Diplom-Psychologin und Geschäftsführerin
der upgrade human resources GmbH in München. Seit vielen
Jahren ist sie als Beraterin und Coach in Organisationen aktiv.
Die Schwerpunkte ihrer Tätigkeit liegen in den Bereichen ganzheitliches Gesundheitsmanagement mit Gefährdungsbeurteilung psychischer Belastung, Gesunde Führung, Mentale Stärke
und Stressmanagement. Dr. Bernatzeder forschte am Max-Planck-Institut MPIP
in München zum Zusammenhang von Führung, Organisationskultur und Stress
am Arbeitsplatz. Weiterhin ist sie Leiterin des Herausgeberbeirats des Fachmaga-
zins health@workund hatte bereits zahlreiche Veröffentlichungen.

Kontaktdaten:
Dr. Petra Bernatzeder
Geschäftsführerin
upgrade human resources GmbH
Jakob-Klar-Str. 14
80796 München
Tel: +49 (0) 89 – 66 59 29 73
E-Mail: bernatzeder@upgrade-hr.de
Internet: www.upgrade-hr.com

Bialasinski, Dominique

Dominique Bialasinski ist studierte Volkswirtin (Bachelor) und Medizin-Managerin mit dem Schwerpunkt Betriebliches Gesundheitsmanagement (Master). Sie arbeitet als Senior Projekt- und Produktmanagerinnen im Bereich Betriebliches Gesundheitsmanagement von TÜV Rheinland. Ihr fachliches Repertoire umfasst neben der kundenspezifischen Beratung auch die interdisziplinäre Projektsteuerung im modernen Arbeits- und Gesundheitsschutz.

Kontaktdaten:
Dominique Bialasinski
Senior Projekt- und Produktmanagerin
TÜV Rheinland AG
Am Grauen Stein
51105 Köln
Tel. +49 (0)22 1 – 80 60
Fax +49 (0) 221 – 80 61 14
E-Mail: dominique.bialasinski@de.tuv.com
Internet: www.tuv.com

Can, Sabine

Sabine Can hat nach ihrer Ausbildung zur Verwaltungsfachangestellten (1997–2000) und Weiterbildung zur Verwaltungsfachwirtin ein Studium »Betriebliches Gesundheitsmanagement« an der Universität Bielefeld (2008–2009) absolviert. Danach war sie zunächst im Arbeits- und Gesundheitsschutz tätig; von 2005 bis 2014 lag ihr Schwerpunkt als Gesundheitsmanagerin auf der Implementierung eines umfassenden Gesundheitsmanagements bei der Landeshauptstadt München und der Begleitung dezentraler BGM-Projekte. Seit 2014 leitet sie den Fachbereich »Betriebliches Gesundheitsmanagement« in der Stadtverwaltung der Landeshauptstadt München.

Kontaktdaten:
Sabine Can
Leiterin des Sachgebiets Betriebliches Gesundheitsmanagement
Personal- und Organisationsreferat
Landeshauptstadt München
Marienplatz 8,
80331 München
Tel: +49 (0) 89 – 23 32 38 40
E-Mail: sabine.can@muenchen.de
Internet: www.muenchen.de/bgm

Fuhrken, Christian

Christian Fuhrken hat nach seinem Master-Abschluss in Sport & Gesundheit an der Universität Paderborn ein systematisches Betriebliches Eingliederungsmanagement (BEM) bei dem Automobilzulieferer Cooper Standard in Lindau implementiert und war für den Aufbau des dortigen BGM verantwortlich. Seit 2015 ist er freiberuflich, unter anderem für das Institut für Betriebliche Gesundheitsberatung (IFBG) und die Universität Konstanz tätig und seit August 2016 im Team Gesundheitsmanagement der atlas BKK ahlmann.

Kontaktdaten:
Christian Fuhrken
Sport & Gesundheit, M. A.
Edewechter Landstraße 136 b
26131 Oldenburg
Tel.: +49 (0) 441 – 1800 1517
Mobil: +49 (0) 176 – 833 52 794
E-Mail: ch.fuhrken@gmail.com

Gutmann, Joachim

Joachim Gutmann begann seine berufliche Tätigkeit als Abteilungsleiter Betreuungsdienste/Öffentlichkeitsarbeit im Studentenwerk Berlin und ging anschließend als Geschäftsführer zum World University Service nach Bonn. Danach arbeitete er als freier Journalist in Bonn und wechselte 1990 als leitender Redakteur zum Handelsblatt nach Düsseldorf. Dort begründete er mit Karlheinz Schwuchow im Handelsblatt-Verlag das »Jahrbuch Personalentwicklung«. Von 1993 bis 1999 war er als Leiter Unternehmenskommunikation bei Kienbaum Consultants International tätig. Derzeit ist er Senior Consultant bei der GLC Glücksburg Consulting AG. Seit 2010 ist Gutmann zugleich Chefredakteur der Fachzeitschrift »health@work«.

Kontaktdaten:
GLC Glücksburg Consulting AG
Albert-Einstein-Ring 5
22761 Hamburg
Tel.: +49 (0) 172 – 91 14 49 2
E-Mail: jgutmann@glc-group.com
Internet: www.glc-group.com

Hamm-Brink, Gaby

Gaby Hamm-Brink ist Diplom-Sozialpädagogin und zertifizierte Trainerin für Organisationsentwicklung. Seit mehr als zehn Jahren leitet sie die Niederlassung des pme Familienservice in München. Die stellvertretende Leiterin der pme Akademie coacht seit vielen Jahren Führungskräfte und ist auf Führungskräfte-Trainings zu den Themen Gesund führen, Burn-out-Prävention sowie Konflikt- und Veränderungsmanagement spezialisiert.

Kontaktdaten:
Gaby Hamm-Brink
pme Familienservice GmbH
Flottwellstr. 4–5
10785 Berlin-Tiergarten
E-Mail: gaby.hamm-brink@familienservice.de
Internet: www.familienservice.de

Huber, Angela

Angela Huber ist Rechtsanwältin, Fachanwältin für Sozialrecht, Mediatorin BM® und zertifizierte Disability Managerin CDMP®/DGUV in München. Ihre Tätigkeitsschwerpunkte liegen im Arbeits- und Sozialrecht und insbesondere im BEM. Sie unterstützt zahlreiche Unternehmen bei der Einführung, Durchführung und Optimierung des BEM. Darüber hinaus führt sie in zahlreichen Fällen das Einzelfallmanagement als externe Fallmanagerin durch. Ferner arbeitet sie als Lehrbeauftragte an der Hochschule München, als Dozentin bei der Deutschen Anwaltsakademie und bildet über die bfz GmbH Disability Manager zum Thema Arbeitsrecht aus.

Kontaktdaten:
Angela Huber
Rechtsanwältin, Fachanwältin für Sozialrecht, Mediatorin BM, Disability Manager CDMP
Sendlinger Straße 24
80331 München
Tel.: +49 (0) 89 – 63 85 25 45
Fax: +49 (0) 89 – 63 85 25 44
E-Mail: post@angela-huber.de
Internet: www.angela-huber.de

Kaase, Merle

Merle Kaase, Stadtwerke Bielefeld GmbH, Jahrgang 1991, absolvierte von 2011 bis 2015 ihre Ausbildung in Form eines dualen Studiums im Fach Betriebswirtschaft an der Fachhochschule des Mittelstands am Standort Bielefeld. Während dieser Zeit arbeitete sie für zwei Jahre in der Personalentwicklung der Stadtwerke Bielefeld. Seit Anfang 2015 ist sie als Assistentin der Personalleitung der Unternehmensgruppe Stadtwerke Bielefeld tätig und unterstützt die Personalentwicklung weiterhin in einzelnen Themenbereichen.

Kontaktdaten:
Merle Kaase
Assistentin der Personalleitung
Stadtwerke Bielefeld GmbH
Schildescher Straße 16
33611 Bielefeld
Tel.: +49 (0) 52 1 – 51 40 33
E-Mail: merle.kaase@stadtwerke-bielefeld.de
Internet: www.stadtwerke-bielefeld.de

Kamps, Katharina

ist Werkstudentin in der Personalentwicklung der ARAG SE in Düsseldorf und beendet das Masterstudium an der Deutschen Hochschule für Prävention und Gesundheitsmanagement. Dabei bearbeitet Katharina Kamps das Thema Kennzahlen und Kennzahlensysteme im Betrieblichen Gesundheitsmanagement.

Kontaktdaten:
ARAG SE
ARAG Platz 1, 40472 Düsseldorf
Tel: +49 (0) 21 1 – 96 32 87 9
Fax: +49 (0) 21 1 – 96 32 86 6
Internet: www.arag.de

Kannengießer, Petra

Die Autorin wurde 1964 in Quierschied im Saarland geboren. Seit 1986 ist die Diplom-Betriebswirtin (FH) im Globus SB-Warenhaus in Zell an der Mosel tätig und dort seit mehr als zehn Jahren stellvertretende Geschäftsleiterin. Als Bereichsleiterin Systeme ist sie im SB-Warenhaus Zell unter anderem für die Bereiche Mitarbeiter und Mitarbeiterentwicklung zuständig. Für Globus betreut sie zudem unternehmensübergreifend das Projekt »berufundfamilie«, ist ständiges Mitglied im Arbeitskreis Ausbildung und verantwortlich für das Betriebliche Gesundheitsmanagement.

Kontaktdaten:
Petra Kannengießer
Stellvertretende Geschäftsleiterin Zell an der Mosel
Globus Handelshof St. Wendel GmbH & Co. KG
Leipziger Str. 8
66606 St. Wendel
Tel.: +49 (0) 68 51 – 90 90
Internet: www.globus.de

Kardys, Claudia

Claudia Kardys ist examinierte Gesundheits- und Krankenpflegerin und studierte im Bachelor- und Masterstudium Gesundheitsmanagement/-wissenschaften mit dem Fokus Betriebliches Gesundheitsmanagement (BGM). Zurzeit promoviert sie berufsbegleitend am Leibniz-Institut für Arbeitsforschung in Dortmund zu Effekten von körperlichem und mentalem Training auf die kognitive Leistungsfähigkeit. Claudia Kardys arbeitet als Senior Projekt- und Produktmanagerin im Bereich Betriebliches Gesundheitsmanagement von TÜV Rheinland.

Kontaktdaten:
Claudia Kardys
Senior Projekt- und Produktmanagerin
TÜV Rheinland AG
Am Grauen Stein
51105 Köln
Tel. +49 (0) 22 1 – 80 60
Fax +49 (0) 221 – 80 61 14
E-Mail: claudia.kardys@de.tuv.com
Internet: www.tuv.com

Lahme, Heinz-Willi

Heinz-Willi Lahme ist Diplomsozialarbeiter und arbeitet seit mehr als 30 Jahren als Therapeut in den Johannes Bad Fachkliniken Fredeburg. Auf der Basis seiner klinisch-therapeutischen Erfahrungen ist er im Auftrag der Kliniken und nebenberuflich als Referent für Führungskräfte, Personalverantwortliche, Betriebsräte und Mitarbeiter tätig. Seine Themenschwerpunkte sind Suchtprobleme und psychische/psychosomatische Erkrankungen im Betrieb sowie Gesundheitsprävention. Zudem ist er externer Sozialberater für mittelständige Unternehmen. Zwei Jahre war Heinz-Willi Lahme Vorstandsmitglied des Bundesfachverbandes für Betriebliche Sozialarbeit (bbs e. V.)

Kontaktdaten:
Heinz-Willi Lahme
Johannesbad Kliniken Fredeburg GmbH
Zu den drei Buchen 2
57392 Schmallenberg-Bad Fredeburg
Tel.: +49 (0) 29 74 – 73 20 14
Fax: +49 (0) 29 74 – 73 27 00
E-Mail: heinz-willi.lahme@fachklinik-fredeburg.de
Internet: www.fachkliniken-badfredeburg.de

Marko, Marlen

Im Anschluss an ihre Ausbildung zur medizinischen Fachangestellten studierte Marlen Marko Gesundheitsmanagement (Bachelor of Science) und schloss 2012 das Studium Public Health als Master of Science an der Hochschule Fulda ab. Seit 2012 ist Marlen Marko als Sachbearbeiterin in der Polizeiabteilung des Ministeriums des Innern und für Sport Rheinland-Pfalz tätig und für die landesweite Umsetzung und Weiterentwicklung des Gesundheitsmanagements in der rheinland-pfälzischen Polizei zuständig. Ihr Beitrag ist nicht in dienstlicher Eigenschaft verfasst und gibt daher nur die persönliche Auffassung der Autorin wieder.

Kontaktdaten:
Marlen Marko
Referat Haushalt, Liegenschaften, Öffentlichkeitsarbeit der Polizei
Ministerium des Innern und für Sport Rheinland-Pfalz
Schillerplatz 3-5
55116 Mainz
Tel: +49 (0) 61 31 – 16 32 24
E-Mail: marlen.marko@mdi.polizei.rlp.de
Internet: www.mdi.rlp.de

Mucha, Dr. Klaus

Dr. Klaus Mucha ist Diplom-Psychologe und seit 2004 als Beauftragter für Betriebliches Gesundheitsmanagement bei der Bezirksbürgermeisterin des Bezirksamts Tempelhof-Schöneberg von Berlin tätig. Seit 2003 ist er Stellvertreter der Hauptvertrauensperson der Schwerbehinderten des Landes Berlin. Von 1978 bis 1983 war Mucha Wissenschaftlicher Assistent am Institut für Psychologie der FU Berlin. Dort promovierte er 1984 zum Dr. phil. Von 1984 bis 1986 war er Psychotherapeut in einer Suchtklinik der LVA Baden und von 1986 bis 1995 Berater für Kindertagesstätten beim Bezirksamt Tempelhof-Schöneberg. Seit 1992 ist Mucha temporär als Lehrbeauftragter tätig, hält zahlreiche Vorträge und wirkt an Veröffentlichungen mit.

Kontaktdaten:
Dr. Klaus Mucha
Betriebliches Gesundheitsmanagement
Bezirksamt Tempelhof-Schöneberg von Berlin
10820 Berlin
Tel.: +49 (0) 30 – 90 27 76 14 3
E-Mail: Klaus.Mucha@ba-ts.berlin.de
Internet: www.berlin.de/ba-tempelhof-schoeneberg/politik-und-verwaltung/beauftragte/gesundheitsmanagement/

Neumann, Michael

Michael Neumann absolvierte von eine Ausbildung zum Sparkassenkaufmann und studierte anschließend Diplom-Psychologie mit den Schwerpunkten Arbeits- und Organisationspsychologie sowie klinische Neuropsychologie. 2008 ließ er sich in systemischer Organisationsberatung zertifizieren. Seit 2007 ist er als Referent und seit 2014 als Bereichsleiter für die Personalentwicklung in der Stadtwerke Gruppe verantwortlich. Bis 2014 war er zudem als Teamleiter für das Betriebliche Gesundheitsmanagement tätig.

Kontaktdaten:
Dipl. Psych. Michael Neumann
Leiter Personalentwicklung
Stadtwerke Bielefeld GmbH
Schildescher Straße 16
33611 Bielefeld
Tel.: +49 (0) 52 1- 51 46 29
E-Mail: michael.neumann@stadtwerke-bielefeld.de
Internet: www.stadtwerke-bielefeld.de

Olesch, Prof. Dr. Gunther

Prof. Dr. Gunther Olesch ist Geschäftsführer bei der Phoenix Contact GmbH & Co KG, Blomberg. Der studierte Psychologe ist in seiner Funktion als Geschäftsführer für Personal, Informatik und Facility Management Engineering zuständig. Gunther Olesch ist langjähriger Lehrbeauftragter an der Hochschule Ostwestfalen-Lippe, mit den Standorten Lemgo, Detmold, Höxter und Warburg. Darüber hinaus ist er Vorsitzender des Arbeitgeberverbands Lippe e.V. sowie Vorsitzender der Initiative für Beschäftigung OWL.

Kontaktdaten:
Prof. Dr. Gunther Olesch
Geschäftsführer Human Resources, Information Technology, Facility Management
Phoenix Contact GmbH & Co KG
Flachsmarktstraße 8
32823 Blomberg
Tel.:+49 (0) 52 35 – 34 16 71
E-Mail: golesch@phoenixcontact.com
Internet: www.phoenixcontact.com

Rist, Ekkehard

Ekkehard Rist ist Jahrgang 1957 und hat eine Ausbildung zum Chirurgiemechaniker bei der Aesculap AG in Tuttlingen absolviert. 1981 wurde er zum Betriebsrat sowie 1987 zum freigestellten Betriebsrat gewählt. Seit dem Jahre 2000 hat er dessen Vorsitz inne. Darüber hinaus ist er Vorsitzender des BKK-Verwaltungsrats, Landesarbeitsrichter, Mitglied der Tarifkommission und Aufsichtsratsmitglied von B. Braun und Aesculap.

Kontaktdaten:
Ekkehard Rist
Betriebsratsvorsitzender
AESCULAP AG
Am Aesculap Platz
78532 Tuttlingen
Tel.: +49 (0) 74 61 – 95 23 69
E-Mail: ekkehard.rist@aesculap.de

Schneider, Dr.med. Jens

Dr. Jens Schneider ist Facharzt für Innere Medizin, Psychotherapeut und Sozialmediziner. Nach der Facharztausbildung
und leitender Tätigkeit in einem Akutkrankenhaus erfolgte
zunächst ein Wechsel in die Kardiologische Rehabilitation. Im
Anschluss übernahm Dr. Schneider eine Leitungsfunktion in
der Fachklinik Hochsauerland und ist dort seit 2001 leitender
Chefarzt. Zudem ist er Mitglied zahlreicher Arbeits- und Projektgruppen zu den
Themen Prävention psychosozialer Erkrankungen, Arbeitsplatzassoziierte Problemlagen und Modellentwicklung zur Erhaltung der Leistungs- und Erwerbsfähigkeit. Seine Themen- und Arbeitsschwerpunkte sind Krankheitsmanagement
bei internistischen Erkrankungen, Traumafolge- und somatoforme Störungen
sowie Programme zur Verbesserung der kognitiven Leistungsfähigkeit.

Kontaktdaten:
Johannesbad Fachklinik Hochsauerland
Dr. Jens Schneider
Zu den drei Buchen 2
57392 Schmallenberg
Tel.: + 49 (0) 29 74 –73 21 95
Fax: + 49 (0) 29 74 – 73 28 00
E-Mail: jens.schneider@fachklinik-hochsauerland.de
Internet: www.fachkliniken-badfredeburg.de

Simon, Mandy

Mandy Simon, Diplom Psychologin und systemischer Coach in
Organisationsentwicklung, arbeitet seit 2008 für die pme Familienservice Gruppe. Sie ist zertifizierte Onlineberaterin und
koordiniert die 24-Stunden-Lebenslagencoaching–Hotline. Als
Fachberaterin unterstützt sie Führungskräfte und Mitarbeiter
gleichermaßen sowohl in akuten Überlastungssituationen als
auch in der Burn-out Prävention.

Kontaktdaten:
Dipl. Psych. Mandy Simon
pme Familienservice GmbH
Flottwellstraße 4–5
10785 Berlin-Tiergarten
E-Mail: mandy.simon@familienservice.de
Internet: www.familienservice.de

Tscharnezki, Dr. med. Olaf

Dr. med. Olaf Tscharnezki ist seit zwei Jahren selbstständiger Arbeitsmediziner in Hamburg und Umgebung. Davor war er von 1995 bis 2014 leitender Betriebsarzt für Unilever Deutschland, Österreich und Schweiz. Von 2013 bis 2016 war er Vorstandsmitglied im Bundesverband Betriebliches Gesundheitsmanagement (BBGM). Das besondere Interesse liegt auf den Bereichen Führung und Gesundheit sowie psychische Gesundheit in der Arbeitswelt.

Kontaktdaten:
Dr. med. Olaf Tscharnezki
Arbeitsmediziner
Ohlenkamp 15b
22607 Hamburg
Tel.: +49 (0) 40 – 82 0 86
E-Mail: olaf.tscharnezki@unilever.com

Walle, Oliver

Oliver Walle ist Dozent an der Deutschen Hochschule für Prävention und Gesundheitsmanagement und der BSA-Akademie sowie Geschäftsführer der Health 4 Business GmbH. Er ist Fachautor im BGM, Autor von Studien- und Lehrbriefen und Koordinator der bundesweiten Initiative »Gesundheit im Betrieb selbst gestalten«. Darüber hinaus ist Oliver Walle Mitglied im Vorstand des Bundesverbandes Betriebliches Gesundheitsmanagement (BBGM).

Kontaktdaten:
Oliver Walle
Deutsche Hochschule für Prävention und Gesundheitsmanagement GmbH
Hermann Neuberger Sportschule 3
66123 Saarbrücken
Tel.: +49 (0) 68 1 – 68 55 15 0
E-Mail: o-walle@dhfpg-bsa.de
Internet: www.dhfpg.de

Weigl, Dr. phil. Christian

Dr. phil. Christian Weigl absolvierte sein Studium der Psychologie und der Sportwissenschaft an der Universität Regensburg. Seit 1994 ist er Geschäftsführer der IfG GmbH. Neben seinen umfangreichen Erfahrungen im Betrieblichen Gesundheitsmanagement als Projektleiter, Dozent und Autor ist Christian Weigl Auditor nach OHSAS 18001:2007 und seit 2011 zudem Vorstandsvorsitzender des Bundesverband Betriebliches Gesundheitsmanagement e. V. (BBGM). Themen seiner Arbeiten sind unter anderem Projektcontrolling für gesundes Management, Integration von Arbeitssicherheit, Arbeitsmedizin, BGM, BEM sowie Betriebliche Sozialberatung.

Kontaktdaten:
Dr. Christian Weigl
IfG GmbH – Institut für Gesundheit und Management
Konrad-Mayer-Str. 26
92237 Sulzbach-Rosenberg
Tel.: +49 (0) 96 61 – 81 38 0
E-Mail: weigl@gesundheitsmanagement.com
Internet: www.gesundheitsmanagement.com

Stichwortverzeichnis